共和国钢铁脊梁
——庆祝新中国成立 70 周年主题出版工程

炉 火 初 心

钢铁企业庆祝新中国成立70周年文集

中国冶金职工思想政治工作研究会　编

北 京
冶 金 工 业 出 版 社
2020

图书在版编目（CIP）数据

炉火初心：钢铁企业庆祝新中国成立70周年文集 / 中国冶金职工思想政治工作研究会编．—北京：冶金工业出版社，2020.5

共和国钢铁脊梁：庆祝新中国成立70周年主题出版工程

ISBN 978-7-5024-8430-9

Ⅰ.①炉…　Ⅱ.①中…　Ⅲ.①钢铁企业—工业企业管理—成就—中国—文集　Ⅳ.①F426.31-53

中国版本图书馆CIP数据核字（2020）第073875号

出 版 人　陈玉千
地　　址　北京市东城区嵩祝院北巷39号　邮编　100009　电话　(010)64027926
网　　址　www.cnmip.com.cn　电子信箱　yjcbs@cnmip.com.cn
责任编辑　杜婷婷　美术编辑　郑小利　版式设计　郑小利　孙跃红
责任校对　石　静　责任印制　李玉山
ISBN 978-7-5024-8430-9
冶金工业出版社出版发行；各地新华书店经销；三河市双峰印刷装订有限公司印刷
2020年5月第1版，2020年5月第1次印刷
169mm×239mm；23印张；327千字；338页
118.00元

冶金工业出版社　投稿电话　(010) 64027932　投稿信箱　tougao@cnmip.com.cn
冶金工业出版社营销中心　电话　(010) 64044283　传真　(010) 64027893
冶金工业出版社天猫旗舰店　yjgycbs.tmall.com

（本书如有印装质量问题，本社营销中心负责退换）

炉火映初心　钢铁担使命（代序）

原冶金工业部副部长、中国钢铁工业协会原会长吴溪淳访谈录

题记： 20世纪以来，在浩如星云的金属器物中，有两种组成的图案注定要成为中华民族的信仰徽章和精神旗帜——镰刀和锤头。因为这上面铭记着中华民族从站起来、富起来到强起来，实现伟大复兴中国梦的钢铁般的意志和磅礴伟力。

作为一名共产党员，既然在绣有"镰刀锤头"的党旗下宣读过誓言，既然把"镰刀锤头"组成的党徽挂在胸前，就要永远把"镰刀锤头"的追求、目标、梦想、期盼揣在心中、握在手中，就要永远以"镰刀锤头"的品格为范，煅淬自己。初心煅淬70载，逐梦奋进坚如钢。

吴溪淳，这位亲历和见证了我国钢铁工业成长、壮大、辉煌历程的新中国第一代钢铁人，这位84岁的老前辈，他做到了。

在中华人民共和国成立70周年之际，中国冶金职工思想政治工作研究会、《冶金企业文化》杂志社组团，采访了原冶金工业部副部长、中国钢铁工业协会原会长吴溪淳。

坚守初心　方得始终

"我和共和国一起成长，看到了共和国发生的翻天覆地变化；在钢铁行业摸爬滚打60年，见证了钢铁工业发展、壮大，为国家、为人民做出的贡献。我这辈子值啊！"

笔者： 您在钢铁行业60年，既是钢铁生产一线的劳动者，也是

制订钢铁发展蓝图的参与者，亲身经历了中国钢铁工业的变迁与腾飞，在共和国成立70周年的日子里，您最深刻的感受是什么？

吴溪淳： 说来话长。我永远不会忘记1949年10月1日在天安门广场经历的一切。那天，我目睹了五星红旗在广场冉冉升起。当我和同学们提着红五星式的烛灯，随着游行队伍，缓缓经过天安门城楼，高呼“毛主席万岁”时，我仰望着城楼上的毛主席，近距离听到他高呼：“人民万岁！”真是心潮澎湃。这声音经久不衰，伴随我的一生。那时我14岁，是北京育德中学初二学生，加入中国新民主主义青年团才两个月。

记得1949年暑期，我报名参加了北平市（1949年9月更名为北京市）团委组织的北平大中学生暑期学习团。那时北平还没多少团员，要发展新团员需要办学习班。北平市委十分重视这个班，北平市市委书记彭真（北京市第一任市委书记）给我们讲了第一堂课，授课的还有蒋南翔、杨献珍、艾思奇等老前辈。在这次学习中，我知道了，青年团是共产党的接班人，中国共产党是为人民谋幸福的，他的使命就是实现中华民族的复兴。中华民族曾经有过辉煌，但自从鸦片战争后，中国人民深受帝国主义、封建主义、官僚资本主义压迫，被人踩在脚下，直不起腰来。中国共产党领导人民干革命，就是推翻“三座大山”，建立社会主义新中国，让人民过上幸福生活，实现中华民族复兴。共产党的终极目标是实现共产主义。现在习近平总书记强调不忘初心就是为人民服务，牢记使命就是实现中华民族的伟大复兴。中国共产党从一开始就是这个信念，从未改变。接受了新思想的启蒙和熏陶，这年7月底我就积极加入了青年团。

那年正值建党28周年，我有幸参加了在先农坛举行的庆祝大会，第一次见到在主席台就座的毛泽东主席。暑期学习，不仅使我对共产党有了初步认识，对为人民谋幸福、实现民族复兴有了深入理解，也使我初次了解到社会主义与共产主义的区别。列宁说，苏维埃政权加电气化，就是社会主义，那时苏联已经实现社会主义。共产主义呢？斯大林说，共产主义没有6000万吨的钢是实现不了的。当时中国年产钢才15.8万吨，什么时候才能达到千万吨？这简直就是个梦。但就是这个梦，使我坚信钢的力量和意义！对钢在国家未来发展中的重要地位有了认识，从此开启了我钢铁报国的梦想。

1951年7月，我初中毕业时看到重工业部（冶金工业部前身）举办的北京重工业学校（后来的北京钢铁工业学校）有炼钢专业，就毅然报考了这所学校的炼钢专业。1951年9月入学，第二年9月我就成为一名光荣的预备党员。为了实现电气化的社会主义，奔向共产主义，1955年，我如期毕业被分到鞍钢第二炼钢厂做技术员。我深感知识的欠缺，边工作边上夜大继续学习炼钢。1961年，我从鞍山钢铁学院夜大本科毕业。知识的提升，实践的积累，使我从技术员锻炼成为工程师。

按照毛主席指示：鞍钢不仅要出钢材，更要出人才。1965年，我欣然离开被称为"共和国长子"的鞍钢，调到西南钢铁研究院和攀枝花钢铁公司参加支援"大三线"建设。在鞍钢的十年，正值国家实施"一五"计划和大炼钢铁，我不但学知识学文化，切身体会到国家对实现钢铁强国的迫切期望，更学到了钢铁工人为国无私奉献的精神。鞍钢的孟泰和走出鞍钢的雷锋都是我们身边学习、敬仰的榜样。能为国家多建一座钢厂出力，是我们那代人无怨无悔的追求。

从1949年参加开国大典，到今年共和国70周年华诞；从1955年投身钢铁行业，当年全国产钢286万吨，到2015年彻底从钢铁工业协会名誉会长的位置退休，全国年产钢8亿多吨，我和共和国一起成长，看到了共和国发生翻天覆地的变化；在钢铁行业摸爬滚打60年，见证了钢铁工业发展、壮大，为国家、为人民做出的贡献，我这辈子值啊！

民族复兴　钢铁先行

“搞钢铁的人使命感强啊！这还得从共和国初期说起。当时毛主席就说，一个粮食，一个钢铁，有了这两个东西就什么都好办了。”

笔者： 新中国钢铁工业的迅猛发展，浸透着老一辈无产阶级革命家对钢铁强国的殷切期望。您从基层到高层，参加了许多钢铁重点项目建设，您能谈谈我国钢铁人的使命体现在哪里吗?

吴溪淳： 搞钢铁的人使命感强啊！这还得从共和国初期说起。当时毛主席就说，一个粮食，一个钢铁，有了这两个东西就什么都好办了。为承担起建设新中国的重任，从1949年到1952年三年恢复期，国内仅有的几家钢铁厂都抓紧恢复生产。鞍钢用半年时间打通了从采矿到成材的全流程；用两年时间，举全国之力建起新中国第一个大型钢铁联合企业，创造了世界工业建设史上的奇迹。在党中央关怀支持下，“一五”计划的第二年，即1953年，鞍钢提前完成无缝钢管厂、大型轧钢厂和7号高炉“三大工程”建设并投产。1955年我到鞍钢时，切身感受到干部职工钢铁报国的冲天干劲，全身心投入轰轰烈烈建设祖国的热潮中。这年全国钢产量286万吨，鞍钢贡献了近160万吨。

1956年8月在八大前夕，毛主席针对中国钢铁发展说，“6亿人口的国家，在地球上只有一个，就是我们。过去人家看我们不起是有理由的。因为你没有什么贡献，钢一年只有几十万吨，还拿在日本人手里。国民党蒋介石专政22年，一年只搞到几万吨，第二个五年计划，要超过1000万吨，第三个五年计划就可能超过2000万吨。我们现在也还不多，但是搞起一点来了，今年可能达到400多万吨，明年突破500万吨。我们要努力实现这个目标。”这是领袖对钢铁的期望，钢是为人民谋幸福的条件，也是国家立于世界之林的必要基础。

挺直腰板，把钢搞上去。1958 年，在“赶英超美”的呼声中，全国上下掀起“大炼钢铁”运动。毛主席很快意识到问题所在，多次请炼钢专家到中南海讲授钢铁冶炼理论，最终使钢铁生产重新步入发展轨道。直到 1969 年全国产钢 1333 万吨，突破 1000 万吨；1971 年产钢 2132 万吨，突破 2000 万吨。改革开放后的 1978 年突破 3000 万吨大关，达到 3178 万吨，超过英国；1982 年 3716 万吨，超过联邦德国；1992 年 8093 万吨，超过俄罗斯；1993 年 8953 万吨，超过美国；1996 年 10200 万吨，超过日本，跃居世界第一。此后持续攀升，2018 年达到 9.28 亿吨，稳居世界产钢大国位置。

1958 年的“大炼钢铁”虽然走了一段弯路，但也激发出广大钢铁人建设美好国家的冲天干劲，在短时间内实现了早在 1956 年就提出的“三大、五中、十八小”钢厂建设和全国钢铁布局。今天的 9 亿多吨钢，就是在那时的基础上成长起来的。

钢铁人的使命感从一开始就与国家命运紧密联在一起。领袖的期望、国家的需要、人民的幸福，成为钢铁人矢志不渝的追求目标。

钢铁发展　惠及百姓

“钢铁发展给老百姓带来的好处是看得见摸得着的，是足够的钢铁，使百姓大众真正有了获得感、幸福感。”

笔者：我国钢铁业的发展最大受益者是谁？与普通百姓有什么关系？

吴溪淳：钢铁发展给老百姓带来的好处是看得见摸得着的，是足够的钢铁，使百姓大众真正有了获得感、幸福感。从衣食住行到高铁、家电都离不开钢铁。我入团、入党时，就牢记一句话：“共产党是为人民谋幸福的。”这是中国共产党人的初心。在党的十八大报告中，习近平总书记说：“人民对美好生活的向往就是我们奋斗的目标。”这和我最初接触到的“为人民谋幸福”是一脉相承的。看新中国70年巨变，看钢铁人为国家做出了哪些贡献，就看老百姓的衣食住行、生活条件因钢铁的发展得到哪些改善。

人民生活的最大改善首先表现在居住环境上。

1949年，我国人均居住面积，城镇人均4.3平方米；改革开放时的1978年，城镇人均6.7平方米；2018年，城镇人均达到39平方米。

居民耐用消费品的拥有量体现着国民的生活水准。

2017年，全国居民每百户家庭拥有家用汽车29.7辆，家用洗衣机91.7台，家用电冰箱95.3台。现在百户家庭拥有空调器78.6台，彩色电视机122.2台。在城镇，像我这样几个房间都有空调和电视的比比皆是。

现在移动电话已普及。百户农村家庭有246.1部，比城镇多26.1部，因为在外工作的农民工多于城镇，他们更需要手机与家人沟通。

中国家电除满足国内市场需求外还出口到国外。2017年，大家电合计生产5亿台，出口2.06亿台。2018年我国生产家用电冰箱7993.2万台，空调2.045亿台，彩电1.88亿台……经测算，中国轻工家电行业（包括五金）消费钢材4450万吨。

百姓的耐用消费品年年递增，由改革开放初期的进口到现在的出口，这是一个史无前例的飞跃。

建筑业是用钢大户。

2016年，我国建筑业房屋竣工面积及商业、服务业用房，办公用房及建筑物达42.24亿平方米，经测算，消费钢材2.56亿吨。

新中国成立70年，老百姓受益最大的就是出行方便了，这得益于我国交通运输、铁路、公路、民航的飞速发展。

2018年年末，我国铁路运营里程已达到13.1万公里，其中，高铁2.9万公里，而改革开放时的1978年只有5.17万公里，那时还没有高铁。近几年铁路建设每年投资达8000亿元以上，年消费钢材达2600万吨。“2600万吨钢”，这曾是20世纪全国钢产量连续三年都没逾越的坎，如今每年的铁路用钢就是过去全国的钢产量。2018年年末，我国公路通车里程达486万公里，其中，高速公路达14.35万公里，仅此一项就消费钢材3520万吨。铁路公路建设两项加起来就消耗6000多万吨钢。按照目前的规划，今后每年至少需要6000万吨钢，才能满足国内铁路公路发展的需要。

我国城市轨道交通的发展使百姓出行更便利。2017年年末，我国内地共有34个城市建成开通城市轨道交通，地下和路面上运营线路165条，5033公里，共3234座车站；2018年又新增734公里，全国达到5767公里，已走在世界前列。现在上海城市轨道732公里、北京685公里，地铁长度里程都超过伦敦、纽约、东京等世界大城市。

值得一提的是，现在我国地铁建设和车辆用钢已全部国产化，并出口到国外。2017年年末，我国内地有56个城市在建设城市轨道交通，在建线路长度6246公里。不久的将来，这些城市的居民也将享有便利的出行。

桥梁都是用大量优质钢材搭建起来的。改革开放40年，我国共新建公路桥51.4万座，合计总长4.8万公里，我国公路桥梁总量已超过83.3万座，总长度达到5.2万公里以上，其中，特大桥梁4257座，大桥86178座。改革开放时，长江上只有武汉、南京两座大桥，现在已有216座，其中公路桥177座。2017年年末，我国铁路桥梁总数超过20万座，最著名的京沪高铁南京大胜关大桥，其中钢梁结构用钢就达8万吨。这座大桥全长9273米，桥面布置为六线铁路，是世界上跨度最大、设计荷载最大的高速铁路桥。

桥梁工程的技术进步推动了我国桥梁用钢品种质量的不断创新，现在桥梁用钢已全部国产化。几年前，美国纽约韦拉扎诺海峡大桥翻新改造，鞍钢就中标了全部桥梁用钢板。

民航事业发展也离不开钢铁业的发展。2011 年年末，国内有民航机场 178 个，到 2017 年增加到 229 个，民航服务已覆盖全国 88.5% 的地级市和 76.5% 的县。北京新建的大兴国际机场，仅航站楼的钢筋绑扎就达 17.3 万吨，而穹顶是由 63400 根钢结构件焊接而成，总重量达到 5.5 万吨。

交通发展与汽车制造如影随形。2009 年我国汽车产量首次突破 1000 万辆大关时，进口钢材 1763 万吨。2017 年达到 2900 多万辆，成为世界第一汽车制造大国时，进口钢材下降到 1329 万吨。我国跃居世界最大汽车生产国，完全是依靠国产钢材品种、质量不断创新、供给量持续增长支撑起来的。

从内陆到海上，我国已成为世界第一造船大国，海洋工程平台第一制造大国，舰艇制造能力大国。据了解，核潜艇、航空母舰、导弹巡洋舰、深海探测器等都是国产钢材制造的。

从百姓安居出行到提供保障的国防建设，目力所及之处都有中国钢铁坚强的身影。从 1949 年全国产钢 15.8 万吨，仅占世界钢产量的 0.1%，到 1996 年 10200 万吨，中国钢铁业用 47 年时间跃居世界第一，从此持续飞速发展，到 2018 年产钢 9.28 亿吨，占世界钢产量 50% 以上，成长壮大速度之快，成为世界钢铁史上的奇迹。中国钢铁业担当起了钢铁报国的重任，同时在绿色低碳、建设美丽中国的感召下，自身也实现质的飞跃。钢铁生产企业成倍投入环保资金，使国家级花园式工厂遍地开花，有的钢铁企业已向市民开放。钢铁工业旅游为百姓生活增加新的物质和精神享受，过去钢铁业“傻、大、黑、粗”“脏、乱、差”一去不复返了！

改革开放　强力推动

“我国钢铁工业在世界上能有今天的成就，主要是改革开放推动的结果。但我们是钢铁大国，还不是钢铁强国，钢铁工业结构优化、高质量发展的目标还没有完成。钢铁强国梦还在路上，我们必须看到差距，补足短板，继续担当实现中华民族复兴的伟业。真正实现钢铁强国的梦想，还要继续深化改革，扩大开放。”

笔者：中国钢铁工业发展成就举世瞩目，目前我国经济已由高速增长阶段转向高质量发展阶段。在转变发展方式、优化经济结构、转换增长动力的攻关阶段，钢铁业有哪些途径能够实现高质量发展?

吴溪淳：中国钢铁人筑起了中国钢铁长城，钢铁硬实力使中国人“可上九天揽月，可下五洋捉鳖”。我很庆幸自己亲身投入钢铁报国的行列，见证钢铁为祖国发展建设做出的贡献，但多年来也为钢铁软实力不强而焦虑。我们是钢铁大国，还不是钢铁强国，钢铁工业结构优化、高质量发展的目标还没有完成。钢铁强国梦还在路上，我们必须看到差距，补足短板，继续担当实现中华民族复兴的伟业。

依靠内需拉动，中国钢铁工业实现快速发展，强力支撑起中国经济腾飞，但从高速增长转向高质量发展的过程中，钢铁业积累下的矛盾和问题也显现出来，集中表现就是产业集中度低，这不仅制约自身的发展，也给国家造成不必要的浪费。发展的不平衡不充分。产业布局失衡，华北和东北的过剩产品50%运往南方，华东和中南地区绝大多数钢厂在内陆，物流成本高，中小企业数量过多。

钢铁工业是高投资产业，重大的颠覆性、原始性科技创新投入大、研发周期长，客观上要求集中科技创新人才，集中财力物力，才能总体上实现以较少的投入获得较大的产出，才能在国际市场竞争上占据有利地位，而过度分散的产能直接造成技术创新、人力、财力分散，重复浪费大，整体创新能力不强。

钢铁强国是由钢铁强企构成的。没有足够多的钢铁强企，就不能确保成为钢铁强国。目前淘汰落后产能已取得初步成效，我们还要再接再厉，加快联合重组步伐，突破集中度40%左右的坎，超过50%，达到60%，真正实现全行业的绿色制造、高品质、低成本、提高全要素生产率，达到市场供求的动态平衡，产品价格脱离大起大落的轨道，行业经济效益总体稳定，产品由中低档向中高档迈进，企业通过科技创新、管理创新、联合重组、做优做强，国内外市场竞争力不断增强，获得国际钢铁市场的话语权。

与提高产业集中度同步，还要落实公平税负，继续强化公平竞争的市场环境。目前在环保方面，违法违规生产、少投入资金改造环保设备、投机性地减少环保运营成本，造成市场竞争不公平的问题，经政府强力整治已经大见成效，环保方面的市场公平竞争环境正在形成，但培育公平竞争的市场环境，彻底解决“劣币驱逐良币”问题，真正通过市场竞争实现企业优胜劣汰，还有漫长的路要走，需要各方协调解决。

党的十九大报告提出，要完善各类国有资产管理体制，改革国有资本授权经营体制，加快国有经济布局优化、结构调整、战略性重组，促进国有资产保值增值，推动国有资本做强做优做大，有效防止国有资产流失。深化国有企业改革，发展混合所有制经济，培育具有全球竞争力的世界一流企业。党的十九大提出的目标要求是推动钢铁企业联合重组、提高产业集中度，实现钢铁业高质量发展的行动指南。

我们必须站在更高的层面认清提高产业集中度的意义。坚持以习近平新时代中国特色社会主义思想为指导，全面落实党的十九大精神，坚持创新、协调、绿色、开放、共享的五大发展理念，统筹规划，科学布局，分步实施。按照国家规划要求，确保到2025年，前10家钢铁企业的产量之和占全国总产量60%以上的目标按期实现。

建设强国　依靠群众

“我国钢铁工业的成就是一代又一代钢铁人无私奉献、艰苦奋斗取得的。许多前辈为中国钢铁工业的发展献出了生命。今天我们要建设钢铁强国仍然要依靠企业职工群众，激发职工的聪明才智，需要矢志不移，继续奋斗。”

笔者：习总书记说：“幸福都是奋斗出来的。”中国钢铁发展之所以有今天，是一代一代工人群众和管理者用汗水、鲜血、生命换来的。在新中国成立70周年的时候，您有什么心里话要对曾经一起奋斗过的战友和钢铁人表达的？

吴溪淳：毫无疑问，中国已成为世界钢铁大国，这是在中国共产党领导下，数百万、几代钢铁人怀抱钢铁报国志，持续艰苦奋斗创造出来的。站在新的历史起点上，要实现钢铁大国向钢铁强国的转变，为实现中华民族伟大复兴的中国梦做贡献，钢铁人仍要不忘初心，在党的领导下，依靠自己的智慧和力量来完成。

时代造英雄。中国的钢铁企业在国家期盼中造就了一批时代精英，他们殚精竭虑，解放思想，大胆创新，勇于突破束缚企业改革发展的旧观念、旧机制。

周冠五、黎明、黄墨滨、刘汉章等一批企业家，作为改革先锋，引领时代潮流，带领职工创造出具有广泛影响的“首钢承包制”“宝钢现代化管理”“武钢质量效益型发展道路”“邯钢模拟市场核算，成本否决经验”等许多改革管理和自主创新的经验。他们的创举为国家钢铁事业腾飞插上强劲翅膀。

在钢铁工业发展进程中，更造就了一大批先进模范人物，他们是一面面旗帜，走在钢铁队伍的最前列。“孟泰精神”所蕴含的“艰苦奋斗”“爱厂如家”精神至今为人传唱，被时代称誉“为鞍钢谱写的一曲自力更生的凯歌”。“当代愚公”李双良，从太钢走出了一条“以渣养渣、以渣治渣、自我积累、自我发展、综合治理、变废为宝”的治渣新路子，他的首创不仅对中国钢企，还对世界都产生了巨大影响。宝钢的曾乐以“自强与奉献”精神把中国焊接技术推向世界高水平，成为中国知识分子与工人结合的典范。鞍钢的郭明义被誉为“改革先锋”“当代雷锋”。他用“爱岗敬业，助人为乐”的行动唤起千百万人投入“学雷锋做好事”的行列中，立足本职，奉献社会，传递正能量。“当代发明家”李超以“精益求精，刻苦钻研”的工匠精神，树立起新时代学习型、智慧型、创新型钢铁人新形象。“时代楷模”——河钢集团塞尔维亚公司管理团队牢记总书记重托，将河钢塞钢打造成“一带一路”建设样板工程，在异国他乡成功彰显了改革开放的巨大成就、中国国力的空前强大、中国钢铁工业的巨大进步……在祖国70年的奋进中，还有许许多多像他们一样默默无闻的英模，他们始终坚定钢铁报国的信念，锐意进取，舍小家顾国家，用智慧和汗水推动企业不断前行，为国家创造了物质财富，也为中国钢铁事业积累下宝贵的精神财富。他们凝聚起的精神高度，擎起了时代坐标，标注着“思”与“行”的价值取向。时代记录下他们的创举，后人不能忘。要充分发挥好时代楷模的示范引领作用，推进社会主义核心价值观扎根在每个钢铁人的心中，落实在每个钢铁人的行动上。建设钢铁大国的实践充分说明，群众是真正的英雄，建设钢铁强国必须树立人民为中心的思想，必须依靠全体职工群众，高唱奋斗者之歌。

行稳至远　党建引领

“钢铁报国的初心，钢铁强国的夙愿，钢铁文化的血脉，就是要在一代又一代有担当、敢拼搏的钢铁人手中永远传递下去，继续书写中国钢铁业为民族复兴、人民幸福砥砺前行的美好篇章。坚持党的领导，加强党的建设，是实现我们愿望的根本保证。”

笔者：我们党正在进行“不忘初心，牢记使命”主题教育活动，听了您的话，我们深受教育。您曾经担任中国冶金职工政治思想研究会会长，您对我们有什么期待和要求，您对年轻一代有什么嘱托？

吴溪淳：我们冶金企业有一个优良传统，就是一直坚持党对企业的领导，一直重视加强职工的思想政治工作。回看70年取得的成就，展望未来前景，我们仍要不忘初心，牢记使命。中央提出来的要求怎么落实，怎样才能“踏石留印，抓铁有痕”，必须让年轻人懂得，“两个维护”最重要。结合钢铁行业情况，过去“地条钢”达到几千万吨，打不掉，现在清除了，就是因为坚决执行中央提出的“令行禁止”要求，使优秀钢铁企业发挥出积极作用。由此可见，“两个维护”多么重要！我们必须认真学习习近平新时代中国特色社会主义思想，增强政治意识、大局意识、核心意识、看齐意识，坚定道路自信、理论自信、制度自信、文化自信，坚决维护习近平总书记党中央的核心、全党的核心地位，维护党中央权威和集中统一领导，这是保证全党团结统一、步调一致，全面建成小康社会、奋力夺取新时代中国特色社会主义伟大胜利的根本政治保证。只有大力营造风清气正的政治风气，在思想上解决问题，才能真正落实到行动中。

要让年轻人牢记我们的总目标、总任务，特别是要看到，到2035年，全体人民共同富裕迈出坚实步伐，中等收入群体比例明显提高，城乡区域发展差距和居民生活水平差距显著缩小，基本公共服务均等化基本实现，我国人民将享有更加幸福安康的生活。要强调这一点，使大家在共同富裕的道路上共同奋进。

要好好研究和总结各个企业的思想政治工作经验，透过新中国成立70年取得的看得见、摸得着的伟大成就，学习并宣传好中国优秀钢铁人为国家繁荣富强做出的巨大贡献，这是中国钢铁行业的一座精神丰碑。“80后”“90后”“00后”没有老一辈钢铁人的苦难经历，要让他们清醒地知道，是共产党领导下的钢铁人，为人民、为民族创造出丰富多彩的物质财富；要在青年中大力宣传钢铁人艰苦奋斗优良传统，让他们认真学习、传承下去、发扬光大、再接再厉。实现钢铁强国梦，一代人有一代人的使命，一代人也有一代人的担当。钢铁报国的初心，钢铁强国的夙愿，就是要在一代又一代有担当、勇于创新、敢于拼搏的钢铁人手中传递，并要永远传递下去，继续书写中国钢铁业为民族复兴、人民幸福砥砺前行的美好篇章。

习近平新时代中国特色社会主义思想是对马列主义、毛泽东思想、邓小平理论、“三个代表”重要思想、科学发展观的继承和发展，是实现中华民族伟大复兴的行动指南。我坚信在以习近平同志为核心的党中央坚强领导下，中华民族伟大复兴的中国梦目标一定会实现！

中国冶金职工思想政治工作研究会　《冶金企业文化》杂志

（执笔人：葛梅伟）

前　言

在中华人民共和国70周年华诞到来前夕，钢铁行业的职工用他们的心、用他们的笔，以老一辈的传授，以自己的亲身经历和切身感受，书写着共和国70年来发生的变化，书写着共和国钢铁行业发生的变化，书写着他们所在城市和企业发生的变化，书写着他们的身边、他们的家庭、他们的个人发生的变化。字里行间无不散发着对祖国的热爱，字里行间无不为自己是个中国人感到骄傲和自豪。

70年前的1949年10月1日，毛泽东主席站在天安门城楼向全世界庄严宣告："中华人民共和国中央人民政府今天成立了！"中国由此进入历史新纪元，翻开历史新一页。70年披荆斩棘，70年风雨兼程，70年砥砺奋进，70年励精图治，中国发生了天翻地覆的变化，中华民族迎来了从站起来、富起来到强起来的伟大飞跃，以崭新姿态屹立于世界东方。

回顾昨天。70年前的中国积贫落后，是个一穷二白的国家。中国人民在中国共产党的领导下奋发图强、奋起直追、奋勇向前，向着世界最高峰——珠穆朗玛峰攀登，以敢叫日月换新天的气魄，改变着一穷二白的大地，创下了无数的奇迹，留下了无数的第一。中国钢铁工人以钢铁报国为己任，用钢的品质、铁的意志，克服了难以想象的困难，攻下了难以想象的难关，描绘着、编织着、刻画着、铸就着中国的钢铁大业。鞍钢1949年炼出新中国第一炉钢水，太钢1952年冶炼出新中国第一炉不锈钢，鞍钢1953年轧出新中国第一根无缝钢管，首钢1964年建成新中国第一座氧气顶吹转炉，重钢

1950年轧出新中国第一根钢轨，鞍钢1960年轧出新中国第一卷冷轧薄板，马钢1964年轧出新中国第一件车轮……太多太多的第一，数不胜数，举不胜举，让历史去记录吧。正是创造出了太多的第一，才有了中国钢铁伟大的基业，才有了中国钢铁今天宏伟的大厦，才有了中国钢铁雄霸世界的资本。

畅谈今天。以习近平同志为核心的党中央站在新的历史起点上，不忘初心，牢记使命，团结带领全党全国各族人民，推动党和国家事业发生历史性变革，中国进入了新时代。经济建设、政治建设、文化建设、社会建设、生态文明建设，不断诞生“中国奇迹”，不断传出“中国震撼”，中国已经从世界边缘走向世界中心，已经高昂地站在世界舞台正中央，中国声音从未如此响亮过，中国的影响从未如此巨大过。现在，我国是世界第二大经济体、制造业第一大国、货物贸易第一大国、商品消费第二大国、外资流入第二大国，我国外汇储备连续多年位居世界第一，同时是世界上最有安全感的国家之一。最显著的特征是，百姓生活在祥和、安康、幸福的日子里，生活在山更青、水更绿、天更蓝的环境里，享受着飞机、高铁、高速公路带来的便捷，享受着齐备医疗、教育、司法服务，即使在偏僻的乡村也通路、通水、通电、通邮、通互联网。人们的获得感、幸福感、安全感，更加充实、更有保障、更可持续。

今天的中国钢铁，早已不是昨天“傻、大、黑、粗”的钢铁，早已不是昨天浓烟滚滚、尘埃飞扬的钢铁，臭不可闻的黑水沟已经消失，尖厉刺耳的噪声已经散去，取而代之的是绿色的、智慧的、高端的、全球化的钢铁。智能化、网络化、数字化已经成为中国钢铁的新标签、新符号、新标配、新形象，强有力地推动着中国钢铁的质量变革、效率变革、动力变革。今天的中国钢铁，已经走在高质量发展的道路上，正在加快供给侧结构性改革步伐，谋划更加宏大的战略布局，向着国际钢铁产业价值链顶端进发，中国的钢铁强有力地支撑着航空航天、国防军事、能源化工、工程机械、交通运输等各行各业的发展，以及衣食住行的方方面面。今天的中国钢铁工人，经过一代接一代的追求与奋斗，已然脱胎换骨，用旧貌换新颜形容一点不为过，从他们工作环境、生活环境、休息环境可见一斑。工作在自动化、信息化、数字化操控室里，生活在干净、整洁、温馨的工间室里，有空调、有冰箱、有电脑，有绿植、有鲜花，有书籍。乘着朝阳与余晖，漫步于绿草茵茵、花团锦簇的花园式工厂里，有叽喳的鸟儿陪伴，有闲游的鱼儿陪伴，笑容荡在脸上、笑意挂在眉梢上。住有自己的房，房已经由平房变成楼房，甚至是宽敞明亮的别墅；行有自己的车，车已经由自行车变成汽车，奔驰、宝马、奥迪已是随处可见；一部手机连天下，用微信、抖音、视频沟通交流；在淘宝、京东、拼多多上购物，以及照相、拍视频、看电影、看电视剧、玩游戏等等，就不需要一一列举了。

展望明天。一个富强、民主、文明、和谐、美丽的中国在向我们招手，在向我们大踏步走来。虽然未来前进的道路上会有暗礁、有险滩、有激流、有恶浪，但是中国那气势磅礴的力量已经势不可挡，已经没有谁能够撼动中国宏大的身躯，没有谁能够阻挡中国前进的步伐。中国特色社会主义进入新时代，开启了全面建设社会主义现代化国家新征程。到建党100周年的时候，建成经济更加发展、民主更加健全、科教更加进步、文化更加繁荣、社会更加和谐、人民生活更加殷实的小康社会。到建国100周年的时候，基本实现现代化，建成社会主义的现代化国家。共和国的未来更加美好、更加壮美、更加秀美、更加灿烂。

中华人民共和国成立70年来，中国人民在中国共产党的领导下坚定不移地朝着实现中华民族伟大复兴的宏伟目标奋勇前进，取得了历史性的伟大胜利。不妨引用习近平总书记在纪念改革开放40周年大会上的一段讲话：“70年砥砺奋进，我们的国家发生了天翻地覆的变化，中华民族迎来了从站起来、富起来到强起来的伟大飞跃。无论是在中华民族历史上，还是在世界历史上，这都是一部感天动地的奋斗史诗。”

在此感谢所有为本书撰写稿件的单位和职工。

编　者

2019年8月3日

目　录

塑党建新优势　凝精神原动力
中国冶金职工思想政治工作研究会……………………………………1

长子鞍钢　钢铁脊梁
鞍钢集团党委宣传部 ………………………………………………30

智慧制造　钢铁强国使命召唤
中国宝武新闻中心　王　磊……………………………………………37

改革引领首钢逐梦前行
首钢日报社　梁树彬　王春亮 ………………………………………42

引领国企改革的钢铁先锋
安钢集团　王　辉……………………………………………………50

唱草原晨曲　挺钢铁脊梁
包钢集团　彭德亮 …………………………………………………… 56

江南一枝花　今日更芬芳
马钢集团新闻中心　张　泓……………………………………………64

砥砺奋进百炼成钢　扬帆筑梦魅力山钢
山钢集团　孙亚宁 …………………………………………………… 72

新时代　新河钢　新发展
河钢报社　王桂芬 …………………………………………………… 79

红色长钢　与共和国共成长
首钢集团长钢公司　温林森 ………………………………………… 83

永远奋斗　做强做优

河钢集团邯钢公司　陈琳洁 …………………………………………… 90

新时代新通钢　筑梦百年基业

首钢集团通钢公司　张　丽　杨瑞颖……………………………………… 96

攻坚克难　战略先行　改革创新

杭钢集团党委宣传部……………………………………………………104

践行绿色发展　守护山水之城

本钢集团………………………………………………………………… 113

创业征程路漫漫

酒钢集团　孙忠信………………………………………………………118

“钒”花绽放“钛”精彩

攀钢日报社　胡　毅 …………………………………………………… 122

与改革共潮起　筑梦百年钢企

河钢集团唐钢公司　王兰玉　李振亮　刘　杰　张卫华……………… 126

首钢环境产业高质量发展

首钢集团　孙铁全………………………………………………………135

专业化整合　打造核心竞争力

中国宝武新闻中心　吴永中……………………………………………140

循环发展　添“绿”生“金”

首钢集团京唐公司　杨立文　苗亚光　孙　凯 ………………………144

钢铁之都　清新随想

包钢集团　耿静波………………………………………………………149

绿色助力企业驶上高质量发展路

河钢集团唐钢公司　王　宇 ………………………………………… 153

以企业文化助推南钢高质量发展

南钢联合有限公司　彭　程 ………………………………………… 157

保护生态环境　建设美好家园
马钢集团南山矿　李先发……163

不忘初心　砥砺前行
南钢中厚板卷厂　刘英转……167

我在共和国的旗帜下成长
安钢集团　刘仁瑜……170

一名记者眼中的钢铁“大世界”
河钢集团　刘双媛……174

我与车轮共向前
马钢集团股份公司　江　波……179

炉台上的钢铁强国梦
河钢集团邯钢公司　周文涛……184

高质量发展的“河钢自信”
河钢集团　魏清源……187

品企业变迁　读工人伟大
河钢集团邯钢公司　宁成方……192

钢城春色绿江岸
南钢公辅事业部　陈绍亮……194

我与钢铁的缘分
陕钢集团韩城公司　李　威……197

我与钢铁的不解情缘
陕钢集团汉钢公司　刘　勇……200

来酒钢的第一次盛会
酒钢集团　吴庆林……202

站在历史的昨天　仰望今天的幸福
陕钢集团韩城公司　秦建华……204

这些年与钢铁的不解之缘
河钢集团　邸焕龙……206

钢城，每天不一样
中国宝武鄂城钢铁　晏　芳……208

诉不尽的鞍钢情怀
鞍钢集团二发电厂　郭付霞……210

重温 30 岁时光
本钢集团　韩爽爽……213

河钢邯钢，你是我的故事
河钢集团邯钢公司　张　建……218

我和我的钢铁之家
陕钢集团龙钢公司　郭铁萌……220

三代首钢人　浓浓家国情
首钢日报社　吴　憬……223

一名“老钢铁”的幸福梦
河钢集团唐钢公司　郑连刚……226

祖孙三代河钢邯钢情
河钢集团邯钢公司　刘泽光……229

父亲的钢铁史
陕钢集团韩城公司　张耿泽……232

亲历开国大典的回忆
酒钢集团　孙忠信……234

我和铁山的故事
鞍钢集团鞍千矿业公司　关振学……237

我们家的钢铁情怀
河钢集团邯钢公司　何倬君……241

春风徐来　钢城花开
陕钢集团韩城公司　靳 斌 …… 243

镌刻在铁“黑板”上的红色记忆
山钢集团　褚慧娟 …… 246

我的钢铁情缘
南钢股份第三炼钢厂　康 健 …… 248

五星红旗耀钢城
河钢集团唐钢公司　刘 珊 …… 250

钢铁印象
陕钢集团韩城公司　高士棋 …… 252

房子的变迁
九冶建设有限公司　罗拱北 …… 255

青春作伴好还乡
九冶建设有限公司　罗拱北 …… 258

我家三代女性的世事变迁
陕钢集团龙钢公司　段玲琴 …… 261

幸福　感动　自豪
南钢股份特钢事业部　莫精忠 …… 264

感恩祖国　报效祖国
陕钢集团韩城公司　师 辉 …… 266

感恩，一座城的温暖力量
河钢集团唐钢公司　王 宇 …… 268

从寒冬走向暖春
陕钢集团龙钢公司　吴 洁 …… 272

相册里的温暖回忆
河钢集团唐钢公司　赵东利 …… 274

东方地平线那缕阳光
陕钢集团韩城公司　钟瑞麟……276

满满的获得感
安钢集团　若 水……280

民心聚　国力强
中国宝武鄂城钢铁　金良凡……284

回首来时路
河钢集团唐钢公司　张 磊……286

传唱 70 年的幸福
河钢集团唐钢公司　董 斯……288

春运记忆
安钢集团　李 耘……291

车轮滚滚　跑出普通一家的“幸福线路”
中国宝武韶钢公司　何 郁……294

酒钢赞歌
酒钢集团　刘汉新……298

我为祖国点个赞
陕钢集团韩城公司　于江涛……301

我和我的祖国
陕钢集团龙钢公司　李康柱……303

那时旅游
安钢集团　若 水……306

国家越富强　我们越幸福
陕钢集团韩城公司　陈建波……310

我的铁路情
陕钢集团韩城公司　侯刚朋……312

祖国是母亲我是娃
酒钢集团　孙忠信……314

共和国的七十年
陕钢集团韩城公司　付志怀……316

我和我的祖国
河钢集团唐钢公司　刘振国……320

每一块钢铁，都支撑着祖国的强大
陕钢集团龙钢公司　苏利明……322

祝福祖国
首钢集团通钢公司　王　妍……324

不朽的红船
河钢集团唐钢公司　董　斯……329

钢铁铸就的时代
陕钢集团龙钢公司　苏　洁……331

江山少年志
陕钢集团汉钢公司　邓　锐……334

春到钢城
酒钢集团　孙忠信……337

塑党建新优势　凝精神原动力

为钢铁企业转型升级高质量发展提供强大保证

• 中国冶金职工思想政治工作研究会

70 年弹指一挥，70 年沧海桑田；

70 年薪火相传，70 年创新发展；

70 年栉风沐雨，70 年砥砺前行。

新中国成立，一代又一代钢铁人挺立潮头、不畏艰难、拼搏奋斗，走出了一条具有中国特色的钢铁发展道路，取得了举世瞩目的巨大成就。

在 70 年历程中，特别是党的十八大以来，全国钢铁企业深入学习贯彻习近平总书记系列重要讲话精神，认真贯彻习近平新时代中国特色社会主义思想和党的各项路线、方针、政策，坚持以经济建设为中心、以改革开放为主线，持之以恒加强党建工作，不断深化精神文明建设，塑造了党建思想政治工作和精神文明建设的钢铁品牌，为企业转型升级高质量发展提供了强大的政治思想保证和不竭的精神文化动力。

一、高举旗帜、引领导向，深入学习贯彻习近平新时代中国特色社会主义思想，用党中央治国理政新理念新思想新战略武装头脑、指导实践、推动工作

习近平总书记指出："宣传思想工作就是要巩固马克思主义在意识形态领域的指导地位，巩固全党全国人民团结奋斗的共同思想基础。"

钢铁企业党组织把全面学习贯彻习近平新时代中国特色社会主义思想

作为一项重大政治任务，理论联系实际，不断增强广大干部群众的道路自信、理论自信、制度自信、文化自信，不断深化对治国理政新理念新思想新战略的思想认同、理论认同，解放思想，振奋精神，砥砺奋进，推动改革发展不断取得新突破、新成绩。

——从领导班子和党员领导干部抓起，理论武装、党性教育不断线。扎实开展党的群众路线教育、“三严三实”专题教育、“两学一做”学习教育，领导带头，以上率下，夯实“学”的基础、抓住“做”的关键，不断增强党组织和党员的政治意识、大局意识、核心意识、看齐意识，党组织的政治核心作用、党员领导干部的表率作用、广大党员的先锋模范作用明显增强。鞍钢党委按照党中央“要突出抓好领导干部特别是高级领导干部理论学习”要求，突出“四个强化”、强化思想引领，坚持以上率下、抓住“关键少数”，创新学习方式，规范学习管理，提升学习质量，有效促进了党的十九大精神的学习贯彻落实和“两学一做”学习教育常态化制度化工作的扎实推进。

——推进理论学习向基层群众延伸。开展重大主题宣传、举办理论辅导讲座、编发学习资料、组织宣讲团巡回报告以及专题式、互动式、调研式、测验式学习教育，把理论教育做到位，引导广大党员干部群众准确全面领会治国理政新理念新思想新战略，用理论的力量引导人、激励人、凝聚人。包钢党委在公司、基层厂矿和车间创办 341 个大讲堂，用以推动理论武装、传播先进文化、学习交流技能、化解思想问题、提升综合素质，被评为“内蒙古十大品牌讲堂”。山钢股份莱芜分公司积极推进理论宣讲工作，坚持突出思想内涵、价值引领，连续六年搭建中国梦系列宣讲活动平台，开展了“中国梦·小康情”“中国梦·党在心中”“中国梦·新时代”主题宣讲活动，引领广大干部职工以饱满的精神状态积极投身推动企业做优做强，为实现中华民族伟大复兴的中国梦做出新的贡献。

——构筑互联网理论学习新平台。各企业利用官方网站、微信公众号、微信交流群等，推送文字、图解、动漫、音频、视频等学习资料，将抽象的道理讲具体、复杂的问题讲简单、简单的现象讲深入、熟悉的内容讲出新意，职工理论学习教育实现了全天候和全覆盖。水钢开通党建 APP 一点通手机客户端，及时、快捷、高效地将党和国家的方针政策、公司党政决定决议送达干部职工，通过“指尖上的学习”，让党的思想理论天天见、时时学，打通了干部职工理论学习“最后一公里”，实现了理论学习研讨“零距离”。

——推进理论学习常态化制度化。完善理论学习中心组学习制度，建立考评考核机制、查找解决问题机制和检查督导机制，做到知行合一、学而信、学而思、学而行，用实际行动、实际成效体现和检验价值追求、信仰信念的坚守与践行，确保理论学习教育不流于形式。攀钢党委坚持从学习抓起，重点聚焦领导干部这个“关键少数”群体，不断开展探索与实践，总结提炼出中心组学习“三提升一引领”基本内涵，通过目标价值导向，回答了“为何学”“学什么”和“怎么学”的问题，为国有企业加强各级领导班子思想政治建设、助推企业扭亏脱困和转型发展提供了工作方法。

思想是行动的先导，理论是实践的指南。做实做强理论武装工程，企业深化改革创新发展就有了牢固思想基础、统一意志和强大的精神动力。

——钢铁企业深刻理解把握“五位一体”总体布局和“四个全面”战略布局，以创新、协调、绿色、开放、共享的新发展理念为指导，进一步梳理新常态背景下企业发展理念、发展目标、发展思路、面临的难题及应对措施，以国际化的视野、市场化的思维和改革创新的方法，着力破解发展难题、增强发展动力、构建发展新优势。

——深刻理解把握速度变化、结构优化、动力转化的经济发展新常态的大逻辑，化压力为动力，适应经济发展新常态，彻底扭转在高盈利期形成的经营管理模式、思维方式和思想观念，推进全面深化改革，激活企业内生动力，提升企业核心竞争力。山钢集团确立“加快动能转换，建设魅力山钢”的战略新蓝图，制定实施《新旧动能转换三年行动计划》，认真落实“四新”促“四化”战略，改造提升传统产业，实现更高质量发展。马钢提出“打造独具特色的钢铁材料服务商和规范高效的国有资本投资运营集团”的战略目标，本着不求所有、但求所用的国资管理理念，积极盘活国有资本存量，引入民营资本和央企资本，收购法国瓦顿公司，发展混合所有制，探索员工持股，从而使得国有资本布局更加完善、国有资本功能进一步放大，企业国际化经营步伐显著加快。

——深刻理解把握坚持党的领导、加强党的建设，是国有企业的光荣传统，是国有企业的“根”和“魂”。钢铁企业从思想原则上正本清源，从法人治理结构、规章制度和具体工作上全面解决国有企业党的领导和党的建设弱化、淡化、虚化、边缘化的问题，把党要管党、全面从严治党落实到位。安钢党委“四个三”党建工作布局、马钢党委“矩阵式管理”党建工作、南钢党委“卓越党建”、包钢党委“党员先锋引领”、邯钢“党建绩效量化考评”等取得了阶段性成果。

——钢铁企业深刻理解把握宣传思想工作新思想、新观点、新要求，不断推进思想政治工作的理念创新、制度创新、方法创新、手段创新、基层创新。冶金政研会利用学习研讨会、企业文化论坛、现场交流会、评选表彰优秀论文和《冶金企业文化》杂志，推广了一大批有思想性、指导性、对策性和可操作性的实践成果，在行业内外产生了积极影响。

二、政治引领、与时俱进，坚持党对国有企业的领导，建立完善现代企业科学化管理体系，逐步释放钢铁高质量发展的新动能

“办好中国的事情，关键在党。”这是中国改革事业得出的一条基本结论。纵观40年改革开放之路，钢铁行业的转型发展离不开党建工作的保驾护航。

习近平总书记在全国国有企业党的建设工作会议上强调：“坚持党对国有企业的领导是重大政治原则，必须一以贯之；建立现代企业制度是国有企业改革的方向，也必须一以贯之。”两个“一以贯之”，是习近平总书记对新形势下加强国企党建工作的重要论断和明确要求，为国有企业在全面深化改革中坚持党的领导、加强党的建设、坚定不移做强做优做大指明了方向。

坚持党对国有企业的领导，能够最大限度地保证国有企业各方利益。在国有钢铁企业改革进程中，各级党组织充分发挥领导核心和政治核心作用，将企业经营目标、经营管理者的利益和国家利益、职工利益统一起来，在做大国民经济“蛋糕”的进程中发展壮大企业自身，实现多方共赢，最终实现和维护人民的根本利益。

——坚持党对国有企业的领导不动摇，把党组织内嵌到公司治理结构之中。在企业章程中，明确党组织在公司治理结构中的法定地位；健全党组织议事决策机制，明确党委参与重大问题决策的前置程序。坚持党管干部，规范选拔任用。完善子公司法人治理结构，进行班子优化，系统调整派出董监事。首钢坚持完善“双向进入、交叉任职”领导体制，系统加强基层领导班子建设。修订《首钢领导人员选拔任用工作制度》，明确基层党委会、董事会、监事会、经理层职数要求和选拔任用方式，明确基层单位党组织和董事会、经理层的重要领导人员实行“双向进入、交叉任职”。山钢股份莱芜分公司优化完善“党政融合、双责归一”管理模式，持续加大党建思想政治工作力度，特别是通过“三定”及竞争上岗等改革举措，创新性推动所属各单位行政负责人和党委书记岗位的融合，使党建思想政治工作和生产经营建设工作责任高度统一，为新形势下加强党的领导和党的建设创造了良好条件。

——深化干部人事制度改革。开展任期经营责任制工作，建立强绩效导向的领导人员能上能下机制。严格干部日常管理，将纪检监察和审计结果纳入干部管理，坚定不移地推进党风廉政建设和反腐败工作。大力营造鼓励创新的文化氛围，大力弘扬企业家精神，激励领导干部肩负起做强做优做大国有企业的历史重任。河钢党委坚持落实党管干部原则和发挥市场机制作用相结合，改进中层领导人员绩效考核和薪酬分配机制，营造市场化用人、契约化管理氛围，提高体制内人员对市场化管理机制的认同度，培育职业经理人环境和土壤。

——完善责任体系，推动全面从严治党在国有企业的落地落实。牢固树立责任意识，切实履行党建工作职责。抓好关键少数，持之以恒正风肃纪，构建不敢腐、不能腐、不想腐的有效机制，建设高素质、清正廉洁的领导干部队伍，为企业改革发展营造清风正气良好环境。深入推进全面从严治党，认真落实中央八项规定精神，持之以恒纠正“四风”，修订完善相关制度，建立完善全面巡察工作长效机制，压茬推进巡察工作，督促落实主体责任和监督责任，推动全面从严治党向纵深发展。

——利用“独特优势”，集中力量办大事。在钢铁业整合期下，各级党组织统一思想认识，落实新发展理念，把握重组整合历史机遇，引导各钢铁单元权衡利弊，分析形势、形成共识，助力供给侧结构性改革推进。在宝武集团整合融合的进程中，通过搭建协同工作平台，深挖协同效应，丰富协同体验，引导员工在思想上认同、在行动上支持整合融合工作，有效集中了研发优势和渠道优势，降低了人工成本和财务成本。

三、自我革新、永葆先进，全面深化党的建设，增强党组织的凝聚力和战斗力，提升党建工作科学化水平

党的十八大以来，钢铁企业各级党组织认真学习领会习近平系列重要讲话精神，贯彻落实党中央决策部署，以改革创新精神推进党的建设，总结规律，创新形式，积极探索、大胆实践，创建了一系列党建新品牌，全面深化党的建设，始终保持了党的先进性，充分彰显了企业党建工作优势。

在市场形势发生复杂变化、从严治党的新形势新要求下，钢铁企业各级党组织创新工作思路，充分发挥党的思想政治优势、组织优势和群众工作优势，加快转化为企业的发展优势、竞争优势和创新优势，形成了特色有效的党建工作品牌，使党的主张得到有效贯彻，巩固了党在企业的执政基础，促进了企业的稳定发展，为钢铁持续健康稳定发展提供了强大的思想保证和精神支撑。

——安钢集团党委紧密结合企业实际，积极探索创新，构建“四个三”党建工作布局，抓“三讲”，持之以恒讲形势、讲任务、讲责任，坚持不懈做好战斗动员，各级组织始终做到了方向明、任务清、行动坚决，干部

职工始终保持了昂扬向上的精神状态。抓“三个转变”，把“转思想、转模式、转作风”作为实现逆势突围、打赢生存保卫战的关键，以变求生存，激发了企业内生动力。抓“三管”，突出“管党、管人、管思想”，狠抓党建目标责任制落实，充分发挥党委政治核心作用、党支部战斗堡垒作用和党员先锋模范作用。抓“三大体系”，着力打造决策、执行、监督三大体系，使党委成为公司法人治理结构的有机组成部分，形成了职责明确、有机融合、运转协调的新型领导体制和运行机制，使党委发挥政治核心作用组织化、制度化、具体化。

党的十八大报告提出“建设学习型、服务型、创新型的马克思主义执政党”。各钢铁企业围绕新形势下加强党组织建设的新部署，充分把握建设“学习型、服务型、创新型”党组织的深刻内涵，以学习为基础，以服务为目的，以创新为动力，进一步增强基层党组织的凝聚力、创新力和执行力，提升了党建工作规范化水平。

——山钢集团党委认真研究把握新形势下“三型”党组织建设的规律，创新形式、拓展载体，细化落实措施，完善工作机制，加强探索实践，不断深化“三型”党组织建设。一是旗帜鲜明讲政治，坚持思想政治领先。各级党组织把党的政治建设摆在首位，作为根本，确保“三型”党组织建设正确方向。强化理论武装，提高政治能力，在政治立场、政治方向、政治原则、政治道路上同以习近平同志为核心的党中央保持高度一致。坚持党的全面领导，充分发挥党委的领导核心和政治核心作用，提高党把方向、谋大局、定政策、促改革的能力和定力，确保党始终总揽全局、协调各方。二是完善机制，保障“三型”党组织建设顺利推进。完善学习提升机制，大力倡导“全员学习”“全面学习”“终身学习”等理念，在党组织和党员干部中大兴学习之风。拓展学习内容，创新学习形式，线上与线下相结合，学习与反思相结合，学习与创新相结合，激发党员干部学习的积极性。完善服务发展机制，把服务作为“三型”党组织建设的出发点和落脚点，创新服务理念、改进服务方式、提高服务能力、优化服务机制，积极拓展服务转型发展平台、服务基层组织平台、服务党员平台、服务职工群众平台、服务社会平台等五个平台，提升党组织的凝聚力、战斗力、号召力。完善创新超越机制，推动党建思想政治工作形式、方法、机制等不断创新和改进。三是探索精益党建，促进“三型”党组织建设与中心工作有效融合。将“三型”党组织建设与精益管理等制度体系相融合，将精益管理理念注入党建工作，以精益的方法推动党建工作，探索实施精益党建。四是鼓励基层创新实践，提升“三型”党组织建设活力。坚持实践导向，鼓励创新探索。基层党委结合实际，创新实践，增强“三型”党组织建设活力，形成生动活泼、富有特色的创建格局。牢固树立党的一切工作到支部的鲜明导向，通过强化督导考评、加大投入、评先树优等措施，抓实基层支部，抓牢基础工作，加强支部规范化建设，打造过硬支部，夯实建设基础。

抓发展必须抓党建，无论在任何阶段，党建工作持续不断地为企业的发展保驾护航。在推进钢铁企业混合所有制改革进程中，党建工作对顺利推进混改、坚定党组织领导核心政治核心地位、确保混合所有制企业发展方向正确起着至关重要的作用。各级党组织对混合所有制企业党建工作新机制新模式进行了积极探索实践，为服务经营、维护稳定提供了坚强政治保证，为提升活力、活跃文化发挥了不可替代的重要作用。

——南钢党委通过实施卓越党建模式，使党建工作在精神层面核心引领的同时，更加贴近经营管理、贴近生产现场、贴近员工群体，在实践中不断完善、创新和发展。以双文明目标为导向，以核心理念为指引，以党建贯标为基础，构建组织领导、目标理念、以人为本、过程管理、测评与改进、党建绩效结果等六大模块，以卓越的过程导出卓越的结果，实现党建具体工作和现代化管理方法的有效融合。一是以党建贯标为基础，实现党建具体工作的规范化。卓越党建体系文件分为贯标文件和评价文件两部分。贯标文件由《卓越党建贯标管理手册》《卓越党建程序文件》《卓越党建贯标作业文件》三部分组成。党建评价体系文件由《卓越党建评价准则》《卓越党建评价指南》《评价表》《一体化目视图》组成。二是构建大党建格局，提升党建工作系统化。坚持做到横向到边、纵向到底，增强党员干部政治意识、大局意识、核心意识、看齐意识，提升党员队伍政治性和先进性；以党建带群建，加强工会、共青团工作建设；通过党委两个责任的发挥，抓好廉洁从业、治安保卫等方面工作。根据企业双文明目标层层分解任务，做到人人肩上有指标。围绕卓越党建模式要求，通过在支部设置7个问题，使党建具体工作与生产经营双文明目标紧密结合，有效落地。三是完善创建模式，提高创建水平。运用成熟度系统评价方法，提升党建工作评价的系统性和有效性；运用卓越党建评分表进行阶段性评价；运用卓越党建一体化目视图，实现评价要素及分值的可视化；实行PDCA闭环管理和能力提升双轮驱动，达到组织和个人能力提升；在支部运用党员四诺、标杆管理、SBU等方法及载体，实现卓越党建模式的量化落地；运用士气测评模型提升员工士气；从满意度、和谐度、投入度、发展度和精神层面五个维度，建立员工士气测评的指标体系，借助超级决策软件SD计算，再进行分值累积，从中明确影响职工士气提升的因素，从而制定有针对性措施；运用“五力”模型提升支部组织效能。四是运用“二三四五”工作法促进党建工作要求在基层落地。以“双文明目标”为指引，通过在党员中开展“三个率先”活动，即要求党员率先掌握岗位技能、率先创造岗位业绩、率先成为岗位人才，以及“四个承诺”活动，即推行党员承诺、支部定诺、现场亮诺、群众评诺，同时发挥好党员责任区竞赛载体作用，围绕“五个要素”即党员创新、效益提升、安全生产、现场管理、严于律己开展竞赛，通过有效评价，促进企业双文明目标在基层的分解落实。

“围绕中心抓党建，抓好党建促发展”，非公有制钢铁企业通过做实党建工作，厚植了企业优势，增强了企业的生产力、竞争力和凝聚力，再次充分证实党建与中心工作的关系紧密相连、密不可分。

——沙钢党委牢固树立“党建也是生产力”的理念，坚持不懈加强新时期企业党建工作，创新工作思路，不断探索党建与经济工作的最佳结合点，坚持党建工作与企业发展建设互动并进，充分发挥了企业党委的政治核心作用、支部的战斗堡垒作用和广大党员的先锋模范作用，团结带领着职工群众迎难而上，顽强拼搏、奋发进取。坚持强化组织建设、思想建设、作风建设，切实抓好各级党组织的自身建设，形成新的政治优势，增强企业的战斗力和创新力。坚持把生产任务指标的完成、项目建设和公司重大工作的成果，作为衡量基层党组织、党员作用发挥大小的重要标志。在进行年度党组织、党员评议时，看指标、看实绩，与行政“目标同向、工作协力、发展同步”，确保了生产经营目标的顺利完成和项目建设的有序推进。目前，沙钢 95% 以上基层分厂和处室领导班子都实行交叉任职，党建工作与企业发展行政工作互动并进，优势互补，融为一体。

四、聚焦改革、同频共振，深入细致做好暖人心、稳人心、聚人心的工作，为钢铁企业深化改革转型、加快新旧动能转换营造和谐稳定环境

钢铁产业作为国民经济的重要基础产业，为我国经济社会发展做出了重要贡献。近年来，随着经济下行压力加大，钢材市场需求回落，钢铁行业产能过剩问题尤为突出。

为推动钢铁行业结构性改革和脱困发展，国务院提出从 2016 年开始，用 5 年时间再压减粗钢产能 1 亿 ~1.5 亿吨。同时，党的十九大提出高质量发展的要求，企业深化改革转型、加快新旧动能转换的任务提到日程，任务异常繁重。去产能以及改革转型带来的职工离岗、转岗、择业和再就业等压力，加之企业、社会、家庭等诸多因素相互影响，各种矛盾和问题相互交织，思想难点、舆论热点及敏感问题必然凸显出来。

人心是最大的政治。化解产能过剩既是结构性改革的重大举措，也是关系广大职工群众切身利益的浩大“人心工程”。化解产能过剩、推进结构性改革最大的难点是做好人的工作。

党中央、国务院高度重视化解产能过剩这件涉及国计民生的大事，出台一系列政策、措施和工作部署。习近平总书记强调，要加大供给侧结构性改革力度，重点是促进产能过剩有效化解。在整个发展过程中，都要注重民生、保障民生、改善民生，让改革发展成果更多更公平惠及广大人民群众，使人民群众在共建共享发展中有更多获得感。

2016年以来，国务院总理李克强先后到武钢、太钢、山钢视察，下车间、到现场，同干部职工亲切交流。

在武钢，李克强总理指出，武钢在历史上给国家做出过重要贡献。现在，是钢铁行业比较困难的时期，必须用壮士断腕的决心和勇气，把过剩产能化解掉。化解过剩产能过程中，要保证企业多余人员转岗不下岗、转业不失业，确有困难的人员社保要兜底。

在太钢，李克强总理说，太钢以不锈钢闻名，相信你们能把困难扛过去！好钢要千锤百炼，好产能要优胜劣汰。希望你们用“不锈”精神和智慧，浴火重生，重振雄风！

在山钢集团济钢，李克强总理说，国家不会忘记你们做出的贡献，济钢要通过搬迁转场赢得转机。要确保职工的合法权益和基本生活，确保转岗不下岗、转业不失业。

习近平总书记强调，推进供给侧改革，“不能因为包袱重而等待、困难多而不作为、有风险而躲避、有阵痛而不前”。

为打胜这场化解过剩产能的攻坚战，从南到北、从东到西，国内各大钢铁企业认真贯彻习近平总书记关于化解过剩产能的重要讲话精神，牢牢把握以人民为中心的工作导向，普遍制定了具体实施方案，覆盖面广、节奏之快、力度之大前所未有。

改革推进到哪一步，思想政治工作就跟进到哪一步。

——山钢集团莱钢在多次优化主业、减员分流的过程中，坚持先开渠、后放水，思想政治工作“紧烧火”、改革实施“慢揭锅”，“不把一名富余人员推向社会，不让一名敬业爱岗的职工下岗和失业，不让一名困难职工子女上不起学，不让一户职工家庭看不起病”，彰显了党组织工作的宗旨和思想政治工作引领、服务、凝聚和保证作用。

2016年，中国冶金政研会在山钢集团莱钢举办企业文化论坛，专题交流研讨做好去产能过程中的思想政治工作。莱钢经验启示人们，去过剩产能过程中必须高度重视深化改革中的重大利益调整，把思想政治工作挺在前面，全程跟进、精准到位，把握职工的心态变化，找准思想引领的发力点与落脚点，主动发声、正面引导、及时解惑、迅速响应、妥当处置，从思想理念、切身利益、情感心理等多层面凝聚企业改革的共识和正能量。

——鞍钢集团深化改革过程中，各级领导干部深入了解职工群众的所想所虑所盼，把解决思想问题与解决实际问题相结合，千方百计化解矛盾、理顺情绪、确保稳定。

——武钢在人力资源优化中，坚持大道理管住小道理；坚持超前引导、同步开导、善后疏导；坚持一把钥匙开一把锁；坚持面对面、实打实、心贴心，带着感情及时回应职工的需求，确保分流安置工作平稳有序。

——杭钢在关停半山钢铁基地400万吨产能的过程中，科学制定分流安置方案，加强宣传舆情把控，做好政策宣传解读，充分发挥思想政治工作“减压阀”“稳定器”的作用，平稳有序分流安置1.2万人，被业界誉为“杭钢奇迹”。

——首钢长钢公司在精简机构、分流富余人员过程中，贴近职工思想实际，用真诚换取真诚，用理解赢得理解，做到“四个不要”：不接地气的宣传不要，不顾及职工感受的宣传不要，没有人文关怀的宣传不要，报喜不报忧的宣传不要，以最大限度减少改革震荡，处级机构减少30%，科级机构减少31%，分流安置富余人员5900余人，激发了企业生机和活力。

——济钢去产能过程中，在济南的钢铁生产线全部停产，涉及分流职工2万人。2017年6月12日，第一批《济钢产能调整人员安置渠道岗位预告》按人手一册发放到职工手中。从山钢集团总部到济钢的车间班组，各级各层次迅速行动起来，深入细致做好政策宣传和沟通解释，摸准职工心理预期，确保安全稳定有序做好职工安置工作。

——方大集团萍安钢铁坚守“不减一名员工，不减工人一分钱工资，不减工人一分钱福利待遇”的承诺，不将一名员工推向社会，通过承接外委劳务、开拓再生资源等新项目、组建废钢回收小组等措施，主动承担社会责任，实现员工分流；充分利用现有场地、人员等资源，转型发展报废汽车回收拆解等国家政策支持、节能环保、市场前景好的项目，实现结构调整和转型升级。

——马钢精心组织关停二铁北区炉机，坚持“以职工为中心”的思想，站在职工立场来思考问题，各级党组织、广大党员充分发挥政治核心和先锋模范作用，对职工的思想动态调研深入细致，找准了职工所思、所想、所盼，有针对性开展工作，制定了科学有效措施，达成了广泛共识。短短一个半月时间，马钢二铁总厂北区540余名职工的安置工作圆满完成，没有出现一起上访事件，职工转岗情绪平稳，各自找到自己满意的合适岗位。

五、与时俱进、常抓常新，全面推进思想政治工作创新，不断发挥“主力军”和“主战场”作用，助力企业快速发展保证航向准确

创新是我们党永葆生机的源泉，是加强改进新形势下思想政治工作的关键所在。近年来，中共中央对国有企业坚持党的领导、加强党的建设及加强和改进思想政治工作做了全面部署，提出了一系列新要求。习近平总书记指出：“宣传思想工作创新，重点要抓好理念创新、手段创新、基层工作创新”。

面对新常态、新任务，钢铁企业各级党群组织认真贯彻党中央和上级党组织的要求，坚守思想政治工作“生命线”，适应社会变革时期的新形势、新特点和新要求，针对各种新情况、新问题，认真研究思想政治工作的规律和特点，本着有利于促进企业中心工作，有利于推动改革发展，有利于服务职工群众，有利于增强企业凝聚力的原则，大胆创新实践，务实进取求效，为思想政治工作注入更多的创新元素，更好地适应企业改革发展的新要求，不断增强生机与活力。

各企业着力推进思想政治工作理念、手段、基层工作全方位创新，努力用思想政治工作新方法新举措破解企业改革发展中遇到的各种矛盾和问题。创新理念，深刻把握时代特征和人们实践方式变化，学习探索各种社会科学、自然科学和管理方法的发展进步，紧紧扭住关键环节创新、发力，趟出思想政治工作新路子。增强学习互联网知识、广泛运用互联网技术的自觉，善于运用互联网手段创新、改进、丰富思想政治工作。更多先进管

理工具适用于思想政治工作的途径和方法，深入研究问题、总结经验、优化提升，持续改进思想政治工作。把凝心聚力、和谐稳定作为思想政治工作最大的任务，把经营绩效提高作为最高的标准，使思想政治工作创新的成效具体化、可量化。建立领导责任全覆盖的工作机制，引导各级领导干部切实改变行政工作管钱、管物，思想政治工作管脑、管心的片面认识，树立“一岗双责”、齐抓共管的“大政工”理念，把思想政治工作牢牢抓在手上，把做好思想政治工作作为神圣职责，同心协力做好工作。在推进企业思想政治工作中，强调与人本管理相结合，在如何培养人、关心人，提高人的素质和调动人的积极性上下功夫、做工作，最大限度地调动员工积极性和创造性，尊重人，理解人，以理服人，以情感人，得到理解和支持，形成解放思想、干事创业的强大精神动力，从而使人本管理和思想政治工作紧密结合、相得益彰。

——山钢股份莱芜分公司党委把思想政治工作创新摆在重要位置，建立健全政研会机构，制定政研会章程，印发《思想政治工作创新管理评价体系》，明确思想政治工作创新采取每两年一个周期申报立项、审核实施、动态管理的办法，开展立项立题攻关活动，持续创新、良性互动。仅仅 2015 年以来，就开展两届思想政治工作创新成果评选表彰，涌现出 40 多项创新成果，“互联网 + 思想政治工作”经验成果在《中国思想政治工作研究》刊登，得到领导专家肯定和钢铁同行普遍认可。

——包钢党委思想政治工作在加强中改进，在改进中提高，在创新中发展，有力发挥了“生命线”作用，做到了注重紧扣理想信念抓思想建设，注重围绕企业中心抓特色活动，注重贴近基层抓载体落实，注重贴近职工需求抓服务对接，注重融入管理抓建章立制的“五注重”，构建起高质量的思想政治工作体系，助力生产经营任务的完成。

——马钢党委加强思想政治工作的创新，及时把一些理论水平高、政治素质强的优秀人才选拔到政工队伍中来，注重政工队伍培养，加强政工队伍建设，提高政工人员素质，保持政工队伍稳定。完善思想政治工作机制，做好政工生产结合文章，改变以往政工干部单纯抓政工，生产干部单纯抓生产的状况，促进了思想政治工作与生产工作的有机结合。

——河钢宣钢圆钢事业部党委把强化职工思想政治工作作为当前工作的重中之重，提出“线下 + 线上”宣传方式，凝聚人心鼓舞斗志，开创提升效率、提档晋级新局面。坚持将宣传思想政治工作融入中心工作，发掘新人、新事、新举措、新做法、新思路，弘扬主旋律，传递正能量，让职工学有榜样，赶有标杆，营造“人人求上进”的积极工作氛围。

——陕钢龙钢公司加强企业党群人才队伍建设，注重体制机制建设。在体制上，按照“同建立、同配备、同部署、同考核、同激励”的“五同步”要求，及时建立健全组织机构，配齐配强党群人才。在机制上，建立健全奖惩、监督、约束机制，坚持“能者上，平者让，庸者下”的原则，加大考核奖惩力度，在提拔任用、评先树优、职称评定等方面，做到党群人才与行政技术人员同等待遇，从而增强思想政治工作的吸引力。对于素质不高、不求上进、业绩平平的党群人才，采取诫勉谈话、调整岗位、末位淘汰等办法督促改进提高，激活整体活力。

六、围绕中心、深度融入，将党建思想政治工作的视角、触角、抓手向生产经营一线延伸，与改革发展实践融为一体，促进企业管理水平运营绩效全面提升

企业的工作千头万绪，中心只有一个，那就是以经济建设为中心。思想政治工作必须自觉服从、服务于这个中心，持之以恒地把思想政治工作融入企业中心工作一道去做，努力把国有企业的政治优势转化为现实的生产力和竞争力。

在产能过剩、产品价格下滑、竞争环境复杂多变的大背景下，钢铁企业曾出现大面积亏损。有人把这形容为钢铁行业的“严冬期”“冰冻期”。面对前所未有的压力和空前的挑战，钢铁企业全面打响扭亏脱困生存保卫战，把思想政治工作融入生产经营全过程，与中心任务同步谋划、同向进行，发挥了不可替代的凝聚作用，彰显了独特优势。

人是生产力中的决定性因素。钢铁企业把党建思想政治工作融入中心、深入人心、做深做实做强，就是凝聚力、战斗力、生产力。围绕中心抓党建，认真履行把关定向、举措落实的责任，把党建融入企业生产经营的方方面面，通过开展“党员服务示范岗”“党员先锋号”“党员先锋岗”等创建活动，组织“奋力求生存，我们怎么办”“我为现场管理提升出份力”等主题讨论，推广“党群项目部”管理模式和“五小”工作法等工作模式，不断创新党建活动载体方式，引导党员亮身份、践承诺、做表率，为推动企业做强做优、转型发展筑牢了根基。坚持用正确思想武装人，用党的先进理论和思想观念作引导，大力开展形势任务教育，保证正确发展方向，树立市场、精益、创效、改革、竞争等观念意识，为改革发展奠定共同思想基础。用优秀文化引领人，立足改革发展实践，不断总结提炼丰富企业文化，使之内化于心、外化于行、固化于制，渗透到方方面面，更好地发挥引领作用。用愿景目标凝聚人，通过各种途径，将改革发展的愿景目标展示给职工，有效促进职工对企业愿景、使命和价值观的认同，在设定个人奋斗目标时与企业发展达成一致，提高主人翁意识，永葆企业发展动力。用优秀品格塑造人，以社会主义核心价值观为统领，塑造忠诚、敬业、诚信、友善、感恩等优秀品格，全面提升职工素质。用真情服务温暖人，聚焦热点、焦点、敏感点，解决实际问题、化解心理矛盾、塑造阳光心态。

——河钢集团围绕“2014 年全面扭亏、2015 年全面盈利、2016 年全面提升竞争力”的三年经营目标，以抓主题、抓关键、抓创新、抓合力为重点，广泛开展形势任务教育，彻底颠覆高盈利期形成的经营理念，抓住“市场”和“产品”两大主题，强力推进结构调整和产品升级，积极稳妥实施海外战略布局，胜利实现预期发展目标，为打造世界级钢铁企业奠定了坚实基础。

——山钢股份莱芜分公司充分发挥思想政治工作优势，每年以生产经营的重点、难点为中心确定主题，发动各级党群组织围绕主题开展形式多样的思想政治工作、组织丰富多彩的活动，促进中心任务圆满完成。2015 年以来，先后以“抓精益、求生存、保稳定”“精益运营我当先”“改革转型求做强、止损扭亏我担当”“魅力山钢走在前、做强做优更精益”为主题，搭建形势任务教育、党性实践、舆论引导、对标反思、劳动竞赛等一系列丰富多彩的教育实践平台，激发了党员干部职工的工作热情，汇聚了推动生产经营、改革发展的强大力量。

——安钢集团持续深入讲清形势、讲清任务、讲清责任，两级班子和200多名中层干部带头讲、深入职工面对面讲，把严峻形势讲透、目标任务讲明、利益攸关讲清，增强干部职工的信心和决心，激励他们为生存而战、为荣誉而战、为尊严而战。

——鞍钢围绕技术、工艺、设备及管理上的薄弱环节，广泛开展“金点子”征集、“网络问企”等多种活动，近4年来，职工提意见建议36.8万余条，为企业改革发展注入了强大的支撑。

——宝钢持续深化职工岗位创新活动，大力营造“人人都可以创新、人人都会创新”的氛围，让每一个员工的才能得到充分发挥，岗位创新活动硕果累累、人才辈出，在宝钢50%左右的技术秘密和60%左右的专利由一线工人创造，被人们欣喜地称之为“宝钢现象”。

——陕钢坚持“查漏洞、找原因、提措施、改不足、献一策”的群众性降本增效措施。4年来，共收集“查找提改献”项目9200多项，立项实施6174项，创造经济效益5.9亿元。

——河钢集团邯钢组织开展争当“先锋号”竞赛活动，整合产线提升、党团攻关、管理服务、市场开拓等4个系列竞赛，涵盖200多项竞赛指标，有效地激发了党员职工创新创效热情，多项经济技术指标进入行业前三名，年创效益近亿元。

七、运用网络、拓展阵地，加强“互联网+思想政治工作”阵地建设，构筑网上网下“同心圆”，抢占思想政治工作的制高点

网络作为新媒体，已成为人们思想交汇、情感碰撞、信息传播、情绪宣泄的重要阵地，成为中西方文化交流和舆论争夺的新领域。人人都有麦

克风，个个都是传播者，处处都是舆论场。这种形势下，思想政治工作环境更加复杂，给传统思想政治工作带来了严峻的考验。

老百姓上了网，民意也就上了网。

习近平总书记指出“要把网上舆论工作作为宣传思想工作的重中之重来抓”。“全面建成小康社会进入冲刺阶段，需要心往一处想、劲往一处使，构筑网上网下‘同心圆’。”

承担起网络时代思想政治工作者的光荣使命。各钢铁企业构建起“微博”“微信”“微视频”“微访谈”“微直播”等各种网络平台，构筑了思想政治工作的强大阵地。

——鞍钢开通官方微信平台——“摇篮鞍钢”，累计推送信息1000余条，粉丝达12000余人，阅读量超过200万次，入驻国内权威推荐引擎“今日头条”，成为传播企业声音、服务广大职工、提升企业品牌、引导公众舆论的重要平台。

——山钢股份莱芜分公司适应互联网发展新趋势，公司党委以互联网思维探索实践，构建“互联网+思想政治工作”体系机制，着力推动网络载体与思想政治工作本体有机结合、传统优势与信息技术深度融合，用“数据链”加固“生命线”，使互联网成为思想政治工作促进企业生产经营、发挥党组织作用的新载体，成为发挥思想政治工作优势、服务职工群众的新形态。经过探索实践，形成了“互联网+”工作办公、“互联网+”职工问题解决、“互联网+”学习培训、“互联网+”职工服务、“互联网+”职工文化等一系列“互联网+”思想政治工作平台，搭建基于互联网的微信、微讲坛、微电影等微平台，在思想政治工作网络化、信息化、科学化等方面迈出了新步伐。

——“太钢新闻”客户端集文字、视频、音频、图像于一体，全方位、多渠道、多体裁，可读、可听、可视。“太钢新闻”客户端栏目下设8个子栏目，及时发布公司最新资讯动态，讲述身边典型的人、感动的事，展现公司的新变化新气象，“听闻”栏目以广播方式播报公司新闻和民生信息，发布钢铁行业最新动态，分享职工的原创文学、评论等作品，为“讲好太钢故事，传播好太钢声音”增添了强有力载体。

——“本钢集团工会”微信公众号在中华全国总工会、中央网信办联合主办的“网聚职工正能量，争做中国好网民”主题活动及全国工会新媒体建设推进会上，荣获“全国最具影响力工会新媒体”称号。本钢集团工会微信公众号2015年7月上线以来，已经二次荣获“全国最有影响力百家工会新媒体”称号。截至目前，“本钢集团工会”微信公众号已累计发表文章千余篇，吸引1.6万名以上工粉关注，单篇文章最高点击率为7万+。

——“幸福武钢”官方微博、官方微信先后荣获国务院国资委颁发的“中国企业新媒体综合应用大奖”“中国企业最佳文化传播奖”等荣誉。以“幸福武钢”新媒体为中心，“武钢职工服务中心”“青春武钢”等部门和二级单位微信为支点的微信矩阵，构建和谐企业氛围。

——马钢与找钢网、腾讯网联合开展“以钢铁的名义，带你感受江南一枝花”为主题的大型网络视频直播活动，通过直播用镜头解密马钢践行“环境经营、绿色发展”“钢城一体、融合发展”理念，将“绿色制造、绿色产品、绿色马钢”作为义不容辞的责任，走出一条独具马钢特色与城市融合发展、良性互动、和谐共存的绿色可持续发展之路，全国有184万人在线观看，提升马钢品牌影响力，扩大马鞍山城市知名度。

——南钢“职工在线”2015年4月开通以来，共收到职工提问近4000条，总点击量达200多万人次，解决了职工最关心最直接最现实的问题，堵塞了管理漏洞，促进了降本增效，有效激发了职工的工作热情，增强了企业的凝聚力和向心力。

八、人文关怀、心理疏导，提高职工自我心理调适能力和社会适应能力，帮助职工快乐工作、幸福生活

党的十八大提出“加强和改进思想政治工作，注重人文关怀和心理疏导，培育自尊自信、理性平和、积极向上的社会心态”，为加强改进思想政治工作提出了明确方向。

随着经济社会深刻变革转型，企业员工面临的竞争压力增大，心理问题凸显。钢铁企业认真贯彻党中央的部署要求，紧密把握时代发展趋势，立足企业实际和职工思想变化、心理需求，将人文关怀、心理疏导纳入思想政治工作范畴，探索创新实践，形成了兼具特色、重于实效的常态化运行体系和机制。

——马钢牢固树立“职工至上”的理念，落实“五必谈、五必访”，化解矛盾，关口前移，将思想政治工作做到家庭、病房、床头、现场和岗位，让职工拥有话语权和知情权，人心换人心，黄土变黄金，职工诉求无小事，全力为职工排忧解难，关心生活暂时遇到困难的职工，增扶信心过难关，切实维护了企业广大职工自身利益。

——太钢党委高度在管理融合、机制创新、员工关爱等方面开展的大量有益尝试和探索，以“群众监督、群防群治”为主线，以推行目标责任管理垂直化、劳动保护监督网络化和主体化为基础，坚持“安康杯”竞赛与完善工会劳动保护群监体系相结合，落实《工会劳动保护工作目标责任书》各项内容，形成了职工劳动保护新的工作格局。

关注职工思想动态，加强机制建设，建立职工代表直通车、青年之声、党员直通车等沟通平台，密切把握职工思想心理变化和需求，发挥职工服务中心阵地作用，开设困难帮扶、法律援助、志愿服务等服务窗口，及时有针对性地解疑释惑、理顺情绪、化解矛盾，帮助职工解决实际问题。

——河钢唐钢不断健全关爱保障长效机制，积极筹措专项资金，大力开展“送温暖”“双服务”等活动，组织职工全员体检，开展职工暑期休养，深化大病帮扶救助，努力使关爱帮扶工作贯穿全年。多层次、多形式的关爱实事，使全体河钢唐钢人感受着“家人”般的关爱与温暖。

——山钢股份莱芜分公司建立 4 个综合性的心理疏导中心，开展经常性的心理测评、咨询服务，提高职工心理健康水平。目前，有国家二级心理咨询师 4 人，三级心理咨询师 80 多人。组建“幸福教练”队伍，为职工提供各种心灵成长培训，塑造阳光心态，提升幸福能力。构建“五条保障线”，即送温暖工程基金、职工互助储金、职工医疗互助基金、职工意外伤害互助金、慈善基金五项基金，为职工“挡风遮雨”。目前，五项基金累计资金达9.8亿元，借助网络，开发“五条保障线”帮扶救助信息系统，累计救助帮扶职工约6万人次。建设职工网上服务中心，开拓“莱钢家园卡”平台，职工持卡消费3.5万人次，享受优惠约18.49万元。推进产业工人队伍建设改革，坚持“企业发展依靠职工，发展成果惠及职工”理念，不断加强产业工人队伍建设，为推进产业工人队伍建设改革提供了新鲜经验。

——山钢金岭铁矿成立职工心理疏导工作领导小组，培养了60名心理辅导员，其中16名获得国家心理咨询师认证，筹建了职工心理关爱中心，组建13个基层心理辅导站，及时化解职工精神生活层面的各种矛盾。

——包钢从关心职工身心健康的角度出发，为广大职工开设“心灵氧吧”，建立较为专业的心理咨询工作室，并配备较齐全的软硬件设施，开通咨询专线、建立QQ群、组建“向日葵”心理咨询爱好者活动小组，广泛开展活动，为职工疏导情绪、减轻压力。面向广大职工群体，为不同年龄阶段、不同问题的职工进行心理疏导，帮助职工保持稳定、平和、愉快的工作状态，深受职工的喜爱。

全方位关心关爱职工，满足职工各种需求，促进职工全面成长。钢铁企业各级组织用实际行动真情关爱职工，用实实在在的举措关心服务职工，切实帮助职工思想上解惑、精神上减负、生活上解困，促进了职工全面发展和自我价值实现，让职工活出生命的意义。想方设法铺就员工成才的绿色通道，为人才队伍的建设奠定坚实基础，实现员工与企业共同成长。

——陕钢集团龙钢公司推进钢花创建五项重点工作，改善提升企业的环境面貌，以培育品味员工，打造品质企业；先后成立了职工篮球、羽毛球、乒乓球、书法摄影、舞蹈、音乐6个文体协会，极大地丰富了职工业余文化生活；惠民工程深入人心，为全体职工办理“一卡通”，开通市区和厂区通勤车，节日期间提供免费节日餐，实施缩短健康体检周期等举措，让干部职工切身感受到了大家庭的温暖，增强了职工对企业的归属感。

九、积淀传承、内涵发展，着力提升企业文化的战略定位，塑造具有自身特色的文化体系，激活企业持续健康发展的原动力

企业长青，文化为魂。

在改革开放的历程中，钢铁企业勇于探索实践，注重企业文化，提振信心，凝聚力量，营造起一种文化氛围、精神力量和经营境界，积淀了深厚的企业文化土壤，孕育出了丰硕的企业文化内涵，成为了广大职工所认同并付诸实践的行为和准则。

——首钢将坚持改革创新、推进转型发展、再铸新的辉煌，努力实现“首钢为首”的梦想，“建设具有世界影响力的综合性大型企业集团”。首钢党委制定《首钢企业文化建设“十三五”规划》，总结提炼传承“敢闯、敢坚持、敢于苦干硬干”、发扬“敢担当、敢创新、敢为天下先”的新时期首钢精神，颁发《大力传承和发扬首钢精神的决定》，明确新时期加强企业文化建设的指导思想、目标任务、实施路径、保证措施，坚持“首钢服务、首钢品牌、首钢创造”的核心价值追求，推进创新、创优、创业，为走好转型发展新的长征路。

——山钢集团莱钢注重用文化基因撬动蕴藏在广大职工内心的情感共鸣，积极推动山钢“共赢文化”与“学习、超越、领先”传统文化的深度融合，着力用核心理念引领广大职工观念更新。加强宏观指导和典型推广工作，通过总结提炼基层创新成果，为全集团文化融合树立学习赶超标杆。通过深入调查研究，先后挖掘、总结了设备检修中心建设服务型企业文化、提升服务主业主线的能力与水平，以及建安公司推行“诚信建安”、塑造厚道鲁商品牌的经验，为推进文化全面融合、建设特色鲜明的企业文化树立了模板和典型。

——鞍钢集团遵循企业文化建设规律，坚持“突出特色，促进发展”“继承创新，博采众长”“重在建设，务求实效”“顶层设计，全员参与”原则，启动文化体系建设，形成《鞍钢集团文化宪章》，以高度的文化自觉，打破旧观念，树立勇于挑战、敢于探索、乐于追求、善于想象的新思维。释

放文化力，确立新目标，完成新使命，践行新标准，打造新路径，培育新动能，实现更高质量、更好效益、更快速度的新发展。深植价值观，将鞍钢集团文化内化于思想、固化于制度、外化于行为、物化于产品、美化于形象，发挥新作用，以创新文化武装头脑、指导行为、引领发展，再创“长子”辉煌。

——包钢党委深入挖掘60年来的文化积淀，赋予企业“尽工业长子之责，圆民族复兴之梦”的使命，确立“创一流企业，建精神家园，铸百年基业”的愿景，构建起适应包钢发展战略的新理念，并提出要打造一个装备现代化、大型化，管理向精细化、信息化转型，传统产业升级、新兴产业蓬勃兴起，环保一流、厂容厂貌焕然一新的“全新包钢”。

——山钢股份莱芜分公司与山钢“共赢文化”融合，在推进“运营转型、精益管理”过程中，总结精益管理实践创造的成果，逐步构建和完善包含精益理念、精益行为、精益制度、精益能力等内容的精益文化体系，进一步发挥企业文化引领作用。公司提出“五大理念”“四大转变”“六种能力”“五种意识”和“八条基层理念”，构建了公司精益文化理念框架的核心内容，并通过各种形式的宣贯使之内化于心、外化于行、固化于制，真正将精益意识、理念、能力深深根植于全体员工，促进企业由粗放型、传统式的管理运营模式向科学化、标准化、精细化方向转型，提升了企业运营绩效和发展质量。

——南钢以建立“利益共同体、事业共同体和命运共同体”为支撑，坚持用共同的文化整合职工的思想，塑造“以人为本，同心共进”的企业价值观，打造“百年南钢”的文化战略。持续传承“两创”精神。以“艰苦创业，开拓创新”核心企业文化理念为统领，全面推进转型升级，在钢铁行业率先推进智能制造，成为国内领先的“精品板材＋优特钢长材”基地和国家级高新技术企业。混合所有制改革后，将企业文化概括为“合创文化”，强调传统与现代的融合、国企与民营的融合、一元与多元的融合，推进企业与职工在企业文化建设活动中共同成长。

——陕钢集团龙钢公司以“进步”文化和“正”文化为统领，注重典型带路，榜样引领，以“文化+”为主线，将企业文化理论与实践的宣贯融入经营管理的各项环节，来推动企业文化落地生根、开花结果。实施“文化+”工程。将企业文化建设列入党政一把手工程，形成党政工团齐抓共管，全体干部职工共同参与的创建格局。明晰企业文化建设工程五年规划及年度具体工作方案，建立企业文化评价体系，坚持“目标责任制、检查考核制、奖惩兑现制”，对工程进行全程跟踪，定期全方位监督以提升工程质量。

——沙钢不断深化企业文化建设，全面实施企业文化提升战略，作为延伸拓展企业党建和思想工作的重要平台，与加强党员和职工队伍建设以及培育企业品牌，促进生产经营等融为一体。沙钢树立起“我们的决心，就是我们的资源；我们的信念，就是我们的未来”的创新理念，形成了沙钢特有的哲学思辨和广大职工干部共同的目标追求，弘扬提升企业精神、发展理念、职工誓言、干部誓言等具有沙钢特色文化的独特内涵，确立以企业文化为主体的核心价值观，成为广大党员和职工同心协力建设一流钢铁企业的基本价值取向和行为准则。

——马钢着力打造“感恩在心、胸有朝阳、公平正义、风清气正”的家园文化，“精心履责、用心工作，把本职工作做到极致就是品牌”的精益文化，“以奋斗者为本、以业绩论英雄”的竞争文化，逐步形成以家园文化、精益文化、竞争文化互相融合、互为支撑的马钢特色文化体系，以企业文化软实力提升带动企业前行发展。

——太钢建立起具有特色的企业文化体系，持续开展“建设最具竞争力的企业要从小事做起”“用心实践企业核心价值观”“增强责任感、提高执行力、实现精细化”等系列大讨论和实践活动，加深了干部职工对理想追求、企业精神和核心价值观的理解和认同，为企业创新发展增添了强动力。

十、典型引领、成风化人，大力培育和弘扬社会主义核心价值观，全方位推进群众性精神文明创建

习近平总书记强调：“深入实施公民道德建设工程，推进社会公德、

职业道德、家庭美德、个人品德建设，激励人们向上向善、孝老爱亲，忠于祖国、忠于人民。”

放眼全国钢铁企业，各级党组织站在讲政治的高度，把精神文明建设和道德建设工程，作为培育人文精神、优化发展环境、打造企业软实力的有效形式，作为构建和谐文明企业、提升干部职工素质的一项重要基础性工作，大力加强和深化群众性精神文明创建活动，成就了一代又一代讲文明、有道德的钢铁工人。以社会主义核心价值体系为主线，牢牢把文明单位建设抓在手上，切实加强组织领导，不断完善创建机制，提高创建水平，促进了干部职工素质和企业文明水平的持续提高。

钢铁企业成立以主要领导为主任、相关部门为成员的文明委，推行文明委成员会议制度，建立起党委统一领导、党政工团齐抓共管、文明委组织协调、有关部门各负其责、各单位大力创建、全体职工共同参与的领导体制和工作机制，使文明单位建设有领导、有计划、有措施、有考核、有表彰，形成了强大合力。结合企业实际，制定文明单位建设管理的规定、规划，细化工作措施、目标任务，明确评选标准、程序、奖惩及管理等事项，推动了文明单位建设深入开展，涌现出一大批先进典型。引入学习型组织理论，将文明单位创建目标融入职工个人愿景、团队愿景和共同愿景，形成以愿景为支撑的创建体系，激发职工参与创建，提升了创建效果。

习近平总书记指出：“核心价值观，其实就是一种德，既是个人的德，也是一种大德，就是国家的德、社会的德。国无德不兴，人无德不立。”立德树人，德行天下，无疑对治国理政具有重大的现实意义。

我国钢铁工业战线代代英模辈出，仅鞍钢60多年来就涌现出各级先进人物9000多人。

郭明义——鞍钢的全国劳动模范、被誉为“当代雷锋”。“跟着郭明义学雷锋”，以郭明义名字命名的志愿服务团队在全国有700多个，总数超过130万人；郭明义微博粉丝突破2100万，产生了巨大的社会效应。

2014年3月，习近平总书记在给郭明义爱心团队回信中指出，雷锋精神，人人可学；奉献爱心，处处可为。积小善为大善，善莫大焉。当有人需要帮助时，大家搭把手、出份力，社会将变得更加美好。

习近平总书记强调，我国工人阶级应该为全社会学雷锋、树新风做出榜样，让学习雷锋精神在祖国大地蔚然成风。他希望“爱心团队”努力践行社会主义核心价值观，积极向上向善，从“赠人玫瑰、手有余香”中感受善的力量，以实际行动书写新时代的雷锋故事，为实现中国梦有一分热发一分光。

——鞍钢集团充分发挥英模人物的榜样作用，大力弘扬鞍钢英模文化。成立鞍钢郭明义精神研究会，举办“郭明义论坛”“雷锋文化论坛”；建立孟泰纪念馆、雷锋纪念馆、鞍钢英模馆等职工道德培育基地和爱国主义教育基地；出版《鞍钢英雄谱》《孟泰传人》《郭明义画传》《时代楷模——李超》等书籍；启动“鞍钢楷模”评选活动，评选“敬业爱岗”和“崇德向善”楷模，树立精神标杆，打造精神高地。

——太钢集团持续开展年度“感动太钢”人物评选宣传活动，全公司先后有164人（团队）受到表彰，一个个蕴含着真善美、承载着正能量的真实感人故事，引导太钢人树立高尚的道德理想和价值追求，激发起自强不息、矢志不渝、奋发进取、攻坚克难的工作热情。

——河钢集团在广大干部职工中开展向全国劳动模范郑久强同志学习活动，开展社会公德、职业道德、家庭美德、个人品德楷模评选，50名职工被评为钢城“道德楷模”并受到隆重表彰，崇德扬善、敬业创新成为职工共同的价值标杆和精神追求。

——首钢集团以讲好“首钢人的故事”为载体，传承“敢闯、敢坚持、敢于苦干硬干”、发扬“敢担当、敢创新、敢为天下先”的首钢精神，在全集团营造了学先进、赶先进、超先进的生动局面，为首钢全面深化改革、加快转型发展注入了强大的正能量。

——南钢定期举办“道德模范职工”评选，掀起学先进、赶先进热潮；构建“知行合一”学习模式，追求精益求精的工匠精神，评选“南钢工匠”，引领职工岗位建功立业。

——山钢股份莱芜分公司加强“四德”工程建设，以培育时代模范、道德榜样为标准，开展“钢铁榜样”评选表彰活动，选出敬业奉献、诚实守信、助人为乐、孝老爱亲、见义勇为五类道德模范，受到职工认可，掀起了学榜样做榜样的热潮，社会新风尚逐步渐成，塑造出企业发展的和谐力量。十年来，涌现出大量道德高尚、事迹突出、令人感动的先进事迹、先进人物，先后有两名职工被评选为全省道德模范，几十名职工家属被评为省管企业、山钢集团道德模范。自2014年开始，公司组织“最美莱钢人”微电影大赛，以各类先进典型和普通职工生活工作中的感人细节为主体，通过职工自己拍微电影、演微电影的形式，搭建“微平台”，唱响“草根颂”，表现和宣扬干部职工爱岗敬业的时代风貌和在生活中的美德美行，用镜头讲述身边人的“辉煌故事”，极大鼓舞了广大职工建设企业、奉献企业的热情。目前，已累计创作微电影近百部，《传承》《精益情缘》《一日三餐》等影片甚至走出企业获奖，引起良好反响。

——山钢股份济南分公司编写16万字长篇报告文学《姜和信——一个全国劳动模范的成长历程》，3.8万名职工人手一册，在全公司开展“向姜和信学习，做岗位建功标兵”主题活动，大力弘扬劳模精神，倾力打造劳模文化，形成认同劳模价值、崇尚劳模精神的浓厚氛围，汇集攻坚克难的正能量。

传承文化血脉，构建精神家园。

——重钢组织百年历史文化抢救性影像留存工作，形成1.41TB高清口述影像，征集实物315件，一帧帧、一件件珍贵而罕见的影像资料和征集实物，唤起了人们追溯、感悟历史记忆的强烈共鸣。

——首钢由作家王立新历时五年创作的长篇报告文学首钢三部曲《曹妃甸》《首钢大搬迁》《大海上的钢城》约100万字，记述了首钢在进行战略决策、大搬迁过程中的感人故事。

——攀钢文联主编了《光影追梦》，真实记录了攀钢人50年来奋斗不止的辉煌历程和艰苦创业精神。

——首钢长钢建成厂史展览馆，出版《炉火映太行——寻踪红色长钢》《丰碑》《铸魂》《铁流》《百年陆达》等系列丛书，集中反映了长钢艰苦创业、勤俭办企的红色历史。

丰富的精神文明创建活动，留下了钢铁的足迹，促进了人的全面发展。

——山钢集团以“为民情怀、职工福祉”作为信念追求和使命支撑，启动“幸福和谐新山钢”建设，致力于做实职工与企业的利益共同体、事业共同体、命运共同体，努力提升职工归属感、幸福感、获得感，满足职工对美好生活的新期待。积极推进文明单位创建，扎实开展物质文明、政治文明、精神文明、社会文明、生态文明协同发展，促进企业和谐发展。

——鞍钢集团将深化“国家扶贫日”主题活动，组织全体党员为贫困地区捐款，组成专家宣讲团到扶贫点开展巡讲活动，帮助贫困户转变思想观念，树立“先富脑袋、再富口袋”，从要我脱贫向我要脱贫转变，引导贫困户明确致富目标，积极脱贫，通过检查扶贫工作进展情况，看望挂职、派驻扶贫干部，走访困难群体，落实帮扶项目，协调解决扶贫工作中存在的困难和问题等，为美丽中国建设贡献钢铁力量。

——河钢承钢创新性开展精神文明建设推进月活动，不断创新、丰富精神文明建设工作方法和形式，深化“三德三做”主题教育，开展“道德之星”评选，创建“文明单位、文明工段、文明班组、文明职工”“文明示范点”“青年文明号”等活动，将精神文明建设工作与企业单位工作和生产经营工作同步安排、同步开展，共创共进共谋发展。

40年的风雨兼程，40年的创新发展，钢铁企业党建思想政治工作和精神文明建设的实践提供了宝贵的经验和启示，那就是：必须坚持党的领导、高举旗帜，才能保持党建思想政治工作和精神文明建设的正确方向；必须坚持理论引领，推动实践，才能保持党建思想政治工作和精神文明建设的生命力；必须坚持与企业生产经营划出同心圆，才能充分发挥党建思想政治工作和精神文明建设的效力；必须坚持在继承中创新，在创新中发展，才能激发党建思想政治工作和精神文明建设的活力；必须坚持服务职工群众，才能增强党建思想政治工作和精神文明建设的号召力、感染力、吸引力。

40 年岁月峥嵘，钢铁工业见证了中国社会的发展进步，印证了推进党建思想政治工作和精神文明建设的深远历史意义和现实意义。展望未来，钢铁工业以习近平新时代中国特色社会主义思想为指引，坚定不移地贯彻落实新理念新思想新战略,将党的建设工作与精神文明建设工作落到实处，紧跟新时代发展步伐，彰显钢铁工业的责任担当，推动国民经济又好又快发展，为实现中华民族伟大复兴的中国梦贡献力量！

长子鞍钢　钢铁脊梁

• 鞍钢集团党委宣传部

70 年，弹指一挥间，历史长河的一瞬。

70 年来，鞍钢经历了巨大变迁；特别是改革开放以来，鞍钢人在大潮中追逐梦想、阔步前行。

70 年前，鞍钢在一片废墟上起步。当鞍钢恢复生产时，残存的生产能力仅为年产铁 50 万吨、钢 58 万吨。

70 年后的今天，鞍钢在中国东北、西南、华南等地拥有七大各具特色的钢铁、钒钛生产基地，具备年产 3900 万吨钢的能力，产品出口 70 多个国家和地区。鞍钢拥有集设计、制造、建设、调试、运行包保为一体的全流程冶金工程和电气自动化、信息化工程总包能力，进入《财富》世界 500 强，成为共和国国之重器的钢铁脊梁。

光辉的历程　超常的发展

自 1948 年 12 月 26 日成立至今，鞍钢已走过了 70 年不平凡的历程，分为三个阶段。

第一个阶段，从 1948 年到 1978 年，鞍钢迅速恢复生产，逐步成长壮大。

1949 年初，毛泽东主席发出电令：“鞍山工人阶级要迅速在鞍钢恢复生产。”翻身做主人的鞍钢工人，焕发出无穷的干劲。1949 年 4 月 25 日，一炼钢厂 2 号平炉成功炼出了东北解放后的第一炉钢水。6 月 27 日，2 号高炉炼出了第一炉铁水，标志着鞍钢在恢复生产中打通了从采矿到成材的全流程。

1949年7月9日，鞍钢举行了盛大的开工典礼。新中国第一个大型钢铁联合企业在废墟上拔地而起，创造了世界工业建设史上的奇迹。中共中央、中央军委专门送来贺幛，勉励鞍钢“为工业中国而斗争”。

1950年年初，党中央发出全国支援鞍钢的号召。近两万名干部、技术人员、大中专毕业生和各类技工，纷纷从祖国各地奔赴鞍钢，为鞍钢恢复生产和发展壮大提供了坚实的干部、人才保障。其中，有地县级以上领导干部500多人，他们被称为“500罗汉”。

1949～1951年的三年恢复时期，鞍钢累计生产铁211万吨、钢191.9万吨、钢材109.9万吨，分别占全国产量的45.9%、63.58%、46.83%。

1952年8月开始，无缝钢管厂、大型轧钢厂和7号高炉“三大工程”在鞍钢开工建设。1953年10月27日，生产出新中国第一根无缝钢管；11月30日，轧出新中国第一根钢轨；12月19日，7号高炉出铁，“一五”时期全国瞩目的鞍钢“三大工程”胜利竣工。毛泽东主席、周恩来总理为此专门发来贺信和题词。

从20世纪50年代开始，鞍钢职工张明山的精轧机“反围盘”、王崇伦的“万能工具胎”等发明创造享誉全国，鞍钢成为新中国“两革一化”运动的发源地和标杆，经验被推广到国内各大工业企业。60年代中期，鞍钢一些经济技术指标已经站在了世界的前列。鞍钢适时提出“三个第一流”“四朵大红花”等科技创新目标。

1960年3月22日，毛泽东主席在鞍山市委的报告上作出重要批示，高度评价和肯定鞍钢的做法和经验，盛赞：“‘鞍钢宪法’在远东、在中国出现了。”“鞍钢宪法”在国内外产生了巨大而深远的影响。

1978年，鞍钢年产铁640万吨、钢686万吨、钢材386万吨，在全国同行业处于领先地位。

第二个阶段，从1978年到2010年，鞍钢在改革开放与市场经济的考验中，破浪前行，跨越发展。

1978年9月18日，邓小平同志在鞍钢视察时发表了题为《用先进技术和管理方法改造企业》的重要讲话，不仅为鞍钢发展指明了前进方向，也为国企改革发展确定了行动指南。

党的十一届三中全会确定的改革开放道路和建设社会主义现代化强国目标，为鞍钢的发展增添了新的动力。“六五”到“八五”期间，鞍钢进行了大规模的技术改造，在规模、质量、品种结构上有了很大提高。1988年，鞍钢钢产量超过800万吨。

进入“九五”以后，鞍钢立足自主创新，改造东区、兴建西区、建设鲅鱼圈钢铁新区，创造性地走出了一条“高起点、少投入、快产出、高效益”的鞍钢技改之路，江泽民同志称赞鞍钢“旧貌换新颜”。1997年，鞍钢新轧钢股份公司在香港和深圳成功上市。2004年，鞍钢钢产量突破1000万吨大关。

鞍钢坚持“三改一加强”方针，精干主体、分离辅助，积极建立完善现代企业制度。2006年，“新钢铁”与“新轧钢”重组为鞍钢股份有限公司，成为国内首家完成主业整体上市的钢铁企业。2008年，鞍钢被命名为国家首批“创新型企业”。2008年12月，胡锦涛同志视察鞍钢时指出：“鞍钢是中国钢铁企业的排头兵。”

第三个阶段，从2010年至今，鞍钢与攀钢重组为鞍钢集团公司，适应新常态，取得新发展。

2010年5月，鞍钢与攀钢重组，成立鞍钢集团公司，成为生产能力近4000万吨的特大型跨国钢铁企业集团，从此进入世界500强。

面对经济发展新常态、钢铁行业冰冻期的双重考验，鞍钢集团以钢铁般的意志打响了扭亏增效和转型升级两大攻坚战。近5年来，鞍钢集团坚定不移贯彻习近平新时代中国特色社会主义思想和党的十八大、十九大精神，抓住“三去一降一补”的窗口期，深入落实习近平总书记“三个推进”要求，深入践行“五大发展理念”，加强党对国有企业的领导，坚持市场和问题导向，推进供给侧结构性改革，加强科技创新，通过实施全方位战略调整，制定“631”产业结构调整目标并明确实施路径，推动企业产业结构调整升级，全力实现高质量发展。

2017年，鞍钢集团以277.92亿美元的营业收入位列世界500强榜单第428位。2018年以来，鞍钢集团再接再厉，企业发展质量显著提升，资产运营效率明显提高，全年生产经营创历史最好水平。

辉煌的成就　卓越的贡献

70年来特别是改革开放40年来，鞍钢成功地开创了一条具有中国特色的钢铁企业振兴发展道路，实现跨越式发展，为国家经济健康发展做出了贡献。主要体现在以下几个方面：

（1）经济贡献。1949年到2018年，鞍钢累计生产铁6.9亿吨，钢6.96亿吨，钢材5.74亿吨，上缴利税2030.74亿元，相当于国家对鞍钢投入的38倍。1988年以前，鞍钢一直是国内最大的企业之一，位列中国企业工业产值和上缴利税排行榜第一名。从新中国成立10周年的北京十大建筑，到武汉长江大桥、三峡大坝、京九铁路、西气东输、南水北调等国家重点工程；从59式坦克、运载火箭、超音速战斗机，到世界瞩目的辽宁舰，都使用了鞍钢生产的钢材。鞍钢也赢得了“共和国钢铁工业长子”的美名。

（2）人才贡献。毛泽东同志曾指出：“鞍钢不仅要出钢材，更要出人才。”从1953年起，鞍钢先后对口支援、包建了武钢、包钢、攀钢、太钢、酒钢、水钢、宝钢等20余个大型钢企，支援了北京、内蒙古、安徽、广东、贵州、陕西、青海、山西、四川、河北、湖南等13个省市自治区地方冶金工业建设，累计向全国输送干部和工人近12万人。鞍钢因此被誉为“新中国钢铁工业的摇篮”。

（3）产品贡献。经过70年特别是改革开放40年来的发展，鞍钢已成为品种结构最为齐全的钢铁企业，拥有普钢、特钢、不锈钢和钒钛等完整产品系列，造船用钢、铁路用钢、军工用钢、汽车用钢、核电用钢、桥梁用钢、石油石化用钢、家电用钢、集装箱用钢、电工钢、钒钛等系列产品国内领先，不仅在我国航空航天、国防军事、能源化工、工程机械、交通运输等领域占据重要地位，而且在许多国家重大工程中得到广泛应用。

浩瀚深海游弋航母军舰，戈壁沙漠发射载人飞船，悬崖深涧架起悬索大桥，冰天雪地驰骋飞速高铁，崇山峻岭修筑高原天路……一项项刷新世界纪录的大国工程，一项项引领行业标准的重大科技创新成果捷报频传的背后，凝聚着鞍钢人的努力和奉献。

（4）管理贡献。以“两参一改三结合”为主要内容的“鞍钢宪法”，是新中国探索现代工业化道路的历史性成果，在推动中国工业企业管理创新的进程中，发挥了重要的引领、示范作用，产生了极为深远的影响，有力推动了全国工业企业的技术进步和管理提升。今天，“鞍钢宪法”所体现出的改革创新精神、民主管理理念和多方协同共享的团队建设模式，仍具有强大的生命力和影响力。

（5）精神贡献。70 年来特别是改革开放 40 年来，在鞍钢这片热土上，先后涌现出各级劳动模范、道德模范、精神文明标兵超万名。“艰苦奋斗、爱厂如家”的孟泰精神、“走在时间前面”的王崇伦精神、“全心全意为人民服务”的雷锋精神、“爱岗敬业、助人为乐”的郭明义精神、“精益求精、刻苦钻研”的李超工匠精神，都代表了时代的精神高度，深深地影响了几代钢铁人的人生航向、价值选择和道德追求。

（6）科技贡献。作为建设科技强国的骨干力量，改革开放以来，鞍钢通过瞄准中高端产品、全力谋转型，通过强化考核政策、完善激励制度、加强人才队伍建设、建立完善科研体系等一系列举措，不断打通创新血脉，研制出大量的钢铁新品种，为国家建设发展做出了突出贡献。鞍钢建成了“钒钛资源综合利用国家重点实验室”和“海洋装备用金属材料及其应用国家重点实验室”两个国家级重点实验室。

改革开放 40 年来，鞍钢共获得国家级科技进步奖 45 项，其中一等奖 5 项、二等奖 24 项、三等奖 16 项；共获得冶金行业奖 119 项，省级科技进步奖 66 项。截至 2017 年，鞍钢累计拥有有效专利 7707 件，其中发明专利 3496 件。目前，鞍钢主导制定且现行的国家标准有 87 个，在全国钢铁企业中名列第二。鞍钢参与制定且现行的国家标准有 79 个，行业标准有 76 个。另外，鞍钢目前正在制定的国家标准有 14 个，行业标准有 48 个，正在修订中的国家标准有 19 个。

天道酬勤，井喷的科技创新成果，从“跟跑”“并肩”再到部分“领跑”，鞍钢展示出十足的发展后劲。鞍钢为中国钢铁工业科技的发展和竞争力提升做出了突出贡献，成为推动钢铁事业发展的强劲引擎。

历史的经验　未来的昭示

总结和回顾70年来特别是改革开放40年来鞍钢在恢复建设、改革创新、跨越发展中走过的辉煌历程，获得的启示是：

第一，必须坚持党的领导。长期以来，鞍钢党委始终毫不动摇坚持党的领导，坚持把党建融入企业改革发展全过程，坚定听党话、跟党走。只有在中国共产党的领导下，职工群众才真正当家做了主人，鞍钢才焕发出不竭的创造活力。只有在中国共产党的领导下，发挥集中力量办大事的社会主义制度优越性，全国支援鞍钢，才使鞍钢生机勃发，走上跨越发展的快车道。

第二，必须坚持依靠职工群众。没有鞍钢工人阶级开展的护厂运动、献交器材运动和复工竞赛，就没有鞍钢迅速恢复生产的壮举。没有鞍钢职工群众70年特别是改革开放40年来的艰苦创业、拼争奉献，就没有鞍钢创造的辉煌业绩。鞍钢发展的历史再次证明，人民是创造历史的英雄，职工群众是鞍钢发展进步的根本推动力量。

第三，必须坚持改革创新。鞍钢的发展史，也是一部改革创新的历史。从“两革一化”“鞍钢宪法”到“九五”技术改造，推进“四项重点工作”，改革创新始终是鞍钢战胜困难、再创辉煌的关键举措。从承包经营、股份制改造，到完善法人治理结构，改革创新始终是推动鞍钢阔步前行的强大内生动力。

第四，必须坚持自力更生、艰苦奋斗。坚持自力更生、艰苦奋斗，依靠自己的力量战胜困难，鞍钢才在一片“只能种高粱”的废墟上傲然崛起，攀钢才在“不毛之地”建起“象牙微雕钢城”。坚持自力更生、艰苦奋斗，鞍钢才在发展社会主义市场经济中扬帆远航。自力更生、艰苦奋斗，是战胜一切困难的宝贵精神财富和厚重文化积淀。

高质量发展　打造世界一流

站在新的历史起点上，鞍钢将以永不懈怠的精神状态和一往无前的奋斗姿态，展现新作为，开创新局面！在刚结束的鞍钢集团第二次党代会描绘了未来发展的新蓝图。

奋斗目标是，把鞍钢建设成为中国钢铁行业高质量发展的“排头兵”、具有全球竞争力的世界一流企业；发展战略是，聚焦“一条主线”，激发“三个动力”，构筑“三大事业”，实施“六项工程”。聚焦“一条主线”，即坚持和加强党的全面领导，践行新发展理念，建设高品质鞍钢。激发“三个动力”，即资本推动、改革牵动、科技驱动。构筑“三大事业”，即做强做精材料事业、持续升级矿产资源事业、择优发展工业服务事业。实施“六项工程”，即党建工程、品牌工程、人才工程、绿色工程、智慧工程、幸福工程。

为实现上述目标，要实施“三步走”：第一步，强基固本。到2020年，打造充满活力、极具潜力、可持续发展的企业集团。第二步，快速提升。到2023年，成为中国钢铁行业高质量发展的“排头兵”。第三步，迈向一流。到2035年，力争成为具有全球竞争力的世界一流企业。

回望来路，70年来特别是改革开放以来，鞍钢战胜了一个又一个困难，取得了一个又一个胜利。

展望未来，站上新起点的鞍钢人将以习近平新时代中国特色社会主义思想为指导，深入贯彻落实党的十九大精神，践行新发展理念，履行“制造更优材料，创造更美生活”使命，秉持“创新、求实、拼争、奉献”核心价值观，持续深化改革，强化技术创新，加快转型升级，做强做优做大，建设美丽鞍钢、智慧鞍钢、幸福鞍钢、高品质鞍钢，成为最具国际影响力的钢铁企业集团！在新时代再绘新蓝图，再展新作为，再创新辉煌！

智慧制造　钢铁强国使命召唤

中国宝武新闻中心

•王　磊

举世瞩目的中国国际进口博览会在上海举行。中国宝武在进博会上举办了三场主题活动，其中一场就是以智慧制造为核心内容的“钢铁行业智能装备技术研讨”。而进博会的八大展区中，智能及高端装备展区也成为了大家最为关注的焦点。毫无疑问，智慧制造已经成为中国制造强国的一个巨大“风口”。而作为国内钢铁行业的龙头企业，中国宝武显然已经在这个时代风口上翩翩起舞。

在“中国制造 2025”的国家战略背景下，智慧制造已经成为中国宝武承担国家使命、践行国家战略、实现转型发展的一个重大战略举措。“智慧制造不仅能促进制造业向高效率、高附加值的现代产业体系转型升级，其本身还蕴含着一系列新业态新模式的增长空间。要大力实施智慧制造，形成新的增长动能、培育新的竞争优势，不断保持和提升中国宝武的国际竞争力和影响力。”这是中国宝武在发展智慧制造上的共识。中国宝武的推进目标也已经非常明确：突破一批智慧制造的关键技术，形成具有重大影响力的解决方案，劳动生产率达到世界领先水平，成为全球钢铁业智慧制造技术的引领者和“中国制造 2025”的优秀实践者。

智能车间示范引领

进博会上，宝钢股份相关负责人在接受中央电视台的采访时表示，智慧制造会颠覆人们对传统钢铁企业的认识，是钢铁企业转型升级的一条主干道。如果不抓住这个机会，就必然被这个机会淘汰。正是出于这种对智慧制造重大意义的深刻认识，宝钢股份在智慧制造上全力以赴地探索和尝试，成为了国内钢企中“第一个吃螃蟹的”。

早在2015年，宝钢股份就开始实施第一轮智慧制造三年规划，至今已投入25亿元资金，推进实施智慧制造项目250余个，全面提升宝钢股份制造装备、全供应链管控、分析决策过程的智能化水平。在生产现场，智慧制造已经成为提升劳动效率、节能降耗、改善作业环境和作业强度的代名词。

走进宝钢股份宝山基地冷轧厂热镀锌生产线C008机组，两条相对而立的产线上见不到一个操作员工。从机组入口段一直到出口段，八台机器人取代了原先最繁琐和劳动强度最高的工作岗位。入口段有自动拆捆机器人，中间段有自动捞锌渣机器人，出口段有自动取样、复样和贴标签机器人。集中操作室内的远程支持系统，通过远程查看操作画面、视频对话等手段,将宝山基地对湛江钢铁热镀锌机组的技术和操作支持效率大大提升。从2017年成为国家工信部智能制造示范试点项目以来，这条机组已经彻底改头换面了。

现场工程师介绍道，C008机组智能制造示范试点项目主要以构建智能化、网络化、集成化、柔性化的新一代热镀锌生产线为目标，通过传感技术、网络技术、人工智能技术、大数据技术、工业软件技术的交叉融合，打造流程工业智能工厂示范工程。明年该项目就可以结题了，届时，随着无人化作业自动化系统、工艺过程全面在线检测、智能设备检测诊断系统、智能安全管控系统等全面投用，两条产线可以实现产能提高20%、劳动效率提升30%、吨钢能耗下降15%、综合污染物吨钢下降30%、加工成本降低10%。

“异想天开”的无人化轧线

一条年产量300万吨的热轧线，全线只有一个操作工，这是不是痴人说梦？令人难以置信的是，在宝钢股份热轧厂1580产线的智慧制造推进计划书上，这个貌似不可能的任务，将在三年后实现。而这一切，都归功于智慧制造的不断推进。

2015 年，1580 产线以高效率、高质量、低成本的“两高一低”精品产线和打造钢铁行业智能样板车间为目标，在仓储物流无人化、设备状态诊断和预测性维护、工艺过程全面在线检测、智能化模型、质量一贯管控、可视化及数字工厂等八大领域全面推进智慧制造。通过几年智慧制造项目的推进，1580 产线已经具备了一定的底气。

目前，1580 产线板坯库行车无人化程度已经稳定在 99% 以上。也就是说，在没有意外的情况下，区域内所有的行车上是没有人的，照样可以满足正常生产和物流所需。2018 年 10 月开始，轧制无人化已经在粗轧区域进行初步试验，目前最好成绩是实现连续 8 小时无人化作业。

从“经验生产”到“数字生产”

大型高炉炉前作业危险性高、作业环境差、劳动强度大，是业内公认的。但在宝钢股份，通过智慧制造项目的推进，数字化高炉、智慧高炉，已梦想成真。

由宝钢股份自主集成建设的全球首套大型高炉控制中心建成启用，成功实现了对宝山基地四座高炉的集中化操作控制和生产管理。作为国内第一座高炉控制中心，不但实现了宝山基地四座高炉的集中化操作控制和生产管理，还可对其他基地的高炉进行远程技术支撑。这在国内炼铁行业发展历程中具有里程碑意义。与此同时，通过高炉炉前作业装备自动化智能化改造，最苦、最脏、最累的炉前工的工作环境和负荷，也很大程度上得以改善。高炉炉前作业自动化控制系统包括自动装填炮泥装置、自动换钎装置、自动包装炮泥、摆动流嘴自动切换、机械化清理渣铁等。员工只要轻点按键便可完成这些过去的苦活、脏活、累活，劳动负荷及危险系数大大降低，再也不用一个班次人工搬运近 2.5 吨的炮泥、5 根以上近 50 斤重的钻杆、数根 80 斤的金棒，加一次炮泥时间从 3 小时缩短到 25 分钟。

韶钢管控中心，一幢由老厂房改建的大楼已经慢慢掀开面纱，露出了真容。这就是韶钢新建的铁区、能介操作集控中心。该智慧制造项目建成投用后，将成为国内首创的贯穿铁、烧、焦一体化智能管控平台，也将成为韶钢从“经验生产”向“数字生产”转型的一个里程碑。

2017年以来，韶钢围绕“机械化换人、自动化减人”，按照“投资小、见效快”的原则，梳理推进了“自动化立体仓库改造”等30个智慧制造项目，探索实现“装备自动化、少人化、无人化”升级改造。新建的铁区、能介操作集控中心目前正在紧锣密鼓地前期筹备中，待全部建成后，原来的40多个中控室可以大幅缩减，操作屏数量将由454块减至193块，优化57%。同时，配套试点实施“厂管作业区”运行模式，取消分厂3个、车间3个，作业区数量由50个优化至18个。

高质量发展的必由之路

从中国制造转向中国创造，从制造大国转向制造强国，是我国经济进入高质量发展阶段的必然要求。作为传统制造业，钢铁行业发展至今，面临着越来越严苛的生存环境，环保、安全、质量、成本等无一不是亟待解决的痛点，转型升级势在必行，而智慧制造显然是一个新的机遇窗口。

中国宝武在过去几年大力推进智慧制造的基础上，明确提出智慧制造下一步发展的具体要求：做好智慧制造行动方案的编制和实施工作。加强顶层设计，高水平地策划、编制和实施智慧制造行动方案，“一企一策”明确目标和任务；技术创新、管理创新和商业模式创新并重，探索实施智慧制造的途径和模式；加快优秀实践推广，切实发挥示范引领作用；要发挥产业链协同创新优势，做强智慧制造相关业务。

在中国宝武“深入贯彻新思想，全力谋划新发展”开展的大调研中，智慧制造成为重大课题之一。此外，还将举行智慧制造现场推进会，从劳动效率提升，安全环境改善等入手，进一步系统策划和遴选需求迫切、示范效应好、效益明显的智慧制造项目，深化智慧制造试点工作，由点到面，推动作业流程、生产组织、业务水平的提高，推动管理进步和能力提升。非钢铁单元则进一步立足自身业态特征，加快提高智慧制造技术解决方案能力，大力发展智慧制造业务，满足市场竞争的新要求。

智慧钢厂，已日渐成为中国宝武高质量发展之路的清晰蓝图。

改革引领首钢逐梦前行

首钢日报社

•梁树彬　王春亮

中国因改革而强，首钢因改革而兴。

2019年，站在新中国成立70周年、首钢建厂百年的重要历史节点上，回望首钢发展历程，首钢人锐意改革、突破创新的“基因”，使企业激发出无穷的发展活力与动力。

首钢始终是国家重大战略的实践者和贡献者，生产出新中国第一炉铁水，率先实行承包制、收购秘鲁铁矿、创办华夏银行，率先进行搬迁调整、打造新时代首都城市复兴新地标……一项项改革、一次次创新、一个个第一，永远镌刻在新中国钢铁工业发展史册上。

首钢人在改革创新实践中谱写了国有企业改革发展的新篇章，几代首钢人执着追求的强企报国之梦，钢铁强国之志正在成为现实。

改革创新，首钢永远的基因

改革是一直流淌在首钢人血液里的基因。一部首钢发展史就是一部改革创新精神的锻造史。

首钢始建于1919年，在新中国成立前30年，老一辈首钢人历经军阀战乱的困苦与惊扰、饱受日本侵略者的压榨与欺辱、见证了国民党统治的腐败与昏庸，30年累计生产生铁只有28.6万吨。新中国成立后，特别是改革开放以来，首钢人在党的领导下，传承和发扬“敢闯、敢坚持、敢于苦干硬干，敢担当、敢创新、敢为天下先”的首钢精神，始终站在改革前沿砥砺奋进，铺陈出波澜壮阔的历史画卷。

——1949 年 6 月 26 日，首钢率先恢复生产出新中国第一炉铁水。

——1951 年，首钢敢于坚持在管理制度上进行大胆突破和改革，为了提高职工的生产积极性，率先提出了八级工资制改革方案，得到了毛泽东主席的肯定。1956 年，国家对整个工资制度进行第一次全面改革，首钢比全国实行八级工资制提早了 5 年。

——1958 年，首钢提出将全部投资及项目中的设计、施工，直至按期投入生产的所有责任，都由首钢负责，并保证扩建后的钢产量比原计划增加一倍。这就是当年轰动一时的基建投资大包干。首钢坚持改革创新，采取大包干的做法，得到了毛泽东主席和刘少奇主席的肯定和支持，首钢基建投资包干的经验做法在全国进行了推广。这也为日后首钢实行承包制埋下伏笔。

——1964 年 12 月 24 日，中国第一座 30 吨氧气顶吹转炉炼钢厂在首钢诞生，这是我国在没有从国外引进任何软件、硬件的情况下，自己建设的当时最先进的炼钢厂，揭开了我国转炉炼钢的新篇章。

作为具有百年历史的大型国有企业，首钢始终与国家和时代的发展紧密相连。1978 年 12 月，党的十一届三中全会召开，吹响了改革开放的号角。1979 年 3 月，首钢主动申请扩大企业权限试点，当年 5 月成为国家确定的第一批企业管理改革八家试点单位之一，试行利润留成。1981 年 7 月，首钢在国务院和北京市的支持下，改变了国家与企业之间分成的办法，开始实行承包制，即全年上缴利润 2.7 亿元定额包干。1982 年，首钢正式实行上缴利润递增包干，即以 1981 年上缴利润 2.7 亿元为基数，每年上缴利润递增 6%。1983 年，首钢主动把递增率提高到每年 7.2%。

承包制时期首钢迎来了前所未有的发展契机，也以前所未有的发展速度加快了企业升级，企业和职工的积极性得到极大的调动，主体设备实现了现代化改造，海外事业得到拓展，发展多种经营，建筑业、机械制造业、电子行业的实力得到增强，职工福利得到大幅度提高。首钢的快速发展赢得社会上广泛关注和认可，全国各地来首钢的参观学习者每月多达上万人次，介绍首钢承包制的书籍发行量高达40万册。

作为国有企业改革的大胆尝试，首钢实行承包制取得的成就，已深深烙印在中国改革开放的史册中，成为我国工业企业改革的一面旗帜。

——1992年10月，首钢创办华夏银行，成为我国第一家创办银行的工业企业，为我国金融体制改革开辟了一条新路。

——1992年11月5日，首钢收购秘鲁铁矿，中国海外第一矿和海外最大独资企业问世。

——1994年，首钢钢产量达到823.71万吨，为全国第一。

——1995年以后的几年中，首钢以推进两个根本性转变、建立现代企业制度为目标，进行了集团化改革、住房制度改革、劳动用工制度改革和建立社会保障制度等一系列改革，使企业的管理体制和经营机制发生了深刻变化。

1992年5月22日，中国改革开放的总设计师邓小平亲临首钢视察。他说：路啊，历来是明摆在那里的，是走得快，还是走得慢；是走得好，还是走得坏，那就看你走的路第一是对不对，方向对不对；第二是走得好不好。你们这两条都走对了。

首钢以改革腾飞的奇迹，成为中国工业企业改革的窗口和样板。

首钢，在改革创新的道路上与时俱进、逐梦前行。

搬迁调整，成为京津冀协同发展先锋队

强国之路，立于改革之本；强企之路，起于创新之源。

进入21世纪，首钢率先进行中国乃至世界工业史上前所未有的战略性搬迁调整，完成从“山”到“海”的跨越，成为我国第一个向沿海搬迁的大型钢铁企业，成为京津冀协同发展的先锋队。

首钢搬迁调整为我国钢铁工业布局调整、推进产业结构优化升级提供新经验。

2005年2月18日，国务院批复了首钢搬迁调整方案，2007年3月

12 日首钢京唐公司钢铁厂开工仪式举行，2009 年 5 月 21 日首钢京唐公司 5500 立方米高炉出铁。首钢率先进行搬迁调整，成为我国第一个向沿海搬迁的大型钢铁企业。

推进京津冀协同发展是历史和现实的选择，是重大的国家战略；首钢搬迁到曹妃甸就是具体行动，也是京津冀协同发展的一个生动的范例。作为先行者和示范者，首钢进行前所未有的搬迁调整，是顺应京津冀协同发展的重要一步，更是我国钢铁行业为实现钢铁强国梦而进行的有效实践。

首钢实施钢铁业搬迁调整，始终得到了党中央、国务院的亲切关怀和北京市、河北省各级政府的大力支持。特别是习近平总书记始终牵挂着首钢、牵挂着首钢京唐，在 2010 年 7 月视察京唐公司后，2019 年 2 月 1 日，又亲临首钢园区视察慰问，听取了首钢有关工作汇报并做出重要指示，为谱写百年首钢发展新篇章进一步指明了方向，增添了强大动力。

按照“高起点、高标准、高要求，产品一流、管理一流、环境一流、效益一流”的建设目标，首钢第一次在我国建设 5500 立方米高炉，首钢京唐公司具有流程紧凑、装备大型、技术先进、循环经济、产品高端、临海靠港、管理现代等特点，主体工艺装备采用 220 项国内外先进技术，自主创新和集成创新占 2/3 以上，设备国产化率达到 93%。其中，第一次自我设计、自主集成、自己建成我国两座 5500 立方米高炉；第一次自主研发、拥有了自主知识产权的大型高炉无料钟炉顶技术、全干法除尘技术、顶燃式热风炉技术；第一次按洁净钢生产模式设计的炼钢厂，是世界第一个单体生产能力达到 1000 万吨的炼钢厂；第一次在大型高炉和转炉之间，采用铁钢联合运输铁水在线脱硫等技术，大幅减少了热损失和环境污染。

目前，首钢钢铁业实现转型升级，首钢产品结构快速向中高端转变，家电板、桥梁钢、车轮钢国内占有率第一，汽车板占有率第二，电工钢跻身世界第一梯队，镀锡板实现高端客户全覆盖，新产品不断实现全球和国内首发。

首钢搬迁调整提供的新经验，已经载入我国改革开放和钢铁工业发展的史册，正在激励我们、也将启迪后人，在新的起点上不断创新发展。

改革只有进行时，没有完成时。首钢全面深化改革的实施，又一次开启了首钢改革的大幕。

党的十八届三中全会吹响了全面深化改革的号角。站在历史和未来的交汇处，有着强烈使命感和责任感的首钢人，继续朝着新目标奋力前行。2014 年 9 月 9 日，《首钢全面深化改革的指导意见》正式颁发，提出了首钢全面深化改革的目标，主要内容包括推进集团管控体系和管理能力的建设等，这又一次开启了首钢的改革大幕。

深化集团总部管控体系改革是首钢的一次深刻的管理革命，这是时代进步的客观要求，是企业发展的内在需要，也是广大职工的热切期盼。2015 年 10 月 10 日，《深化首钢集团总部管控体系改革思路框架》正式下发实施，截至目前，集团管控体系进一步完善、投资管理权力清单和领导人员任免权力清单实施、全面预算管理体系初步建立、职务职级改革不断深入、用人机制改革持续深化、风控体系建设扎实推进、转型提效工作取得明显成效、供给侧结构性改革取得重要进展，集团现代企业制度更加完善……2017 年，首钢成为北京市唯一一家国有企业深化改革综合试点单位，2018 年，首钢集团成功入选国企改革“双百企业”，首钢改革再次迎来了新的里程碑。

唯改革者进，唯创新者强。改革开放以来，首钢钢产量从年 179 万吨增加到形成 3000 万吨以上的生产能力，销售收入从 14.43 亿元增加到 1850 亿元，资产总额从 16.89 亿元增加到 5000 亿元以上，成为了世界 500 强企业。首钢职工的生活、企业的综合实力发生了巨大变化。

“园区＋新产业”，打造城市复兴新地标

改革未有穷期，首钢改革的脚步永不停歇。历史从不等待一切犹豫者、观望者、懈怠者、软弱者。只有与历史同步伐、与时代同命运的人，才能赢得光明的未来。

面对市场的严峻形势，首钢人没有退缩，再次高举改革的旗帜，奋力

实现转型发展，自觉站在战略大局上思考问题，自觉用体系思维来统筹谋划，确立了“一根扁担挑两头”，通过打造全新的资本运营平台，实现钢铁和城市综合服务商两大主导产业并重和协同发展的战略定位。

改革永远在路上，首钢因改革而兴，也必然靠改革而强。

2018 年召开的首钢“三创”交流会，为首钢大力弘扬改革创新精神，在新的历史起点上加快转型发展指明了着力点和努力方向。会议聚焦“三个变革”，对首钢深化改革再审视、再谋划，回答了改革再出发“改什么、怎么改”的问题。其中，明确了城市服务业重点打造“园区 + 新产业”的新模式和新优势；产融结合是做实产业的“发动机”“助推器”。

在打造“园区 + 新产业”的新模式和新优势方面，首钢成为北京市、河北省政府落实国家战略的平台和载体，以“三园区”模式推动京津冀协同发展。

——首钢北京园区打造新时代首都城市复兴新地标

首钢北京园区承载着首钢的百年记忆，在这块热土上，留下了一代又一代首钢人改革创新、奋斗不息的足迹，创造了无数辉煌。

2019 年 2 月 13 日，北京市政府新闻办、市发改委等部门联合发布了《加快新首钢高端产业综合服务区发展建设 打造新时代首都城市复兴新地标行动计划（2019 年—2021 年）》（简称《行动计划》）。《行动计划》含 38 项重点任务、90 个重大项目，将是今后 3 年新首钢地区发展的行动指南。首钢将通过一系列举措实现文化复兴、产业复兴、生态复兴、活力复兴，发展目标为：到 2021 年，以服务保障冬奥会为契机，高质量完成首钢北区、东南区建设任务，力争南区开发的基础性工作全部完成，带动区域环境面貌、重大基础设施、城市功能全面提升，周边集中连片棚户区改造全部完成，长安街和永定河景观风貌明显改善，“三区一厂”（石景山区、丰台区、门头沟区、首钢集团）经济社会发展协同度明显提高，城市复兴新地标建设取得阶段性成果。到 2035 年左右，新首钢地区在首都城市发展格局中的影响力全面提升，首钢与曹妃甸双园区联动效应全面显现，新首钢地区成为传统工业绿色转型升级示范区、京西高端产业创新高地、后工业文化体育创意基地，建成具有全球示范意义的新时代首都城市复兴新地标。

首钢曾为北京2008年奥运会的成功举办做出了突出贡献。北京2022年冬奥会申办成功后，北京冬奥组委办公区、国家队冰上项目训练基地、冬奥滑雪大跳台项目竞赛场地等相继落户首钢北京园区。2018年6月5日，首钢再次与奥运牵手，成为北京2022年冬奥会和冬残奥会官方城市更新服务合作伙伴，开启服务保障冬奥筹办的新篇章。

目前，首钢在全力做好服务冬奥筹办和项目建设的同时，还圆满完成了多项重大活动的服务保障工作和顺利承办了一批高水平的冰雪赛事。国际奥委会平昌冬奥会冬残奥会总结会、2019年中国国际服务贸易交易会首钢园区分会场系列活动、2019中芬冬季运动年开幕式、外国驻华使节招待会、BTV跨年晚会、2019年首届冰壶世界杯总决赛、2019年国际冰联女子冰球世界锦标赛甲级B组赛事、全国冰壶冠军赛、中国花样滑冰俱乐部联赛总决赛等一系列重要活动在首钢园区举办，首钢服务保障能力经受住了一次又一次重大活动的“大考”。其中，首钢圆满完成国际奥委会平昌冬奥会和冬残奥会总结会的服务保障工作，这在首钢转型发展历程中具有里程碑的意义。

——曹妃甸园区发挥在京津冀协同发展中的载体作用

位于渤海之滨的首钢曹妃甸园区内，5.5平方千米产业先行启动区基础设施建设稳步推进，4.6平方千米产城融合先行启动区项目全力引进，国家级绿色建筑产业园雏形初具，曹建投公司荣登“CIHAF（中国国际房地产与建筑科技展览会）2017年度绿色先锋企业”榜单，大力推进招商引资，已签约45个产业项目，总投资500多亿元。疏解北京非首都功能，曹妃甸协同发展示范区的作用日益凸显。

——首秦园区打造中国汽车运动文化示范基地

位于秦皇岛的首秦园区，以汽车运动为引擎，聚焦汽车后市场产业，打造“秦皇岛首钢赛车谷”，吸引更多的高端要素集聚，迅速形成品牌影响力，努力把首秦园打造成为东北亚汽车运动文化旅游中心，成为国内传统产业转型升级的标杆、京津冀协同创新驱动的典范、秦皇岛城市发展的新磁极。

——打造城市综合服务商，不断培育新动能、形成新产业

建设世界单体一次投运规模最大的垃圾焚烧发电厂、国内第一个静态交通研发示范基地；金融服务、城市基建、房地产、医疗康养、文化体育、国际化经营等方面加快发展。首钢基金公司管理基金数量达 20 支，签约规模 600 多亿元；创业公社成为国家级众创空间和孵化基地。

改革是流淌在首钢人血液里的基因，解决首钢发展问题的关键一招在改革，成就首钢的美好未来更要靠改革。首钢这个百年企业，过去，因改革而兴；未来，一定会因改革而强。

引领国企改革的钢铁先锋

安钢集团

•王　辉

70 年飞跃万重山。

伴随着新中国钢铁工业发展的浩荡浪潮，安钢作为河南省最大的钢铁集团，一路除旧布新，始终以改革的思维、开放的姿态、与时俱进的发展意识，推动企业站在改革前沿，走在国企前列，在河南经济社会发展中，留下了闪光足迹，演绎出一部百炼成钢的新时代钢铁篇章。

改革不停步，昂首挺立改革潮头

1958 年，作为国家“二五”规划“三大、五中、十八小”钢铁布局中的“十八小”之一，安钢应运而生。

然而，诞生于“大跃进”的安钢，受国民经济调整的影响，经历上马、下马，再上马。由于“文化大革命”浩劫，从 1966 年到 1977 年的 12 年间，安钢净亏 7600 多万元。

党的十一届三中全会召开以后，改革开放的春风为安钢注入新的生机与活力。1980 年，安钢迎来了发展史上的关键节点。这一年，安钢主动请缨，实行承包经营，成为全省乃至全国工业企业产权制度改革的“第一个吃螃蟹者”。

改革，让安钢产生了空前的凝聚力。1989 年，安钢在全国 58 家地方骨干钢铁企业中，率先突破 100 万吨钢大关，成为全国地方钢铁企业排头兵。

改革，让安钢爆发出惊人的效率。20世纪90年代，从实施股份制改造，成为全国百家建立现代企业制度试点企业之一，到组建集团公司、“安阳钢铁”成功挂牌上市……安钢向改革要动力，大胆尝试建立现代企业制度，成为河南工业战线的一面旗帜。

21世纪之初，顺应钢铁工业发展大势，安钢加快结构调整步伐，斥资近300亿元实施发展规划，实现了工艺现代化、装备大型化的和产品专业化。

2016年6月，以全省打响国企改革攻坚战为契机，安钢迅速行动、大胆尝试，一系列啃硬骨、涉险滩的改革迈出实质性步伐，高质量实现“两推进、一加快、三完成”，再次跃上改革潮头，走在全省前列。

“两推进”汇聚发展合力。深入推进机构改革，按照集团管控、股份做实的原则，重新明确集团、股份职能定位，现代企业制度更加完善；推行去行政化、扁平化，对组织机构优化整合，管理人员精简到6.5%。深入推进三项制度改革，打破干部“终身制”，探索建立起追责问责、末位淘汰等一系列干部考核选拔新机制新方法，2016年以来，30名中层管理人员经过严格综合考评，退出领导岗位；优化干部队伍结构，40岁以下年轻干部比例上升至9%。打破收入“大锅饭”，将收入与效益指标紧密挂钩；对营销人员实施“底薪＋提成”政策，奖金差距拉开近40倍。打破身份“铁饭碗”。近3年取消外委用工近万人，减少费用支出5亿元，主业劳动生产率向人均1000吨钢迈进。

“一加快”激活发展动力。加快混合所有制改革，“安钢软件”新三板成功挂牌，兆隆能源公司、河南水鑫科技环保公司、众兴钙业公司、安钢泽众环保科技成立运营……截至目前，12家混合所有制企业全部规范运作，一批体制新、机制活、竞争力强的混合所有制企业加入安钢增效序列。

“三完成”焕发发展活力。集团公司章程和27家出资企业的公司章程全部修订完毕，董事、监事设置全部规范，运作主体市场化、治理结构现代化的体制机制初步建立。完成社会职能剥离，“四供一业”完成改造移交，实现“四个100%”；提前半年4家僵尸企业全部处置完毕。

发展不止步，践行高质量发展

减量就是减排，减量倒逼提质。

近年来，适应中国经济由高速增长转向高质量发展，安钢以“创新驱动、品质领先、提质增效、转型发展”的“十三五”总体战略为引领，发力供给侧结构性改革，坚持“中高端”的市场定位和产品定位，加快驶入“高端产品循环”，为国家建设撑起“安钢智造”的钢铁脊梁。

创新铸就品牌根基。依托国家级技术中心、国家级实验室、博士后科研工作站和完善的产学研创新体系，强化技术创新，重首次、谋首发、开首创，相继开发了具有国际领先水平技术 3 项，其中“高效低耗特大型高炉关键技术及应用”攻克特大型高炉世界性重大技术难题，树立了全球领先地位，荣获国家科技进步二等奖。2017 年，安钢被国家权威部门评定为竞争力特强企业。

加快推进智能制造。在行业内首创“板块 + 专题”运作模式，构建“二三三二”管控模式，确立“精细严实”工作理念，“全面降本、全面增效、全面挖潜、全面堵漏洞”的工作部署，“四预”工作方针，完善高炉冶炼、钢材轧制技术，形成了从绿色设计开始、精细严实的全流程精益制造体系。主导产品高强度板、锅炉和压力容器板市场占有率继续保持全国第一；700MPa 级以上汽车大梁钢全国市场占有率达 50% 以上，保持行业领先地位。

大国重器铭刻“安钢”印记。紧盯央企和重点用钢企业，生产、销售、技术、质量系统联动，创新构建“定制生产、精准直发、全天候服务”的“重点工程直供安钢模式”，高端战略用户“朋友圈”不断扩大，直供直销比例达到 61%。60 余个产品荣获全国冶金产品实物质量金杯奖、品质卓越奖和“河南省名牌产品”，高强板成功应用于 8.8 米全球最大矿用液压支架，耐候钢用于国内最大光伏电站项目——陕西秦电，风塔钢中标全球最高风电机架——新疆达坂城 140 米样机塔筒项目……安钢产品彰显了安钢实力、钢铁担当。

在加快推进高质量发展的同时，面对全面从严治党新要求，安钢探索形成了“四个三”党建工作法，极大促进了生产经营、引领了企业发展。2016年10月，在全国国有企业党建工作会上，安钢作为唯一一家地方国有企业参会并作典型发言，成为安钢一张亮丽的名片。

两年来，安钢推进从严治党、从严治企，对党员干部提出“六要六不”新标准，做出“五个紧紧围绕”的新部署，抓好巡视整改工作，以党的高质量建设推动高质量发展，进一步促进了经营管理水平的全面提升。

2017年，安钢实现销售收入400亿元，实现利税36.12亿元，其中利润20.6亿元，超过历史最好水平8.37亿元。2018年，集团公司销售收入512亿元，实现利税44亿元，实现利润24亿元，销售收入、利税、利润均创历史最好水平。

环保再升级，树立绿色发展典范

“绿水青山就是金山银山。”

每天天刚蒙蒙亮，安钢厂区内就有数百余人紧张忙碌着，各种机械齐上阵，平整路面、开挖树坑、栽植新绿……这样的场面从农历大年初七开始，一直持续到现在，每天如此。

2018年，安钢投资10亿元，以4A级景区为标准，全力打造“公园式、森林式”园林式工厂，把安钢建成与城市和谐共生的企业典范。

开启“绿色风暴”，只是安钢着力提升生态建设水平的一个缩影。早在2014年，安钢就将环保上升到生存保卫战的高度，把环保视为政治任务、民生所向、生存之基，企业发展命脉，先后投入近8亿元资金，实施环保治理26项，经过近3年改造，吨钢二氧化硫、颗粒物减排比例达到51%、58%，主体环保设备全部实现稳定达标排放。

生态环境就是新的核心竞争力。安钢要做绿色发展的先行者，既要企业发展，更要碧水蓝天，坚定不移走具有安钢特色的绿色发展道路。2017

年3月，安钢再投资30多亿元，采用世界最先进的技术、最成熟的工艺、最高的装备配置，新建5套焦炉烟道气脱硫脱硝、3座烧结机头烟气脱硫脱硝、4套转炉一次除尘改造和原料堆场全封闭等项目，覆盖了所有生产工序。

历经一年多时间，所有项目全部进入“收获期”。安钢在全行业首家实现全工序干法除尘，总减排比例达到75%，所有大气排放指标均为世界一流、国内领先。特别是焦化脱硫脱硝技术，拥有自主知识产权，被中国金属学会评定为“国际领先水平”，引领了行业环保技术进步。目前，安钢与南京泽众公司合资成立安钢泽众环保科技公司，并先后承建沙钢、凤宝钢铁、东海钢铁等企业脱硫脱硝工程，开辟环保新产业。

2018年4月21日，省委省政府领导到安钢调研，高度评价安钢绿色发展取得的突出成绩。对安钢以“特设”标准实施绿色改造，实现凤凰涅槃、浴火重生，给予充分肯定。2018年5月25日，中共中央政治局常委、全国人大常委会委员长栗战书莅临安钢视察大气污染防治情况，对安钢环保工作给予了充分肯定。一年多来，安钢先后荣获“绿色发展标杆企业”“中国最具影响力绿色企业”“中国钢铁工业清洁生产环境友好企业”等殊荣，一跃成为行业绿色发展的引领者。

绿色发展永远在路上。2019年年底前将完成34个环保项目建设，打造绿色发展升级版，形成“固、水、气”立体化治理的新格局。

追求无止境，振兴发展意在远方

神舟上天、蛟龙入海、高铁飞驰……崛起中的中国离不开钢铁，安钢人心中，始终怀有实业报国的情怀。

2017年，安钢站在优化全省钢铁布局、主动担当起河南钢铁工业发展重任的高度，做出了优化产业布局、产能异地置换的重大抉择。

2018年7月26日，随着河南安钢周口钢铁有限责任公司注册成立，一个承接全省钢铁产业优化布局和转型升级的平台正在形成。不远的将来，安阳、周口两大基地将“南北呼应、比翼齐飞”，实现资产总额、销售收入“双千亿”的规模，带动河南钢铁产业整体转型升级，提升河南钢铁工业的供给质量和综合竞争力。

新时代，新目标，新作为。与新时代同频共振，安钢踏上振兴发展、二次辉煌的新征程，进一步明确了打造“绿色发展、高效发展、高质量”和谋划“走出安阳发展安钢、走出安钢发展非钢、走出国门发展安钢”的发展思路，全力争取更大发展空间。

千锤更坚韧，百炼始成钢。怀揣实业报国梦想的安钢人，将在振兴发展新征程中，乘风破浪，阔步前行，坚定不移把改革进行到底，以环境一流、管理一流、产品一流、效益一流的崭新姿态，打造全国极具竞争力、影响力和带动力的现代化钢铁强企，为中原更加出彩做出更大贡献。

唱草原晨曲　挺钢铁脊梁

包钢集团

• 彭德亮

阴山南麓、黄河北岸，唱草原晨曲、挺钢铁脊梁，走过65年光辉岁月的包钢，以铮铮铁骨托起草原钢城，以辉煌业绩屹立在祖国北疆。

创　业

1927年，中国西北科学考察团中方团员丁道衡首次发现白云鄂博铁矿主矿。

1933年，丁道衡所著的《绥远白云鄂博铁矿报告》发表。

1935年，何作霖《绥远白云鄂博稀土类矿物的初步研究》问世，白云鄂博丰富的矿产资源引起世人瞩目。

1944年，黄春江首次发现白云鄂博铁矿东矿、西矿。

……

历经千年的寂静，这片土地被悄然唤醒，从此注定不再沉默。

新中国成立后，重工业建设成为国家工业化发展的重中之重。白云鄂博以其丰富的矿产资源，迅速成为了全国关注的焦点。1949年12月，新生的中央人民政府召开全国钢铁会议，就将目光投向了这里，并将包头列入了“关内新建钢铁中心”的目标之一。1950年5月，中央人民政府财经委员会派出白云鄂博铁矿调查队（后改称241地质勘探队），对白云鄂博进行了长达6年的详细勘探，提供了具有重要价值的地质资料。1953年5

月，中苏两国签订《关于苏维埃社会主义共和国联盟政府援助中华人民共和国中央人民政府发展国民经济的协定》，在《协定》援建的141项工程项目中就包含了包头钢铁联合厂。

为改变旧中国积贫积弱、百废待兴的落后面貌，党中央和中央人民政府开始系统规划新中国的建设蓝图，第一届全国人民代表大会第二次会议明确了“集中主要力量进行以苏联帮助我国设计的156个（包括后追加15项）建设项目为中心的工业建设，建立我国的社会主义工业化的初步基础”的“一五”计划，包头作为建设中的全国三大钢铁工业基地之一，就此成为了新中国少数民族边疆地区工业建设的重要一环。

1953年4月23日，“中央人民政府重工业部钢铁工业管理局包钢筹备组”在北京成立。同年6月15日，包钢筹备组改名为“五四”钢铁公司筹备处，并在包头设立了“五四”钢铁公司筹备处包头市办事处。1954年5月1日，经重工业部钢铁工业管理局批准，“五四”钢铁公司筹备处正式改称包头钢铁公司，就此正式宣告了包钢的诞生。

1955年12月，苏联提交了包钢初步设计88卷。重工业部组织包钢等有关部门进行设计审查，并就初步设计中存在的重大问题向中央人民政府有关部门提出报告。1956年3月，国家计委负责人李富春、国家建委负责人薄一波同意重工业部关于包钢初步设计审查报告，并向中共中央呈报了《关于批准包钢初步设计的请示报告》。报告认为：包钢初步设计已按年产300万吨钢的规模作了总体设计，由于包头地区资源条件及国防条件较好，一次建成包钢对尽快发挥投资效果，特别是对加速我国钢铁工业建设速度，具有重大意义。同年4月4日，经周恩来总理签发，国务院批准包头钢铁公司初步设计任务书，同意包钢按年产钢300万吨规模一次建成。

1957年2月27日，包钢白云鄂博铁矿正式成立，7月25日，包钢在昆都仑河西岸的段家梁厂区工地举行了包钢厂区建设工程开工典礼，从此，包钢进入了大规模全面建设阶段。来自祖国四面八方的3万名包钢职工为了尽快改变我国“一穷二白”的面貌，在生活条件十分艰苦的内蒙古荒原上，发扬自力更生、艰苦奋斗的创业精神，争时间、抢速度，连续创造了高炉基础混凝土浇灌、高炉炉体结构安装、焦炉砌砖、40吨塔式起重机安装等多项工程的全国施工纪录。

包钢建设是当时全国的重要项目，也是新中国三大钢铁基地之一，在工业基础薄弱、经济技术落后的内蒙古自治区，建成一座现代化的钢铁联合企业绝非易事。1958年包钢一号高炉破土动工后，正值“大跃进”运动在全国展开，轰轰烈烈的“全民大炼钢铁”运动，造成了材料设备供应的极度紧张，包钢高炉建设一度处于被迫停工待料的局面。内蒙古自治区主席乌兰夫在听取了包钢的情况汇报后，分别给予包钢有订货关系的辽宁、黑龙江、河北、山西、湖北、安徽等省党委第一书记写信，请各省“能够按照中央平衡分配的时间按期或提前交付包钢的订货”。同时乌兰夫致信时任冶金工业部部长王鹤寿，要求对包钢建设中存在的钢材、水泥、重大设备和技术力量十分缺乏的问题，予以解决。随后内蒙古自治区作出了《关于加强包钢建设的领导和支援工作的决定》，号召全区党政机关和各族人民奉献自己的一切力量支援包钢建设。同年11月，在党的八届六中全会期间，乌兰夫把包钢建设中存在的问题向党中央和毛泽东主席写了报告，提出七项建议，请求中央援建包钢。党中央决定在全国统一计划下，保证重点，照顾一般，将包头作为国家建设的重点地区，要求同包钢有协作关系的各地区、各部门、各企业给予包钢大力支持。1959年1月19日，《人民日报》发表了《保证重点，支援包钢》的社论，强调包钢是国家建设的重点项目之一，包钢的建成对加速国家工业化进程和改变内蒙古经济落后面貌的特殊意义，号召全国支援包钢，在“全国为包钢，包钢为全国”的口号下，全国掀起了支援包钢的热潮。1959年，包钢顺利实现了“四月通水”“五月出焦”，提前一年建成了我国当时最大的1513立方米一号高炉。1959年10月15日，周恩来总理亲自为包钢一号高炉剪彩，1960年5月5日，乌兰夫亲自为包钢一号平炉出钢剪彩，红色铁流从崭新厂房奔涌而出映红天际的那一瞬，包钢不但结束了内蒙古自治区不产铁钢的历史，也开创了新中国少数民族地区工业发展的先河。

包钢从1953年筹建，1954年兴建，5年实现出铁，6年实现出钢，到

1960年，已经建成了焦炉3座、1513立方米高炉两座、500吨固定式平炉3座、完成了白云鄂博铁矿、黄河给水工程、杂怀沟硬质粘土矿、卡布其石灰石矿、固阳白云石矿，以及机修、电修、供电、电讯、机械化、洗煤、耐火材料、铁路运输、废钢等附属、辅助工程和一批公用、民用设施，形成了年开采铁矿石668万吨、焦炭147万吨、生铁180万吨、钢100万吨的设计能力。在原本工业基础薄弱的内蒙古自治区这是旧中国人民梦想不到的，以包钢为中心的包头工业基地建设的大发展，彻底改变了内蒙古自治区的历史面貌，在拉动、形成我国民族经济和内蒙古地域经济的进程中发挥了特殊作用。

发　展

1960年我国国民经济受自然灾害影响出现了严重困难，同年7月16日，苏联政府突然照会我国政府，片面决定撤走全部在华专家，撕毁几百个协定和合同，停止供应重要设备。包钢作为苏联援建重点工程深受其害。由于国家大力压缩基本建设，包钢的基建投资逐年递减，由1960年的27292万元压缩至1963年的4263万元，包钢一期工程处于半停顿状态。为尽快改变这一状况，1964年和1965年，包钢在自治区和包头市的大力支持下分别投入基本建设资金7079万元和15097万元，掀起“选（矿）烧（结）工程大会战”，建设投产了选矿厂第一、第二选矿系列、烧结厂二号烧结系统，使包钢冶炼系统有了贯彻精料方针的可能。“十年浩劫”当中，包钢各族干部职工顶着“文化大革命”的巨大压力，持续进行轧钢系统建设，先后投产、建成了全国最大的1150毫米初轧机、400毫米无缝钢管轧机和全国最大的轨梁轧钢厂，基本建成了轧钢系统配套工程，有效支援了那段特殊时期全国的社会主义建设。

1978年，党的十一届三中全会做出了把党和国家工作重点转移到经济建设上来的战略决策，中央和内蒙古自治区也开始了针对国有企业进行以放权让利为重点的改革探索。在此背景下，包钢整治“创伤”，肃清“左”倾影响，开始了从计划经济向有计划商品经济的艰难过渡，管理体制经历了由简单再生产权，向承包经营责任制的演变。这一时期，企业经营自主权的逐步扩大，使包钢进一步明确了企业经营权、企业自负盈亏责任、企业与政府的关系、企业和政府的法律责任等问题，为包钢实现更深层次的企业制度改革夯实了基础。企业作为市场主体、员工作为企业主体的本质特点逐步显现，包钢各族干部职工建设发展热情空前高涨，爆发出了前所未有的巨大力量，1978 年，包钢一举甩掉连续 11 年亏损的帽子，1979 年钢产量首次突破 100 万吨，1985 年达到 150 万吨，1993 年达到 300 万吨，1996 年突破 400 万吨。在大力发展钢铁产业的同时，1986 年北方稀土集团成立，1997 年稀土产业正式上市，包钢自此初步形成了钢铁、稀土两大优势产业相互依托之势。

1998 年，经内蒙古自治区批准，包头钢铁公司改制为包头钢铁（集团）有限责任公司，同时设立包钢集团，由此开启了包钢由工厂制企业向公司制企业改革的进程，现代企业制度框架逐步建立完善。这一时期，包钢坚持改组与改造并重、改革与管理并举，全面推开股份制改造，以产权制度的改革推进公司治理结构的优化，改组成为以多元股东结构为投资主体的包头钢铁（集团）有限责任公司，先后完成钢铁主业、稀土主业的整体上市，实现钢铁和稀土产业一体化经营。企业发展质量和效益随之逐年攀升，营业收入 2002 年、2011 年先后突破 100 亿元、500 亿元大关；钢铁产业不断创造新纪录，2003 年钢产量突破 500 万吨、2009 年突破 1000 万吨、2018 年突破 1500 万吨，稀土产业规模不断扩大，成为了我国六大稀土集团中北方地区唯一的大集团，也是规模最大、产业链最为完整的稀土大集团。

转　型

2014～2016 年，受国民经济下行影响，钢铁行业深陷严冬，包钢连续 3 年出现亏损。面对资金、市场、生产、经营等重重难关，2016 年 9 月 22 日，内蒙古自治区主要领导视察包钢时，提出了“包钢不能倒，包钢要搞好”的殷切希望。2017 年 1 月，内蒙古自治区人民政府印发了《关于推动包头钢铁（集团）有限责任公司提质增效转型发展工作方案的通知》，确定了支持包钢发展的60条具体举措，要求自治区各级政府、有关委办局、有关企业对包钢提质增效转型发展工作予以支持。包钢随即制定了《包钢脱困发展转型升级工作落实方案》，111项具体举措明确了脱困发展转型升级的路径，全面增强了企业的内生动力和发展活力。为了实现2017年打好翻身仗、实现扭亏为盈的总目标，包钢正式启动改组国有资本投资公司有关工作，立足改革总厂制组织管理模式，全面下移生产运营管理职能，做实上市公司，积极推动集团由“管资产”向“管资本”转变，依托资本市场，努力打造股权管理、价值管理、整合退出的专业化平台。同时，大力推进提质增效、转型发展，突出稀土资源特色，实施以稀土为重心的战略转型，推动钢铁产业努力向稀土钢新材料产业转型，推动稀土产业努力向稀土功能材料产业转型，奠定矿业资源、物流、金融、文化、工程服务、能源开发、煤焦化、环保等新兴产业构架，不断做大做强。包钢以前所未有的力度不断推进瘦身健体改革和“三项制度”改革，压缩集团总部职能部门50%、集团直属单位及各板块基层机构35%；实行全员起立、重新竞聘上岗，精简厂处职干部19%，精简机关人员41%，压缩管理和专业技术岗位20%以上，推动操作人员按照在聘人员的15%进行优化，以壮士断腕的勇气，在企业上下形成了众志成城、攻坚克难的改革氛围。2017年，包钢一举实现盈利6.2亿元，增盈45.3亿元。2018年，包钢实现营业收入800亿元，同比增加了117亿元；利润14亿元，同比增加了7.7亿元。在内蒙古自治区和包头市党政的亲切关怀和大力支持下，包钢各族干部职工努力拼搏、渡过难关，最终实现了新的跨越，焕发了新的光彩，再次向世人证明了包钢的雄魂和豪迈。

65年来，几代包钢人与企业同呼吸、共命运，血脉相连。绵延十里的包钢厂区像蒙古马一样，驰骋于改革开放、创新发展的大道，挺起了祖国北疆的钢铁脊梁。如今包钢已经发展成为了拥有“包钢股份”“北方稀土”两家上市公司，资产总额1700亿元以上，跨行业、跨地区、跨所有制的现代企业集团，成为了我国重要的钢铁工业基地和世界最大的稀土工业基地。截至2018年年底，包钢累计产铁2.01亿吨、钢2亿吨、钢材1.7亿吨，实现销售收入6332亿元、利税661亿元。产业规模从几十万吨跃升至1650万吨，资产总额由国家最初投资的24亿元滚动发展到今天的1700亿元以上，为服务国家和内蒙古自治区经济社会建设、振兴民族工业、维护国家安全、带动民族地区发展、打造祖国北疆亮丽风景线做出了突出贡献。

65年栉风沐雨，包钢不断优化调整结构，从建设初期的单一产业到今天形成钢铁、稀土主业特色鲜明，矿业、非钢、战略新兴产业蓬勃发展的产业格局，构建起了持续做强做大的多元产业通道。

在钢铁产业方面，包钢通过不断推进技术装备的大型化、现代化，实现了从简陋高耗、粗老笨重到高效先进、节能环保的巨大进步。特别是在党的十八大后，为了实现高质量发展，包钢全力实施老体系改造和稀土钢板材结构调整，使得整体装备技术水平达到了国内外一流，推进钢铁产业实现了质的飞跃，形成了1650万吨以上铁、钢、材配套能力，板、管、轨、线四条精品线，成为了我国中西部地区最大的板材生产基地、高端线棒材生产基地，我国品种规格最为齐全的无缝钢管生产基地之一，世界装备水平最高、能力最大的高速轨生产基地，产品被广泛应用于青藏铁路、京沪高铁、三峡水库、北京奥运场馆等国家标志性工程，远销欧美等60多个国家和地区，在我国钢铁工业史上留下了光辉印记。

在稀土产业方面，包钢依托白云鄂博矿稀土储量世界第一和稀土矿产低成本开采的优势，从成立之初就担负起保护和开发好稀土这一国家战略资源的重任，成为了我国稀土工业发展的摇篮。在没有任何参照经验的条件下，从实验小厂起步，经过50多年的建设发展，形成了集生产、科研、贸易为一体的完整体系，具备了稀土选矿年生产能力14万吨、冶炼分离产品年生产能力8万吨、稀土金属年生产能力1万吨，稀土原料产能位居全球第一，磁性材料合金产能居全球第一。作为我国六大稀土集团的龙头企业——北方稀土拥有41家包括直属厂、分公司和全资、控股、参股公司，成为了我国稀土工业的龙头企业、世界最大的稀土原料供应商。近年来，北方稀土积极推进国家实施稀土战略储备，开展稀土等矿产开发秩序专项整治行动，进一步提高了国家稀土产业的集中度，磁性、抛光、贮氢、发光、催化五大功能材料位居国际或国内前列，具备年产 100 台磁共振仪、混合汽车用圆形镍氢动力电池年产 100 万只、LED 封装每年 60 亿颗的能力，可生产各类稀土产品共 11 大类、50 余种、近千个规格。产品被广泛应用于高科技领域，为我国“神舟”系列飞船、“长征”系列运载火箭、“中国探月工程”和“载人航天”等诸多国家重点工程，提供了重要磁性材料，引领了我国稀土工业的持续健康发展。

在多元产业方面，包钢形成了资源、物流、金融、文化等多元产业协调发展的产业格局。大力发展资源产业。充分发挥国家级资源综合利用示范基地作用，加强对白云鄂博矿铌、钪、钛、萤石等的资源综合利用；包钢矿业已经掌控铁矿、煤炭、有色金属等资源达数十亿吨，拥有下属子公司 25 家，主要经营铁、煤炭、有色金属等资源的勘探、开发、贸易、物流等业务。大力发展物流贸易产业，整合企业内部物流资源，成立包钢铁捷物流公司，努力打造西北地区现代化的综合物流企业。大力发展金融产业，创立财务公司、金融投资公司等金融平台，实现融资、期货等金融业务的联合经营。大力发展文化产业，整合企业内部资源，成立包钢铁花文化产业公司，依托工业旅游基础，打造特色旅游企业；依托新闻媒体资源，发展新闻媒体产业。

回眸发展历程，作为内蒙古工业长子，包钢从战天斗地、艰苦创业，到汇聚力量、推动发展，再到秉承钢铁报国之志、矢志不渝向百年老店目标奋进，在内蒙古这片神奇的沃土上，包钢书写了自强不息、顽强拼搏、勇于奉献的壮美诗篇。65 年来，包钢从无到有、从小到大、从弱到强，在推进国家钢铁、稀土工业崛起，实现少数民族地区经济社会发展、促进地区和谐稳定的历史进程中，留下了不可磨灭的光辉印记，谱写了新中国民族团结进步的不朽篇章。如今面向未来，包钢将以习近平新时代中国特色社会主义思想为根本遵循和行动指南，深入推进改革开放，全力开创包钢高质量发展的新局面，以实实在在的业绩，为国家和内蒙古自治区经济社会发展做出更大的贡献。

江南一枝花　今日更芬芳

马钢集团新闻中心

•张　泓

江南一枝花，今日更芬芳。紧随新中国站起来、富起来、强起来的铿锵步履，马钢自强不息，变革图强，由小到大，自我积累，如今是拥有2000万吨钢铁配套规模、钢铁相关产业及战略性新兴产业协同发展的特大型钢铁集团，在新中国钢铁工业发展史上刻下了一个个马钢烙印。

从天山脚下到青藏高原，从海上石油平台到神舟飞船，从北京奥运场馆到港珠澳大桥，从全球最大的俄罗斯北极天然气项目到连接东非各国的蒙内铁路，从伴随复兴号动车组奔跑神州大地到率先驶出国门冲进德国高铁市场……在世界的各个角落，都能见到马钢制造、马钢创造、马钢智造的靓丽身影。

“天门中断楚江开，碧水东流至此回。”61年前，在马鞍山长江岸边，依据科学勘探掌握的大量铁矿资源数据，党中央做出了战略部署，建设马鞍山钢铁公司。马钢从这里诞生，城市从这里崛起，马钢就像一颗耀眼的明珠镶嵌在扬子江畔，开始书写与新中国共同成长的钢铁传奇。

华东第一炉铁水流金溢彩

马钢位于长江下游南岸、安徽省东部的马鞍山境内，临江通海，是历史上楚汉相争之地，拥有丰富的铁矿资源。新中国成立后，党中央指示，利用马鞍山的有利资源，以少量投资，在短期内建设好铁厂，希望由此形成华东地区的重工业基地。根据党中央指示，1953年年初，马鞍山铁厂开始全面恢复修建。来自北京、天津、本溪、阳泉、大冶、龙烟、太原等地的参战者从四面八方涌来，他们播洒汗水、燃烧豪情，历经6个半月的顽强奋战，6座71~74立方米高炉奇迹般改建完成。1953年9月16日18时零5分，改建后的2号高炉流出了第一炉铁水，这是新中国成立后华东地区流出的第一炉铁水，由此结束了华东地区有矿无铁的历史。重工业部立即将这一重大喜讯报告给党中央、毛主席。

1958年9月20日，毛主席亲临马钢视察，健步登上9号高炉炉台，从工人师傅手中接过望火镜，从风口处聚精会神察看炉内矿石熔化情况，并详细询问了高炉动工的时间和出铁产量。当他得知9号高炉建成仅用不到一年时间，且是我国自主设计、自主制造、自主安装后，十分高兴，当即做出了“马鞍山条件很好，可以发展成为中型钢铁联合企业，因为发展中型钢铁联合企业比较快”的重要指示。时隔一年后的1959年10月29日，毛主席再次亲临马钢视察。毛主席两次亲临马钢视察，给马钢人极大的鼓舞，全体干部职工意气风发、豪情满怀，掀起了建设社会主义一个又一个热潮。到1960年，马钢共完成2.31亿元投资，建成27个工程项目。继1954年4月1日推出第一炉机制焦炭、1958年炼出第一炉钢水、轧制第一根钢材后，钢铁联合企业的雏形已经形成。

国产第一件“争气轮”在马钢诞生

铁路事业发展是关系国计民生的大事。为了新中国铁路事业的发展，20世纪60年代初，党中央、国务院将自行建造一座大型车轮轮箍厂摆上了重要议事日程。邓小平在认真听取代表发言后，指出，目前国家经济十分困难，但再困难车轮轮箍厂一定要建，这就是把钱用在刀刃上。

邓小平一锤定音。1961年3月7日，马钢车轮轮箍厂筹备处迅速成立。随后，工程建设的号角吹响。来自冶金工业部、第一机械工业部、铁道部等8个部委和江苏、上海、安徽、辽宁等21个省市的19个厅局、

192家主要设备制造厂，以及鞍钢、武钢、大冶等兄弟单位，全力支援马钢建设。

历经两年多的艰苦奋战，1963年11月18日，国产第一件车轮轮箍在马钢试轧成功。1964年7月29日又成功轧出国产第一件整体碾钢车轮。从此，祖国交通大动脉车轮烙上了“马钢印”。

如今，马钢车轮已驶入全球70多个国家和地区。可按世界任何一种车轮产品标准组织生产。自主研发的时速250千米、350千米高速车轮，顺利通过中国高铁60万千米装车考核，并获得国内轮轴企业首张CRCC证书。2018年，马钢高速车轮首次驶出国门，世界高铁车轮市场从此有了“中国造”，马钢也成为国内首家向海外出口高速车轮的企业。

国产第一套高速轧机映红市场

20世纪80年代，马钢乘党的十一届三中全会的东风，重新燃起了振兴马钢、发展马钢的热情之火。

建设一座现代化高速线材厂是马钢人梦寐以求的愿望。在当时马钢人的记忆中，有几笔数据一直搅得马钢人寝食不安。1977年，由于国内线材短缺，每年被迫进口68万吨左右线材；1980年，从海外进口猛增到140万吨。其间，价格不断飙升，由一开始180美元/吨上升到370美元/吨，大量外汇流出，马钢人心痛不已。

为了减轻国家负担，马钢正式向国家申请建设一套高速线材轧机。在国家、省、部、市等各级领导的关心支持下，马钢人终于实现了梦想。1987年5月20日凌晨，马钢迎来了建设发展史上的一个光辉日子。这一天，随着马钢高速线材轧机“吐”出一圈圈殷红的线丝，马钢人的梦想再次变为现实。

每秒近百米的高速轧机运行两个月后，美国摩根公司第一副总裁丹尼尔·摩根先生造访马钢。当他亲眼所见轧机以每秒119.1米飞速运转时，激动万分，拿起钢笔欣然写道：向马钢祝贺，这是世界上最高时速的线材轧机。高速线材轧机技术的成功引进和消化、吸收，为马钢经济增长装上了“飞毛腿”，也为我国冶金工业贴近市场、服务于建设行业、适应国民经济发展树立了一块样板。

而今，马钢高速线材经历改造升级后，工业装备技术、产品使用性能继续领跑同行，其生产的低温控轧控冷紧固件非调质线材，使8.8级、9.8级非调质冷镦钢完全达到强度要求，满足了航天、航空和我国新型核潜艇的高端需求。

中国钢铁第一股驰名海内外

20世纪90年代初，邓小平的南巡讲话，更加催生了中国大地改革开放的种子发芽和成长。马钢人强烈地意识到机遇从来都属于那些善于把握的人们。马钢人开始了一个崭新的选择：对企业实行股份制改制。

像马钢这样一个特大型钢铁联合企业进行整体股份制改制，在我国尚无先例。马钢人能融入全球经济发展浪潮吗，马钢人能在世界舞台唱响骏马奔腾之歌吗？

在国家、省、部、市的大力支持下，马钢被国家纳入第一批股份制改制试点企业行列，一举从境内外募集资金64亿元人民币，被中外媒体称之为“中国钢铁第一股”，也成为中国当时在境内外发行规模最大、集资额最多的一家上市公司。马钢股份制改制成功，探索出一条国有企业在海外融资扩张的成功之路，为我国更多钢铁企业进行股份制改制积累了宝贵的经验。

股份制改制以来，马钢资本结构不断优化、融资环境不断改善，有力地支撑企业做大做优做强。在2018年世界钢动态公司（WSD）发布的最新一期世界级钢铁企业竞争力的报告中，马钢跻身其中，位列第31位。

近几年，随着多元产业的发展，随着企业发展的需要，欣创环保、飞马智科、表面技术公司三家由马钢控股的公司相继挂牌新三板。中国资本市场再次迎来马钢元素。

国产第一根大 H 型钢横空出世

H 型钢是工字钢优化发展而成的一种性能更为优越的经济断面钢材，加工制作和施工安装工艺简单、方便、快捷，具有抗风、抗弯、抗震、耐腐蚀、耐持久等功能，在建筑、桥梁、铁路、隧道、机场、电站、石油平台等领域用途广泛。H 型钢在用钢量所占的百分比已成为一个国家经济技术发达水平的一个标志量。然而，我国在 1998 年之前却没有一家钢铁企业能生产这种钢材，各个领域建设所用的 H 型钢只得依赖进口。

为满足国家重点工程建设需要，马钢依托股份制改制募集而来的雄厚资金支持，从海外引进先进技术和装备，建设中国第一条大 H 型钢生产线。项目总投资 23 亿元人民币，生产线分别由德国曼内斯曼·迪马克公司、西门子公司和美国依太姆公司提供，其工艺技术及设备装备水平居世界一流。历经多年日夜奋战，国产第一根大 H 型钢于 1998 年 7 月 4 日横空出世。

大 H 型钢问世后，先后用于国家大剧院、上海卢浦大桥、北京奥运场馆、石油平台、全球最大的俄罗斯天然气项目、港珠澳大桥等雄伟建筑和重点工程，全力满足了铁路、化工、建筑、煤炭、电站等行业高端需求，并打赢了美国、韩国对 H 型钢反倾销的调查。同时，马钢还打赢了美国针对中国钢铁企业“337”反垄断调查，捍卫了企业利益和国家利益。

如今，国内第一条重型 H 型钢产线正在马钢长材事业部拔地而起。不久的将来，中国第一根重型 H 型钢将在这里诞生！

多元产业蓬勃发展方兴未艾

曾几何时，马钢长期专注于钢铁主业，对发展多元产业一直没有专心经营。20 世纪 90 年代，邓小平南巡讲话后，马钢才萌发了搞活经济的想法，开办了多家“马”字头的经济开发公司，但由于经营手段、经营方式、经营管理方面的问题，最终未能取得预期的经营效果。

进入 21 世纪，马钢多元产业发展不断加挡提速，成为了集团公司生产经营的一抹亮色。尤其是近年来，马钢坚持向改革要红利，向管理要效益，初步构建起 1+N 的产业发展布局。马钢与股东、顾客、员工、供方、合作伙伴和社会等相关方心手相连、协同并进，走出了一条独具特色的多元产业发展之路。

2018 年，马钢多元产业营业收入和利润总额再创新高。营业收入占集团的 29%，所有板块均实现经营性盈利，利润总额占集团的 21%。

站在崭新的发展平台上，马钢明确了“一基多元”产业发展思路：以钢铁产业为基础，坚定不移做大做强多元产业，培育支柱产业。确定了发展路径：坚持有所为有所不为壮大体量，坚持创新驱动创造价值，坚持变革突破活化机制体制，坚持合法合规防控风险，坚持深化合作实现共赢。

高质量发展步履铿锵有力

马钢经过“十一五”“十二五”两轮大规模技术改造。70% 装备实现了大型化、现代化。昂首步入新时代，马钢人永不满足、永不懈怠，牢固树立新发展理念，一边大力加快转型升级，实施“十三五”技术改造，一边主动化解过剩产能、淘汰落后，大力建设现代都市工厂，推动马钢实现更高质量发展。

近几年，马钢积极履行国企责任，响应国家供给侧改革号召，已累计压减炼铁产能 224 万吨，炼钢产能 269 万吨，全面完成了化解钢铁过剩产能的任务目标。同时，坚持绿水青山就是金山银山的发展理念，积极响应党中央战略部署，坚决打好打赢蓝天保卫战、污染防治攻坚战、净土守卫战，使铁素资源回收利用率达到 100%、水循环利用率达到 97% 以上。基于马钢“三大战役”的积极作为和突出贡献，马钢获得了国家级绿色工厂的称号。

企业“红色根基”稳如磐石

浩荡长江奔腾不止，党的建设永远向前。新中国成立以来，马钢始终坚决贯彻落实党中央各项决策部署，不断强化国有企业党建，企业“红色根基”稳如磐石。

党的十八大以来，马钢党委以习近平新时代中国特色社会主义思想为指引，认真贯彻落实全国国有企业党的建设工作会议精神，全面提升党建工作质量水平，有效地将国有企业党建独特优势转化为改革发展的竞争优势，为推动马钢战胜前所未有的生死存亡考验，实现高质量发展目标提供了坚强的政治保证。

马钢始终把党的政治建设放在首位，大力推进基层党组织标准化建设工作，充分发挥党委的领导核心作用，党支部的战斗堡垒作用和党员的先锋模范作用，不断增强党组织的创造力、凝聚力、战斗力、领导力、号召力。马钢党委以矩阵管理理念融入党建工作，构建起纵向工作线融入服务、横向工作线监督保障的党建工作模式，实现了党建工作“一体化推动、协同化分工、区域化协作、网格化管理”，形成了基层党建工作创新的“马钢经验”。

今天的马钢，品牌闪亮。马钢抢抓国家实施的“一带一路”机遇和“长江经济带”发展机遇，大力调整结构，加快转型升级，打造特色品牌，使马钢焕发出勃勃生机。马钢H型钢综合竞争力处于国内龙头地位；汽车板通过通用上汽、一汽、东风、悦达起亚、比亚迪、奇瑞、江淮、力帆等10多家主机厂认证，进入国内汽车板高端供应商俱乐部；家电板成为格力、美的、富士康、光宝、海尔等知名企业核心供应商；彩涂板扮靓港珠澳大桥香港口岸、南京南站、印尼巴齐丹电厂、巴基斯坦核电站等众多海内外建筑场馆。

今天的马钢，成果丰硕。马钢先后获得全国先进基层党组织、全国五一劳动奖状、全国绿化先进单位、全国质量奖等光荣称号。马钢多项产品、成果接连获得冶金金杯奖、冶金科技进步奖、安徽省科技进步奖、国家科技进步奖等重量级荣誉。

今天的马钢，似一匹钢铁骏马正奔驰在新时代大道上，向着高质量发展的目标呼啸而去。

砥砺奋进百炼成钢　扬帆筑梦魅力山钢

山钢集团

•孙亚宁

作为国民经济的重要基础产业，新中国成立以来，党中央始终坚持把钢铁工业放在经济建设的重要位置优先发展。山钢集团从无到有、从弱到强的发展史，印证了中国钢铁行业的发展轨迹，是中国钢铁工业发展的一个缩影。山钢集团旗下目前拥有山钢股份有限公司、济钢集团有限公司、莱芜钢铁集团有限公司、山钢矿业有限公司等子公司（单位），有山东钢铁、金岭矿业、鲁证期货 3 家上市公司。

创业艰难百战多，雄关漫道真如铁。20 世纪 50 年代，全国人民在共产党的领导下，意气风发、斗志昂扬地投入社会主义革命和建设的热潮中。济钢作为共和国建设的第一批地方骨干钢铁企业，从 1958 年诞生那一天起，就与党和国家的命运紧密相连，与民族钢铁工业心手相牵，历经曲折，在坎坷中发展壮大。1970 年 1 月，莱钢作为三线工程，全省会战，突击建设，拉开了规模宏大的钢铁大会战的帷幕。

济钢和莱钢经过几十年的发展，分别成为我国重要的中厚板、船板生产基地和我国产量最大、规格最全的 H 型钢生产基地，具有年产千万吨钢综合生产能力的大型钢铁联合企业。但随着形势的变化和产业政策新的要求，山东钢铁产业集中度不高、布局不合理、中低档产品居于主体地位等问题逐步显现，严重制约着山东钢铁业竞争力提升，必须依靠钢铁企业国有产权重组，制定和推进发展规划才能有效全面解决，实现山东钢铁工业由大到强的转变。

大调整，推进联合重组

2008年3月17日，按照山东省委、省政府“资产重组，淘汰落后，调整布局，提升档次”的指导方针，济钢和莱钢两家大型钢铁企业以及山东省冶金工业总公司所属单位联合组建成立山东钢铁集团有限公司。山钢集团的组建，是落实国家钢铁产业政策的重要举措，是提高山东省钢铁企业竞争力的迫切需要，是建设制造业强省的客观要求，对于促进山东经济结构调整和发展方式转变，创造发展新优势，具有十分重要的意义。

山钢组建后，围绕矿山资源、财务资金、采购、营销、生产运行、信息化等环节，推进关键资源和核心业务整合工作，促进了区域内钢铁产业的结构调整和布局优化，规模优势和一体化经营的协同效应初步显现。2008年，山钢集团总资产1190.89亿元，主体工艺装备居全国先进水平，具备年产3000万吨钢、2500万吨钢材、2500万吨生铁的综合生产能力。

求生存，夯实发展根基

受2008年国际金融危机的影响，钢铁行业受到严重冲击，企业生产经营困难。应对金融危机、扭转生产经营不利局面，成为山钢最紧迫的任务。

困难面前不消沉，共克时艰靠信心。山钢全面打响扭亏增盈生存保卫战，坚持落实中长期发展目标与实现扭亏增盈既定任务相结合、坚持适应性调整与战略性调整相结合、坚持优化布局与产业升级相结合。2009年12月8日，山钢资金、采购、销售、运行协调四个业务中心揭牌，标志着山钢推进关键资源及核心业务整合、一体化运营迈出实质性步伐。2012年2月27日，济南钢铁股份有限公司与莱芜钢铁股份有限公司吸收合并事宜在省工商局登记完毕，济南钢铁股份有限公司正式更名为山东钢铁股份有限公司。2013年3月1日，国家发展改革委核准了山东钢铁集团有限公司日照钢铁精品基地项目。国家和山东省赋予山钢结构调整产业升级试点重任。2017年，精品基地顺利全线贯通，一举夺取工程建设、热试投产双胜利。2018年，一期一步生产线全线投产……

一座座里程碑高高矗立在历史的长河，一幅“突出沿海、优化内陆，精品与规模并重”“建设现代化的、具有国际竞争力的世界一流钢铁强企”的宏伟蓝图正徐徐展开。

谋改革，涵养发展后劲

2016年是我国供给侧结构性改革起始之年，钢铁行业实施了以化解过剩产能为突破口的供给侧结构性变革，优化了产能结构，达到了优胜劣汰的目的。山钢新一届领导班子清醒地认识到，国企改革的方向是市场化、资本化，改革前行的方向是改建国有资本投资公司。提出“多元主打、结构调整，闯开转型升级特色之路；奋战三年、提质增效，跻身全国钢铁强企前列”三年发展方略，推出了一系列重大举措，在多个方面取得了具有标志性意义的突破。

完善公司治理结构和国有资产管理体制。不断提升党建工作水平，推进党的领导与公司治理深度融合。按照国有资本投资公司功能定位，依法厘清党委会、董事会、经理层的职责边界，初步搭建起“1个国有资本投资公司+N个产业子公司”的组织架构。制定《新旧动能转换三年行动计划》，突出钢铁主业基业，构建以业态多元、发展个性、要素共享为特征的产业生态集群。以市场化为方向，持续深化三项制度改革。2016年自上而下实施“三定”，集团总部人员率先全体“起立”，重新竞争上岗。改革领导班子组建方式，试点“一把手”自主组阁，经理层市场化选聘、契约化管理破题，内生动力有效激活。压缩管理层级。建立清单化放权管理模式，从体制机制上给各类市场主体松绑，从战略规划、固定资产投资、股权投资、人力资源、考核分配等方面对各子公司进行放权。深化产权制度改革。淄博区域钢铁资产与永锋集团合作，引入民营资本和管理团队，混改后连续实现盈利，税收大幅增长，国有资产实现保值增值，成为山钢集团混改的成功典范。完善科技创新体制机制。重构科技创新体系，外部与科研院所合作，形成科技平台，扩大建设院士工作站；内部形成研发管理和运作体系。

上台阶，发展成效显著

十年砥砺奋进，十年淬火成钢。山钢集团成立十年多来，面对经济环境的深刻变革和严峻挑战，在低谷中奋起，在挫折中前行，成功扭转不利局面。各产业板块保持良性发展，资产质量和经营质量持续改善，主要经济技术指标呈现向好趋势。尤其是2018年，在市场因素和内部改革“红利”共同推动下，经济效益实现大幅增长，社会贡献度不断提升。2018年钢铁行业综合竞争力评级三大类23项指标，山钢集团获得竞争力极强的“A+”评级，进入了由求生存转向谋发展的新阶段。

十年来，山钢累计生产优质钢材2.21亿吨，累计实现利税683.98亿元。以精品支援国家建设，为国家重大项目建设做出了贡献。推进节能减排，实施绿色制造，走出了一条节能降耗与减污增效有机统一的新路子，成为循环经济示范企业，成功输出环保节能综合解决方案，环保优势成为山钢靓丽名片。山钢产品打入秦山核电站等多个国家重点工程，海洋工程用钢应用于全球最大液化天然气项目—亚马尔液化天然气项目等国际重大项目建设；先后向我国10多条电气化铁路改造工程供应专用H型钢50多万吨，供货量占我国此类工程用钢份额半数以上；实现了世界第四条、我国第二条中低速磁悬浮轨道交通线——北京地铁S1线工程所需的F轨排独家供货，成为国内首家拥有自主知识产权的、技术世界领先的热轧F型钢产品供应商；成为我国唯一一家被壳牌石油公司认可的钢结构用型钢产品生产供应商。

2017年7月，有着59年发展历史、千万吨规模的济钢钢铁产线全面停产。山钢集团按照李克强总理视察山钢时“转岗不下岗、转业不失业”

的指示精神，把妥善安置职工作为工作的重中之重。在不到两个月的时间里，基本实现了近2万名职工的平稳安置，济钢也开启了转型发展的新征程。

抓机遇，未来发展可期

站在改革发展再出发的新起点，山钢集团在习近平新时代中国特色社会主义思想指引下，以建设具有全球竞争力的世界一流企业为奋斗目标，坚持和加强党的全面领导，忠实履行国有企业的经济责任、政治责任和社会责任，按照“优化提升、进中求优”的工作总基调，加快提升本质化运营水平，着力建设魅力山钢。

建设魅力山钢可分两步走：

第一步，到“十三五”末，进入中国钢铁企业综合竞争力排名前列，综合竞争力排名与规模位次相称,职工收入水平与企业效益实现同步增长，新旧动能转换三年行动计划目标按期全面实现；产业结构、资本结构、产权结构、治理结构、人力资源结构调整基本完成，成功实现转型升级；成为国内区域领先、国际专项领先的综合型钢铁强企，三至四个主打产业实现区域主导、国内细分市场领先。其中，钢铁产业在省内及周边区域市场稳居主导地位，国际化战略实质性推进。

第二步，到“十四五”末，初步建成以动能持续化、产业生态化、品牌高端化、运营国际化为基本特征的国内一流、国际先进的现代化钢铁强企。产业链、价值链占据中高端，形成符合生态文明发展要求、钢铁精益高效、多元耦合共生的产业生态圈；以打造第一、唯一、效益（FOP）产品为抓手，成为国内区域品牌占有者、国外专项品牌拥有者；聚焦国际细分市场，科学布局和配置资源，全面实施国际化战略；钢产能规模居国内同行业第二方阵前列，力争进入第一方阵，盈利能力位于行业较高水平；职工有较强获得感，企业有良好社会美誉度。

实现上述奋斗目标，山钢集团将着力抢抓“五大机遇”，打造“五大优势”：

（1）抢抓国家推进供给侧结构性改革的机遇，打造产业优势。通过构建以客户为引领，以人才为支撑，营销、生产、研发“五位一体”的协同机制，推进商业模式创新；聚焦客户端，发力产业链，迈向国际化；开发高端技术，深化高端合作，打造高端产品，集聚高端人才，提供高端服务。

（2）抢抓山东省新旧动能转换和先进钢铁制造产业基地规划落地的机遇，打造区位优势。结合“界定主业、聚焦发展”的格局调整，用发展眼光和谋划规避不进则退的风险，用新的布局设定开拓结构调整的空间，创新产能合作模式，实现“低成本产能提升”；创新合作共赢路径，实现“市场化联合重组”；培育“绿色、智能、高端、高效、国际化、可持续”新动能，实现“高质量转型升级”，书写落实省先进钢铁规划“山钢篇”，实现集团公司钢铁产业基地化、绿色化、品质化发展。

（3）抢抓多元主打产业融合发展的机遇，打造协同优势。延伸先进钢铁制造产业链条，积极培育和发展战略性新兴产业，提升钢结构建筑、产业园区开发运营、信息技术、产业金融创造价值能力；引导各权属公司明晰产业定位，构建安全产业链，打造集团公司新动能增长极。立足内部和外部两个市场，打造“阳光协同”信息管控和招标采购两个平台，实现由“基础性”协同向“提升性”协同、“价值性”协同的突破。

（4）抢抓深化国有企业改革的机遇，打造体制机制优势。加快深化国有资本投资公司改建；加速深化混合所有制改革，打开资产证券化的“闸门”、打开引进高质量的战略投资者的“大门”；持续深化三项制度改革，稳步推进权属公司契约化管理，加大中长期激励力度，健全完善以市场化为导向的工资决定机制，推进岗位管理，持续深化内部收入分配制度改革。

（5）抢抓环保升级、智能制造的机遇，打造可持续发展优势。实施超低排放升级改造工程，培育壮大绿色低碳新动能，引领山东省钢铁企业绿色转型发展；推动互联网、大数据、人工智能与集团各产业深度融合，形成一系列智能制造解决方案，建设一批智能工厂、数字化车间。

七十华夏，亘古未稀；魅力山钢，未来可期。站在新中国成立 70 周年的历史节点上，迎着第一个百年奋斗目标的曙光，山钢集团将坚定不移将改革进行到底，全力打造一个“注入改革基因、充盈市场元素、拥有创新特质、饱含人文情怀”的新山钢，为实现山东“走在前列、全面开创”的目标，推动钢铁工业迈上高质量发展的快车道做出新的贡献！

新时代　新河钢　新发展

——河钢集团实现跨越式发展掠影

河钢报社

•王桂芬

一个 9 人团队让一座濒临倒闭的百年钢厂重获新生，筑梦多瑙河畔的“钢铁尖兵”在“一带一路”上书写出时代华章。

4 月 25 日，中宣部授予河钢集团塞尔维亚公司管理团队“时代楷模”称号。他们牢记习近平总书记嘱托，打造“一带一路”建设“标志性工程”的先进事迹受到社会各界广泛关注和高度赞誉。

一时间，“河钢集团”跃入了大众视线，成为了聚光灯下的焦点。

河钢获此殊荣，不是偶然，而是必然。我国改革开放 40 年综合国力显著增强，钢铁工业实现了跨越式发展，在这一过程中，河钢的综合竞争力得到了前所未有的提升。河钢塞钢的巨大成功，充分体现着河钢敢于在全球任何一个区域充分参与竞争的信心和实力。

事实上，成功运营河钢塞钢只是河钢跨越式发展的一个生动缩影。

党的十八大以来，河钢集团以习近平新时代中国特色社会主义思想为指引，在河北省委、省政府和省国资委的领导下，闯出了一条传统国有企业转型升级的新路，取得了一系列令人瞩目的发展成就。

新时代的河钢，正以其独特的气质和风貌，树立起“HBIS”的品牌形象，改变着世人对中国钢铁产业的传统形象。

她是传统钢铁领域的赶超者。十九大报告点赞的以天宫、天眼、国产大飞机为代表的重大科技成果闪耀“河钢风采”，成为中国最大家电板、第二大汽车用钢供应商，供货以港珠澳大桥、“华龙一号”等新“国家名片”为代表的重点工程项目，以做强“中国制造”为使命，河钢在锻造一项项大国重器中彰显国企作为。

她是中国钢铁企业“走出去”的领军者。成为中国国际化程度最高的钢铁企业，形成横跨亚、欧、美、澳、非五大洲海外版图，斩获中欧企业合作大奖，入榜中国企业全球化50强、“一带一路”十大先锋企业，今天的河钢已经成为“全球拥有资源、全球拥有市场、全球拥有客户”的“世界的河钢”。

她是中国钢铁工业“清洁生产、绿色发展”的引领者。建成“世界最清洁钢厂”，被国家工信部授予钢厂与城市协调发展的典型，荣获世界钢铁工业可持续发展卓越奖，秉持“人、钢铁、环境和谐共生”的理念，河钢坐而谋、起而行，为人类文明制造绿色钢铁。

她是加速新旧动能转换，发展战略性新兴产业的先行者。携手西门子、华为等世界知名企业启动增材制造项目、发展数字经济。与强者为伍共建汽车新材料研发中心、打造氢能应用示范企业。紧随国家建设现代化经济体系步伐，以比肩一流的志向和敢为人先的气魄，河钢驶出发展新产业、新业态的“加速度”。

从“大起来”到“强起来”到“河钢品牌亮起来”，河钢跨越发展之路，与其“钢铁报国”的伟大抱负和与国家战略同向同行的发展思路密不可分。

“企业有多大志向，就有多大目标，有多大目标，就有多大发展空间。”河钢集团领导班子始终坚定地认为，一个企业大就要有大的样子，大就要有大的担当，河钢必须担当起国有大型企业该担的责任。

“作为中国最大的钢铁企业之一，河钢有资格讲‘国家角色’，更有资格做民族工业的‘带头人’，我们必须代表中国钢铁企业的未来和发展方向。”河钢集团人这铿锵有力的话语，为河钢瞄准了前行的航向——以“代表民族工业，担当国家角色”为己任，建设最具竞争力钢铁企业。

前行的方向清晰坚定，奋进的步伐铿锵有力。

秉持“企业发展战略一定要和国家战略相契合，河钢的一切作为都要在国家战略方向内完成”的原则，河钢积极践行创新、协调、绿色、开放、共享的新发展理念，形成了“与时代大势同频共振，与国家战略同向同行”的发展思路。

深入推进供给侧结构性改革。坚定不移去产能，实现去规模化发展。让“市场”和“客户”做主角，“全释放”“总动员”企业优势要素。建立“以客户结构优化推动产品升级”路径自信，向着提高有效供给精准发力，坚定不移迈向产业链中高端。

融入“一带一路”建设积极“走出去”。收购南非PMC，奠定海外实业主基础；控股德高，拥有全球最大钢铁营销服务平台；收购塞尔维亚斯梅代雷沃钢厂，拥有海外第一个长流程钢铁生产基地；启动河钢德高BRESCO项目，打造全球化贸易平台……河钢以宽广博大的胸襟、开放自信的姿态走向全球，拥抱世界。

把创新作为引领发展的第一动力。联合国内外一流院校搭建全球研发平台，携手高端客户成立25个协同创新中心，承担15项国家“十三五”重点研究任务，以“技术高度支撑企业发展高度”，河钢由技术创新“跟跑者”向科技创新“领跑者”转变。

贯彻落实“绿水青山就是金山银山”重要思想，“像保护眼睛一样保护生态环境”。探索实践绿色转型、持续提升绿色制造水平、培育壮大绿色产业、大力实施节能环保技术，形成“六位一体”绿色发展体系，以“功成不必在我，功成必定有我”的使命担当，河钢打造出我国钢铁工业绿色发展的“河钢样本”。

坚持共享发展，将员工视为不可复制的竞争力。坚持“员工是企业最宝贵的财富”理念，把职工放在发展首位，为职工搭建成长成才平台。河钢有志青年在世界级赛事中夺冠，一批批访问学者走向世界舞台，更多社会高端人才通过市场化选聘扎根这片沃土。河钢的发展更有温度，河钢人的幸福更有质感。

“河钢正在成为全球最具影响力和发展活力的钢铁企业。”世界钢铁行业权威人士如此评价。

“这里开放、包容、国际化，这里是我的家。”已经加入河钢集团7年的意大利自动化专家劳瑞斯，为自己的企业点赞。

在我国钢铁行业的艰难探索期和转型阵痛期，河钢展现出强大的自我改变、自我修复以及适应外部环境变化的能力，并把这段时间变成了浴火重生期和快速成长期。

美丽的河钢，世界的河钢，成为了中国钢铁行业一张亮丽的名片。面向未来，河钢人信心越来越足、步伐越来越稳健。

2019年是新中国成立70周年。

河钢是祖国母亲的儿子。伴随着波澜壮阔的改革开放进程成长，怀揣“钢铁报国”的伟大抱负，河钢用实际行动谱写了一首新时代奋斗者之歌。

“时代楷模”的称号是祖国赋予河钢塞钢管理团队乃至河钢集团至高无上的殊荣，更为全体河钢人注入了强大的精神动力，吹响了新的进军号角。

载誉前行，更待新成。

站在新的起跑线上，河钢集团将以习近平新时代中国特色社会主义思想为指引，做习近平新时代中国特色社会主义思想的忠诚信仰者和坚定实践者，在新征程上继续书写新的传奇，努力创造无愧于党、国家和人民的崭新业绩！

红色长钢　与共和国共成长

首钢集团长钢公司

• 温林森

具有红色基因的首钢长治钢铁有限公司（以下简称长钢），始建于烽火连天的1946年，是中国共产党在太行山亲手创建的第一个红色钢铁企业，他伴随着共和国成长而成长，伴随着共和国强盛而强盛。

红色起航

太行山区、上党盆地、漳河水畔。

20世纪40年代，抗战胜利，解放战争的烽火与传统冶铁业不期而遇，为了初心与使命，中国共产党亲手创建的第一个铁厂在一个名叫故县的村庄应运而生。

70多年来，伴随着新中国从站起来、富起来到强起来的历史巨变，一代又一代的兵工传人，传承艰苦奋斗、勤俭办企的红色基因，发扬敢于担当，改革创新的时代精神，接力续写着一个又一个的传奇。

长治自古物华天宝，被誉为“煤铁之乡”。早在春秋战国时期这里就开始冶铁。

抗日战争胜利后，根据八路军总部和晋冀鲁豫边区政府“在太行山腹地建设新型军事工业基地”的战略指导思想，确定在此建设上党钢铁工业基地的核心——炼铁厂。1947年3月，围绕建设日产5吨高炉，基建工作全面铺开；5月，工业重镇阳泉解放，根据上级指示，军工部将阳泉铁厂日产20吨的高炉整体搬迁到故县，不仅加快了上党钢铁工业的建设步伐，还提升了故县铁厂的装备水平，扩大了炼铁生产规模。

建设初期，外线战事正急，各种物资、器材极度匮乏，创业者们白手起家，充分发扬了自力更生、艰苦奋斗的优良传统，想方设法推进高炉建设。在筚路蓝缕、披荆斩棘的创业初期，形成了“艰苦奋斗、自力更生，百折不挠、敬业奉献，科学严谨、实事求是，尊重知识、开放包容，开拓创新、不断进取”的故县铁厂精神。1948 年 1 月 10 日，故县铁厂的 1 号高炉流出第一炉铁水。

故县铁厂的建成，被誉为“太行山上的工业革命”，生产的五零、八二、一二零、一五零等各种规格型号的迫击炮弹计 300 万发，有力地支援了临汾、太原、淮海和平津战役等解放战场，加速了国民党反动派的覆灭，战争年代八次受到表彰，在中国冶金军工史写下了光辉灿烂的篇章。

故县铁厂的创建者和领导骨干是由老红军、老八路和抗大学员组成的英雄群体，他们来自延安、来自抗战期间我军在太行根据地建立的各个兵工厂，许多人是久经考验的共产党人。老一辈人“艰苦奋斗，勤俭办企”的精神是我党我军优良作风的光辉结晶，和太行精神同根同源，是延安精神在上党革命老根据地的延续，是几代长钢人薪火传承的一笔宝贵的精神财富，是长钢文化的红色基因。

砥砺奋进

20 世纪 50 年代初，故县铁厂由军工系统下放地方，停产炮弹后生铁无销路，企业第一次出现生存危机。职工们主动谋求发展，酝酿上马炼钢工艺。在试验搅拌炼钢的试验炉改造后，又改造 300 毫米小型轧铝设备上马轧钢生产线，开建 4 号、5 号两座 100 立方米高炉，建成 9 吨转炉、3 吨电炉、无缝钢管生产线，完成了从军工到地方角色的转换，一个钢铁联合企业已具雏形。

20 世纪 60 年代初，经历“大跃进”高烧的长钢元气大伤，一蹶不振，全线停产。但职工们不甘心长钢就这样倒下，坚信“再困难也比不上战争年代困难，再苦也没有战争年代苦”。他们凭着这样一种坚强信念，咬紧牙关将“大跃进”期间上马的两座 6 吨空气侧吹转炉建成，使生产得以重新恢复，规模进一步扩大，企业终于柳暗花明。1963 年，钢、铁、焦等产品技术指标进入全国先进行列，实现“地球转一圈，日盈 2 万元”的目标，炼钢车间创造了“百分赛”经验，吨钢成本比国家计划降低 61 元，长钢成为山西省乃至华北地区骨干钢铁企业之一。

1965 年，国家出于战备需要，提出了建设“小三线”的战略决策，长钢因曾是军工厂和靠山隐蔽的地理环境，被列为全国首批小三线企业之一。由普通钢厂改为特殊钢厂，既生产民用产品又生产军工产品，生产出了普碳钢、合金钢、螺纹钢、工具钢、锻材、无缝钢管等 21 个规格品种的产品。

1978 年，长钢完成了“小三线”建设的继续扩展和完善，形成了年产钢铁各 20 万吨、材 18 万吨的综合生产能力，形成了很好的发展势头。

春风浩荡

1979 年，改革开放春风吹遍神州大地，长钢也打破多年来“全厂一本账、万人一口锅”的大锅饭管理体制。1980 年 7 月 1 日，长钢被省政府列为扩大企业自主权试点单位，实行利润递增包干分成，极大地调动了企业的积极性，当年既甩掉连续 12 年亏损的帽子，开始扭亏为盈。1981 年，冶金工业部在长钢召开全国中型企业标杆厂现场会议，长钢作为标杆厂向与会者介绍了经验。

2001～2008 年长钢掀起了有史以来最大规模的技改建设高潮，共完成骨干技改项目百余个，对旧区实施填平补齐，在新区建设了以 H 型钢为终端产品的第二条钢铁生产线，技术装备实现更新换代，企业面貌发生翻天覆地的变化。

非钢产业基本形成了从资源、产品到废物综合利用的循环经济模式：建设百万吨矿渣超细粉水泥生产线，利用矿渣生产环保路面砖和墙体材料；长钢奶牛场成为长治市第三大奶业基地；"上党"牌冷饮产品在市场叫响；"漳泽湖"牌纯天然饮品行销全省；组建太原工贸公司、工程建设公司、机械运输公司、房地产开发公司向社会开放、参与市场竞争。

同时，针对老牌国有企业在管理上存在的机构重叠、人浮于事、政出多门、推诿扯皮、效率低下的痼疾，从2001年年底开始，长钢实施了业务流程再造、人力资源结构优化、"三三三"末位淘汰考核制度等改革，企业初步建立起了与建设现代化企业和现代化企业集团相适应的管理体制。

浴火重生

时光荏苒，历史变迁。在中国钢铁行业发展的大潮中，长钢几经沉浮，光环渐隐，几度风雨，屡遭劫难。跨入21世纪，又迎来了命运中的一次生死考验。

长钢在企业生存与发展的危急关头，紧紧抓住国家鼓励钢铁行业联合重组的战略机遇，于2009年8月8日，与首钢联合重组，长钢正式成为首钢大家庭中的一员。重组后的新公司中，首钢集团占90%的股份，长治市国有工业资产经营有限公司占10%的股份。至此，长钢成为国家《钢铁产业调整和振兴规划》颁布后第一例真正意义上的跨地区重组企业。2009年12月18日，当"首钢长治钢铁有限公司""中共首钢长治钢铁有限公司委员会"两块牌匾被揭开时，一个有着60多年发展历史的红色钢企，站在了新的历史起点上。

长钢与首钢联合重组后，告别多年来爬行式的发展模式，开始了跨越式的发展模式，掀起了有史以来最大规模的技改建设高潮。特别是历时274天建成的长钢第一条棒材生产线，对长钢有着划时代的里程碑意义，它打破了长钢60多年来单调落后的以产品粗加工为主的生产格局，成为长钢效益增长新的起跑线。

2010~2015 年的几年间，长钢完成了 98 项新技术推广应用和品种钢开发工程。线材开发了 6 个系列 16 个品种，棒材开发了 MG500、MG600 等高强度锚杆钢筋，H 型钢开发了 Q355NHD 耐候钢、Q345C\Q345D 低合金钢及剖分 T 型钢等品种，产品档次由中低端渐向中高端转变，各项技术指标稳中有进。

借助首钢集团公司的管理平台，长钢渗透集团公司管理理念的经营格局正在逐步形成。KPI 考核和全面预算管理的推行，使长钢在管理提升上迈出了实质性的一步。而职工代表民主评价监督管理制度，则是长钢公司的又一张耀眼名片。

2008 年年底，长钢建立职工代表民主评价监督管理制度，搭建民主评价监督平台，通过规范的招标、比价等方式确定采购价格的外购物资定价机制，职能管理部门的监督考核作用明显提升，主产单位的基础管理水平大幅度提高，对企业“强管理、堵漏洞”起到了强有力的推动作用；外购职能单位不断强化日常市场价格形势分析研判和监测预警，主动进行市场调研、了解市场，比质比价、对标挖潜，有效地促进了外购物资定价机制与市场接轨，企业经营效益明显提升；进一步增强了相关业务的透明度，规范了企业的管理行为，堵塞了漏洞，有效避免了暗箱操作行为，进而促进了管理的民主化、科学化，为企业创造了一个风清气正、公平正义的内外环境。

长钢加盟首钢以来，按照首钢集团“总部统领、整体协同、分层定位、各具特色”企业文化建设总要求，在继承中融合，在融合中发展，自身的企业文化呈现出更加强大的生机和活力。建成了厂史展览馆，出版了系列红色文化丛书，举办了纪念陆达同志诞辰一百周年座谈会，重新提炼员工誓词，开展纪念建厂 70 周年系列活动。与此同时，从理念、行为、视觉识别系统，全方位贯彻首钢集团文化战略。围绕首钢集团“担当 创争 争先”主题，开展“长钢人的故事”宣讲、评选“长钢之星”“长钢工匠”，推荐“首钢之星”，长钢职工“艰苦奋斗、勤俭办企”的红色基因中，融入了“敢闯、敢坚持、敢于苦干硬干，敢担当、敢创新、敢为天下先”的首钢文化特质。

破冰致远

2014年年底，受钢铁行业产能过剩等形势深度影响，和众多钢企一样，长钢一度濒临绝境。在关键时刻，长钢公司新的领导班子上任伊始，便带领广大干部职工奋勇前进。

2015年，长钢开始对设备进行升级，目的是提高钢铁产品质量，生产出更多的适销对路产品，改善环境，建设绿色环保的长钢。先后实施了9号高炉TRT改造、转炉二次除尘风机变频改造、烧结环冷机烟气余热发电、高炉煤气管道喷碱设施、高炉返矿运输皮带等项目……焦化项目一期工程被誉为长钢的“生命工程”“希望工程”。

长钢从2015年起，开始实施优化提效改革。至2017年年底，在岗职工由2015年年初的14000人减至6889人，钢铁主业劳产率达453.45吨/人年。优化提效后，为实现各部门、各岗位合并后的工作无缝衔接，流畅运转，确保任务不丢，职责不弱，目标完成。2016年，长钢开始在全公司试点，并于2017年全面推开“三清晰三到位”岗位责任体系建设工程。长钢在基础管理领域尝试推行的“三清晰三到位”岗位责任体系建设这一做法，得到了首钢集团公司的重视和支持。长钢公司“‘三清晰三到位’岗位责任体系构建与实施”创新成果，在2017年国企管理·财务管理峰会上获“全国国企管理创新成果一等奖”。

2017年，长钢公司通过增加营业收入、降低存货资金占用、控制应收账款“三方联动”，不断强化资金管控，确保加快存货流动性周转速度，缩短应收账款收回期限，恢复“造血”功能。经营现金盈余比计划增加6.31亿元，实现经营正向现金流；两金周转率比计划好4.45次，比上年好5.07次，排名钢铁板块第1位，经营现金流实现良性循环。

2015~2018年，长钢公司在新班子带领下企业发生了历史罕见的“长钢之变”，企业赢利能力明显增强，整体实力显著提升，企业发展环境大大改善，以脱态换骨的骄人业绩开启了长钢“二次创业”新征程。一个自强长钢、创新长钢、绿色长钢、文化长钢展现在人们面前。

2017 年，长钢生铁成本在首钢集团内部 6 个钢铁业单位中排名第一，全行业排名第 7 位，同比前进 32 位，创历史最好排名水平；2018 年，长钢生铁成本行业排名第三,为公司经营效益的大幅度提升做出了重大贡献。2018 年，经营结果呈现历史性转折，全年实现盈利 11.56 亿元，取得近几年来最好经营业绩,公司荣获“山西省功勋企业”“首钢先进单位”和“首钢六好班子”荣誉称号。

逐梦百年

实现红色长钢永续生存，建设具有区域竞争力的钢铁综合企业，打造百年长钢，是一代又一代长钢人矢志不移的奋斗梦想。

风雨沧桑几十载，而今阔步向前迈。从红色钢铁到优秀骨干企业，70 多年的奋斗历程，长钢走过的路还很长；实现“二次创业”，再创新的辉煌，长钢今后要走的路还很长很长。

忆昨日，一路曲折坎坷，艰辛与希望并行；看今朝，发展势头正劲，挑战与机遇并存。不忘初心，牢记使命，红色长钢，永续生存，我们的信心更坚定，我们的脚步更铿锵。

永远奋斗 做强做优

河钢集团邯钢公司

•陈琳洁

河钢邯钢，在新中国的期许中诞生，在共和国的瞩目下成长，在新时代的号角里奋进——从青郁葱茏的大地崛起，发展成为国家级“绿色工厂”；从名不见经传的地方钢铁企业，发展成为河钢集团核心企业、中国精品钢材智造基地、高端市场综合服务商。

坚守为国民经济发展做贡献的初心，牢记毛泽东主席提出的建设“大钢铁城”的使命，河钢邯钢高举习近平新时代中国特色社会主义思想伟大旗帜，向着建设最具竞争力钢铁企业的共同愿景阔步前行。

一

1958 年 4 月 1 日，一号 55 立方米高炉“跃进号”在这片热土上破土动工，一颗钢铁报国的种子就此播下，开始生根发芽、吐蕊结荚、灿若繁花。

从 1958 年到 1978 年，以“多快好省，艰苦创业”诠释自力更生的力量；从 1979 年到 1990 年，以“改革承包，滚动前进”讲述自强不息的故事；从 1991 年到 2001 年，以“走向市场，挺立潮头”彰显锐意改革的魅力；从 2002 年到 2007 年，以“转型升级，做大做强”实践科学发展的路径；从 2008 年到今天，以“优化供给，迈向高端”标定竞争实力的高度。

一代又一代河钢邯钢人不忘初心、牢记使命，用钢筋铁骨的意志，以务实创新的精神，顺应经济社会发展形势，紧跟钢铁工业发展态势，与共和国同脉动、共成长。

二

2008 年 6 月 30 日，全面贯彻落实国家《钢铁产业发展政策》，河钢集团成立。在集团的坚强领导下，河钢邯钢适应新常态、把握新常态、引领新常态，汇入供给侧结构性改革的时代洪流，紧紧围绕市场、产品和客户，坚定不移走产业升级、产品高端路线，夙兴夜寐，只争朝夕，踏上了发展新征程。

——变革管理机制，启动以产线为独立市场单元的组织结构扁平化变革，组建以 4 条精品产线为核心的产品事业部和 2 个保障中心、1 个公共管理服务平台，实现产线与客户零距离，推进产研销一体化运作，提高市场响应速度和资源配置效率。

——强化客户服务，深化 EVI 服务模式，与战略客户共建联合实验室，实现技术引领及合作开发。推行大客户经理制，构建“点对点 + 量身定制”式的系统化、全方位、一站式服务。建立剪切配送中心，为汽车、家电等高端客户提供延伸服务，从“钢铁产品制造商”向“钢铁材料服务商”深度转变。

——构建四大支撑体系，深化“零缺陷”质量理念，建立管理、工艺、设备、安全为一体的标准化作业体系，构建质量支撑体系。依托集团技术研发平台，发挥国家企业技术中心、汽车钢板工程实验室等作用，聚集技术创新要素，构建技术支撑体系。推进优秀人才向产线倾斜，3000 多名技术业务人员扎根产线，构建人才支撑体系。打造新的“互联网 +”模式，推进智能制造、建设智慧工厂，构建自动化和信息化支撑体系。

践行“创新、协调、绿色、开放、共享”的新发展理念，紧跟集团发展战略，河钢邯钢加速产品高端化和客户群高端化，跑出了高质量发展的加速度。

三

今天的河钢邯钢，全面跃升至中国钢铁行业第一梯队。

装备集群——代表了中国钢铁行业第一梯队水平。形成了从炼铁、炼钢、轧钢到公辅、环保全流程的智能制造体系，实现大型化、现代化、智能化。

产品结构——彰显了中国钢铁产品第一梯队档次。形成了从型棒线材、中厚板、热轧卷板到冷轧板及深加工全系列，汽车钢“整车造”；家电板“全覆盖”；优特钢“高精特”……产品实现精品化、绿色化、品牌化。

客户群体——构建起下游行业第一梯队“朋友圈”。重点直供客户达到217家，涵盖汽车、家电、造船、机械制造、石油化工、航空航天、工程建筑等国民经济各个领域，实现客户群高端化、专业化、国际化。

科技创新——展示了中国钢铁行业第一梯队创新力。依托河钢东大产业技术研究院、国家企业技术中心等平台，构建以企业为主体、市场为导向、产学研相结合的技术创新体系，提升自主创新能力和科技成果转化效率，打造创新型企业。

环保绩效——实现了中国钢铁行业第一梯队超低排放水平。积极落实习近平生态文明思想，坚持生态优先、绿色发展，以“四见、四无、四不”（四见：区域见湿，路面见黑，裸土见绿，设备见本色；四无：厂区环境无烟，无味，无尘，无声；四不：生产过程不产尘，厂房封闭不溢尘，物流运输不带尘，仓储棚化不扬尘）为目标，开展环境深度治理，全部污染物实现超低排放，被工业和信息化部确定为“绿色工厂”。

一流的装备、精致的产品、高端的客户、优美的环境和挺立于创新前沿的研发实力，凸显了河钢邯钢新时代综合竞争力，奠定了河钢邯钢在华北地区乃至中国钢铁界舞动风尚的领先地位。

四

从1958年出发，河钢邯钢已经走过了60多年的光辉岁月。站在历史的节点回望，是一条印痕深深的奋进之路，是一条花开满径的创新之路。

高扬旗帜，钢铁报国。从1958年7月，邯钢党委正式组建开始，无论前进的道路是否一马平川，无论面临的环境是否风云变幻，河钢邯钢始终坚持中国共产党的领导，贯彻党的理论和路线方针政策，不惧险滩，勇往直前。

习近平总书记于2008年1月13日视察河钢邯钢时，听取了河钢邯钢党委工作汇报，并和部分基层党委书记、党支部书记、党员代表亲切座谈，充分肯定了河钢邯钢的党建工作。

总书记的殷切期望言犹在耳，党的十九大擘画新时代壮美篇章。河钢邯钢高擎习近平新时代中国特色社会主义思想伟大旗帜，把党的领导作用融入企业治理各环节，把方向、管大局、保落实，推动党建工作与生产经营深度融合，始终不忘初心跟党走，牢记使命勇担当。

60多年来，河钢邯钢已经为共和国建设输送钢材近2亿吨，演绎出“百炼钢化绕指柔”的精彩；为社会发展做出了巨大的贡献，宣示着国有企业报效国家的钢铁力量。

五

艰苦奋斗，自强不息。从无到有、从小到大、从弱到强；从动工肇建到滚动前进，从挺立潮头到转型升级，从优化供给到智造品牌，从生产制造商到综合服务商……锦瑟华年见证了河钢邯钢求索路上的执着追求，铿锵足迹标定出河钢邯钢攀登途中的坚实步履。

1958年6月17日生产出了第一炉铁水，掀开邯郸现代冶金工业的新篇章；1965年7月25日，第一炉火红的钢水喷涌流动，结束了有铁无钢的历史；1965年10月14日，第一根钢材从300小型轧机中穿梭而出，实现了铁钢材配套生产。

从“五朵金花”大放异彩，到向装备大型化迈进。从产品结构由以建材为主，到打造优质板材生产基地。从国家发改委核准《邯钢结构优化产业升级总体规划》，开始新区建设，崛起中国钢铁工业新地标，到落实国家钢铁产业发展政策，实施老区钢轧系统升级改造，整体装备达到国内领先、世界一流水平。从设计年产钢材25万吨的小型钢铁厂，到具备年产1300万吨优质钢综合生产能力的现代化钢铁企业。

河钢邯钢的每一次发展壮大，都是一代又一代建设者汗水汇聚的源泉，心脉跳动的结晶。

勇于改革，挺立潮头。乘着改革开放的春风，河钢邯钢创造了“量力而行、滚动前进、梯度发展”的经验，被原冶金工业部誉为“地方钢铁企业中开出的一列‘特别快车’”；率先在计划经济向社会主义市场经济转轨过程中推墙入海，创立“模拟市场核算，实行成本否决”的“邯钢经验”，被国务院树为全国学习的先进典型，被朱镕基总理称赞为“我们工业战线上的一面红旗”。

从三项制度改革到市场化改革，从承包责任制打破“大锅饭”到转变观念“推墙入海”，从模拟市场成本否决到直面市场优化供给，从细分核算方式人人肩上有指标到以产线为独立市场单元的组织结构扁平化变革，从实施卓越绩效到全面推进标准化管理，从适应经济发展新常态到供给侧结构性改革……河钢邯钢永远紧跟时代发展步伐，调动一切积极因素，提高企业运营效率。

无论是计划经济的调控把舵，还是市场经济的汹涌浪潮，河钢邯钢以改革和创新为桨，自中流击水，浪遏飞舟。

六

理念超前，绿色发展。在中央经济工作会议把“去产能”列为2016年五大结构性改革任务之首的五年前，河钢邯钢就已经完成了淘汰落后产能的任务，1995 年以前主体装备全部被淘汰。

在党的十九大报告提出“绿水青山就是金山银山”理念的十年前，河钢邯钢就确定了“人、钢铁、自然和谐共生”的环保愿景，坚持生态优先、绿色发展，加大环保设施投入，引进先进环保工艺，开展环境深度治理，在国内钢铁企业中第一家全面实现超低排放。

是理念超前的眼界，是先人一步的胆识，是敢为人先的魄力，让河钢邯钢始终奔跑在绿色发展的最前沿。

七

和衷共济，勠力同心。河钢邯钢始终坚持全心全意依靠职工办企业，把职工作为可依靠、能依靠、值得依靠的主体，团结带领广大职工同心同向同行，共建共创共享。

近年来，落实集团“员工是企业不可复制的竞争力”的人本理念，河钢邯钢实施人才强企战略，构建专业化、标准化、现代化人才支撑体系和创新人才高地，实现企业与人才共同成长。

2017 年 4 月 11 日，职工周文涛荣获第十一届世界模拟炼钢挑战赛总决赛冠军；2018 年 4 月 10 日，职工唐笑宇荣获第十二届世界模拟炼钢挑战赛总决赛冠军。连续两届世界钢铁顶级赛事总冠军花落河钢邯钢，为钢铁争得了荣誉，为祖国增添了荣光。

用心灵抚触过往的影像，从历史中汲取营养，不忘初心、牢记使命；把目光投向未来的征程，在前行中激荡力量，做强做优、钢铁报国。

河钢邯钢，以习近平新时代中国特色社会主义思想为引领，奋进在建设最具竞争力钢铁企业的大道上。

新时代新通钢　筑梦百年基业

首钢集团通钢公司

•张　丽　杨瑞颖

通钢，一个能够讲述中国钢铁工业61年历史的企业。站在吉林省的钢铁源头，回望曲折发展历程，人们会清晰地看到，通钢的发展史，是中华民族发愤图强的奋斗史，是中华民族工业百折不挠的创业史，是一部大气磅礴的工业史诗。一代一代创业者把冶炼钢铁的质朴梦想，锤炼成一种忠诚和信仰。

翻读通钢厚重的历史，似乎每一页都在求索与抗争，奋斗与崛起的交织辉映中，镌刻下坚韧不拔、自强不息的足迹。在辽阔的关东大地上，彰显了穿越时空的梦想力量，诠释了钢铁是怎样炼成的。

铁马冰河入梦来——创业篇

61年前，年轻的共和国正处于百废待兴、百业待举的创业时期，急需钢铁支撑。1957年，国家制定了“三大五中十八小”钢铁工业战略部署，被人们称之为“三皇五帝十八罗汉”，通钢便是“十八罗汉”之一。那时，吉林省钢铁生产还是一片空白。“结束这个历史，建设自己的钢铁基地”已成为全省人民的强烈愿望。1958年6月20日，日历记录着一个崭新的开端，简朴的开工仪式拉开了建设钢铁基地的盛大序幕，创业者在满目苍凉的草甸子上书写着通钢波澜壮阔的发展历程。

通化地区曾是清王朝皇封禁地。二道江地处群山环抱之中，人烟稀少，条件简陋，交通闭塞，困难超乎想象。有首民谣形象地描述当时的境况："一进二道江，黄泥没鞋帮，吃的是苞米面，喝的是白菜汤，住的是席棚子，走着泥洼塘。"二道江只有一条铁路线与外界相连，公路是靠木船摆渡过江的。

在那激情燃烧的岁月，为解决职工住处，不得不搭起席棚子。夏天，蚊叮虫咬，潮气弥漫，蛇也不时光顾。寒冬腊月，四面透风，寒气刺骨，夜间不脱衣帽蒙头睡觉，第二天起床时，睫毛上都是一层霜。大家昼夜奋战在冰天雪地中，很少能吃上热乎饭，窝窝头经常一咬一个牙印。冬天洗澡只能在露天地用草帘子围上，顶着飘落的雪花，草草冲一下了事，冻得浑身直打战。

建厂初期，一切都是白手起家。冬季施工没有保温材料，就到深山打野草，自己编帘子、编筐；在运输设备不足的情况下，就人拉肩扛建筑材料，手臂挎着装满物料的土篮一次次搬运。为加速通钢建设，工地开展了接力表演赛、对手赛、攻关赛，整个工地干得热火朝天。1959 年 11 月 6 日，创业者们用 17 个月的时间，建成了通钢第一座 255 立方米高炉，用艰辛的汗水炼出第一炉沸腾的铁水。巍然耸立的高炉，成为二道江的新地标。

1960 年是自然灾害的第二年。当时，通钢已是一个拥有 3 万多名职工的"大企业"了，人多力量大，但人多供给困难，基本生活难以保障。在粮食最紧张时，职工不得不成夜地去粮店站排，第二天还要照常上班。勒紧裤腰带，依靠大锤砸与扁担挑，硬是于 1960 年建成通钢第二座 255 立方米高炉、第一座 6 吨转炉。

世事难料。1961 年和 1962 年，为适应国民经济调整需要，通钢相继停产、停建，两万多名职工被精简调出。1965 年，随着国民经济的恢复，通钢作为国家"小三线"项目恢复生产建设。深埋的火种终于又燃烧起来，工地又恢复了往日的喧腾，在钢铁的摇篮里又响起了劳动号子。

1978 年，通钢达到年生产铁 17 万吨、钢 9.7 万吨、钢坯 7.4 万吨、钢材 4.7 万吨、焦炭 46.8 万吨的能力。通钢结束了有铁无钢、有铁无矿、有钢无材的历史。

吹尽狂沙始到金——改革篇

从1958年到1978年的20年间，通钢历经创建、停建、恢复、扩建的考验，一直发展缓慢，吃了20多年亏损饭。通钢人在迷茫中苦苦探索着，左奔右突寻找生机。

1979年3月，钢城大地寒尽春生。通钢人在贯彻十一届三中全会精神中打开了思想观念的总开关，在放大的视野中，提出“迅速将工作重心转移到生产建设上来”。从1979年下半年开始，生产经营悄然出现转机，月月超额完成经营计划。当年实现了消灭经营性亏损的硬任务，上缴利税200万元，形势向好的方向逆转。1980年再接再厉，组织攻打扭亏翻身仗，全年实现盈利505万元，一举摘掉了连年亏损的帽子。

原国家冶金工业部闻讯发来贺电。在扭亏为盈的鼓舞下，通钢人扬眉吐气，笃定自信。

1984年，通钢以经济承包制为前奏，吹响了改革的号角。自主经营，自负盈亏，当家做主的通钢人释放出巨大活力。十里钢城风雷激荡，春潮涌动。

1985年，企业改革不断深化，省直属企业“四矿一厂”与通钢合并，组建通化钢铁公司。一个横跨三市两县的钢铁联合企业，傲然屹立在吉林大地上。

在深化企业改革和加快技术改造的双轮驱动下，通钢以每年递增10万吨钢的速度发展，产量步步登高，效益连年增长。1989年，通钢阔步跨进吉林省亿元利税大户行列，雄踞全国500家大企业前百名，跻身地方骨干钢铁企业前六名。

1991年1月10日，党中央总书记江泽民冒严寒、踏冰雪，来到通钢视察，看到通钢日新月异的变化，连连称赞通钢人有志气。于是欣然命笔题词“深化企业改革，加强企业技术改造，增强企业自我发展能力”。总书记的鼓舞和期望，极大地激发了通钢人豪情斗志，以开放的视野全方位实施战略性调整，加快转换经营机制步伐，促进两个根本性转变，企业驰入加速发展的快车道。

1997 年 11 月，一个旭日东升的早晨，钢产量突破了七位数字。在看似波澜不惊中，跨出了石破天惊的一大步，创造了百万吨钢“神话”。1997 年，通钢实现第一个百万吨钢历时 40 年，自此以后，实现第二个百万吨钢不到 5 年，实现第三个百万吨钢仅用 3 年，钢产量逐年攀升……

通钢人用自己的智慧和胆识，不断刷新人们的视野。建成国内首条自主设计的高速线材生产线，依靠自己的技术力量，调试成功并顺利达产；大力推进节能降耗减排，充分利用现有装备条件进行工艺技术改造，在国内率先实现百分之百连铸坯一火成材；加快高炉更新换代步伐，仅用 143 天抢建 350 立方米高炉，刷新了国内同类型高炉建设的新纪录。当年的“十八罗汉”，一跃成为吉林省四大支柱企业，雄霸一方。

人间正道是沧桑——调整篇

世纪之交，面对加入世界贸易组织、参与国际竞争带来的新挑战，通钢人开始用敏锐的世界眼光来观察行业走势，用全局的战略思维来审视自身的发展脉络。

1999 年 6 月 18 日，由通化钢铁集团有限责任公司为主要发起人，组建了通化钢铁股份有限公司，实现投资主体多元化，蓄势而发。

长风破浪会有时。通钢像一艘钢铁巨轮，在波涛汹涌的市场大潮中，不断校正方位、调整航道。“抢抓历史机遇，加快创新步伐，实现通钢在新世纪的跨越式发展”成为前进路上闪亮的航标灯。

通钢“十五”发展规划大手笔开局，“十一五”发展规划承前启后，全面实施战略性调整，转变经济增长方式，加快市场化进程，掀起了建设通钢的热潮。在振兴东北老工业基地的号角声中，通钢确立了战略性调整的主攻方向，全力以赴加快产业升级的步伐，2009 年，通钢在中国企业 500 强中排名第 203 位。

在国家节能减排政策的指导下，通钢积极发展循环经济，将资源综合利用与环境保护、节能降耗系统结合起来。经济效益、社会效益和环境效益不断显现，挺起了绿色担当。通钢矿业作为原料基地，也得到长足发展，荣获国家级矿山公园称号，全国绿色矿山试点单位。

通钢党委把“创品牌、树形象、增效益”作为工作主线，全面导入CIS企业形象战略，有机融入经营管理全过程，着力打造高品位企业文化，不断增强企业软实力，树立起良好的企业形象。2009年，通钢荣获全国文明单位称号。

通钢的“长白山”品牌久负盛名，有11个系列产品荣获国家冶金产品实物质量金杯奖，有7个系列产品荣获冶金行业品质卓越产品称号。板材、建材、型材、管材和优特钢等产品，广泛应用于建筑、交通、汽车、电力建设、水利工程、机械加工、石油开采等行业。

2005年，吉林省打响了国企改革改制攻坚战，通钢按照省委省政府的总体部署，推进主辅分离、辅业改制、剥离办社会职能。在此基础上，通钢积极实行整体改制，不断加快资产重组步伐。

风物长宜放眼量——发展篇

芳林新叶催陈叶，流水前波让后波。2010年7月16日，首钢与通钢实现战略重组。通钢人开始了新的征程。

首钢厚重的文化底蕴，为通钢发展提供了充裕的养分。通钢持续开展“学习首钢、融入首钢、提升自我、加快发展”实践活动，学习首钢“三创”经验，贯彻首钢先进理念，引发头脑风暴，促进观念转变，首钢的管理势能和文化基因，厚植通钢，落地生根，让一切活力竞相迸发，让一切源泉充分涌动。

在经济新常态下，钢铁行业遭遇“寒冬”。面对严峻的形势，通钢党委发出了“挺身而出、挺住通钢”的动员令，广大干部职工群策群力，万众一心，凝聚起为生存而战、为尊严而战、为荣誉而战的磅礴力量，在“生存”还是“倒下”的大考中，交出了一份“把不可能变成可能”的合格答卷。

2015年年底，中央经济工作会议打响了供给侧结构性改革攻坚战。通钢积极响应国家号召，主动压减产能，为转型发展积聚动能。一系列具有标志性、关键性、引领性的改革措施落地，一些重要领域和关键环节的坚冰正在被打破，铁前一体化，销售一体化，运输一体化，动力系统一体化。厂与厂之间、工序之间、岗位之间的联系更加紧密，企业内部运行效率显著提高。

百炼成钢，党建引航。通钢党委充分发挥抓落实、保落实、促落实的核心作用，生产经营有计划和目标，党组织就有声音和想法；生产经营有任务和措施，党组织就有动作和政策；生产经营有执行和检查，党组织就有推动和监督；生产经营有总结和整改，党组织就有评价和奖惩，确保行政各项工作部署落实到位，让党旗时刻飘扬在攻坚克难第一线，打造了永不褪色的红色引擎。

抱团取暖，共渡难关。通钢党委不忘为职工谋幸福的初心，牢记为企业谋发展的使命。在企业最困难之时，做出庄严承诺：决不让一名困难职工家里揭不开锅、穿不上衣、供不上暖、看不上病。持续开展送温暖工程，精准帮扶覆盖全部困难家庭，真正把党组织的温暖送到职工心坎上。

2017年，通钢人扬眉吐气，一举摘掉连续五年亏损的帽子，实现了扭亏增盈目标，筑牢了几代人打下的钢铁基业。通钢荣获2017年度首钢集团先进单位荣誉称号。

而今迈步从头越——长征篇

70年沧桑岁月，70年风雨兼程。通钢经历了改制、重组的严峻考验，经历了行业扩张、产能过剩的成长阵痛，经历了持续亏损、生存危机的巨大挑战，所有的苦难都没有压垮顽强的通钢人，在不同寻常路上，走得曲曲折折，走得千辛万苦，走得豪情万丈，走得神采飞扬，从来没有像今天这样接近梦想。

沧海横流显砥柱，万山磅礴看主峰。通钢党委担负起“把方向、管大局、保落实”的政治职责，为企业生产经营保驾护航，为企业生存发展定向引航，在各个历史时期、各种复杂条件下，确保通钢的发展方向与国家的政策指向高度一致。

充满人文关怀，洋溢家国情怀，彰显大企胸怀，这是通钢的核心价值取向。广大职工对美好生活的向往，就是通钢的奋斗目标。为职工谋幸福、为企业谋发展的共识，凝聚成走进新时代、建设新通钢的基石。以更高的站位、更宽的视野、更大的尺度谋划发展蓝图，描绘出“走进新时代，建设新通钢”的宏伟愿景，构建“自强通钢、创新通钢、绿色通钢、文化通钢”四位一体的战略布局，释放出巨大的感召力，让职工看到了一个可以期许的未来。

走进新时代，建设新通钢，是承前启后、继往开来的伟大事业，是厚积薄发、筑梦百年的生动实践。新通钢主体框架正在紧锣密鼓地搭建中，坚持依法依规治企兴企，用市场化理念谋划改革思路，用定量化思维顶层设计，用数据化管理立柱架梁，夯实基础，严格管理，敢于创新，实现生产经营安全、环保、经济、长周期稳定运行，创建高效、清洁、绿色、循环、智能制造的钢铁企业，全面推进新时代新通钢高质量发展。

全面推进市场化改革，以提升效率、效益、价值为导向，强化主体经营意识，提高自主经营能力，压实经营管理责任。成立炼铁事业部、炼钢事业部、轧钢事业部、能源事业部，把市场压力传递到基层，贯穿到生产经营各环节，实现由生产型向经营型转化，基层的活力和动力充分激发。

建立健全规章制度体系，用数据指导工作，用数据推动工作，用数据落实工作，用数据检验工作。产品质量合格率、工艺操作合格率、错峰就谷用电、耐材使用寿命达标率，这些一系列数据化管理模块，正在改变着人们的工作习惯和生活方式。

依靠职工办企业，办好企业为职工。为职工晋升工资，为通勤职工购买新能源汽车，为岗位职工提高劳保用品发放标准，让职工及时分享企业经营成果。深化薪酬分配机制改革，建立企业效益与职工收入同步增长的激励机制，有效激发职工献计献策的工作热情。2018 年通钢创出近 10 年来最好经营水平。

雄关漫道真如铁，而今迈步从头越。新时代的长征路，就是建设新通钢。集结在新时代的起点上，通钢以永不懈怠的精神状态和一往无前的奋斗姿态，握紧接力棒，整装再出发，向着百年基业挺进。

攻坚克难　战略先行　改革创新

杭钢华丽蝶变迈向高质量发展

•杭钢集团党委宣传部

杭钢集团60年来经历三个阶段：1957年至1995年，以生产钢铁为主的第一次创业；1995年至2015年8月，整合冶金集团后以钢铁和非钢产业共同发展的第二次创业；2015年8月开始，以关停半山钢铁基地为标志的第三次创业。

攻坚克难，去产能成为全国性典型

2015年3月，浙江省委省政府做出年底关停半山钢铁基地的决定后的半年时间里，杭钢出现许多新情况、新问题：一是职工思想混乱；二是人员构成复杂；三是历史遗留问题多；四是职工分流安置时间紧迫；五是安全生产隐患多。

针对上述问题，杭钢集团以壮士断腕、攻坚克难、主动担当气魄，克服常人难以想象的困难，圆满完成省委省政府交给杭钢的重要任务。在2015年8月24日到2016年1月22日为止的150天里，以超常规工作状态，化解了历史遗留问题，全面安全关停半山钢铁基地400万吨产能，平稳有序分流安置1.2万人，被业界誉为“杭钢奇迹”。中央和国务院领导、国家有关部委、浙江省委省政府及主要领导充分肯定和高度评价，中央电视台、新华社、人民日报、浙江日报、浙江卫视等媒体宣传报道共40多次。

战略先行，向着世界500强发力

转型升级是篇大文章，该往哪里转型，朝什么方向升级？知难行更难。杭钢半山基地关停后，产业转型选择什么方向，设计怎样的路径，人才在哪里，技术在哪里……一系列问题成为杭钢转型发展路上一道道必须迈过的坎。

早在2015年下半年，杭钢集团就对关停后的杭钢进行系统谋划。提出“五年打基础，十年创辉煌”的中长期目标和“一年一个样，五年变新样”的阶段性目标。确定企业规模化、产品高端化、产业集群化、市场国际化、资产证券化、管理精细化、体制现代化“七个化”的定位。力争到2020年实现整体上市，向着世界500强目标冲击，成为全国城市钢厂关停实施转型升级的样板、全省国有企业转型升级的示范、杭州北部城区经济发展的新亮点。提出了“四轮驱动，创新高地”的发展战略和“改革兴企、创新活企、依法治企、人才强企、文化立企”五大支撑战略，把节能环保产业、钢铁制造及金属贸易产业作为重点产业，把智能健康产业、教育与技术服务产业作为培育产业；对半山基地1700多亩土地，按照“产城融合、创新高地”的要求，打造可看、可学、可复制、有实力的智能制造特色小镇；对宁波产业基地，按照结构优化、品质提升、做强做大的要求，实现“奋斗两个五年，再建一个‘杭钢’”的目标，要求两个基地都打造成“创新高地”。

改革创新，不断增强企业发展动力

半山钢铁基地关停后，杭钢集团面临着破与立的交织、新与旧的交替、兴与衰的博弈。存在着思想准备不足、人才储备不足、创新能力不足、产业替代不足、体制先天不足“五条短板”。唯有解放思想、改革创新，才能推动第三次创业实现新跨越。

解放思想是推进转型升级的动力源泉。思想是行动的先导，什么样的思想就决定了什么样的生产力。杭钢集团组织实施了“1+X”思想解放系列活动，“1”就是围绕一个主题，即“走出半山、走进市场、发展杭钢”；“X”就是围绕建设学习型党组织，坚持以党委中心组学习制度为基本形式，组织每周一晚上一次杭钢大讲堂、每月一次外出对标学习、每季一次总部部门负责人履职情况“面对面”活动，每年一次主题读书会等活动，引导干部、员工冲破心理的“大山”，突破思维的“峡谷”，打破行动的“枷锁”。通过全方位、多角度的系列活动，杭钢广大干部职工思想观念得到了更新，思维方式得到了创新，认识市场、接轨市场、驾驭市场经济的能力有了较大提高。

改革创新是企业发展的内生动力，杭钢的发展要靠改革来推动。2016年，杭钢集团确定为“改革创新年”，组织实施了“改革创新十大行动计划”。重点推进了以下几项改革：一是公司制改革；二是集团总部机构改革，总部职能部门从20个减少到10个，在岗职工从422人减少到89人，达到“大集团、小总部、高效率、优服务”的目的；三是管控体系改革，由工厂化转向市场化，建立审计部、巡察办、监事服务中心；四是决策体系改革；五是薪酬体制改革，根据企业管理层次、经营业务运作模式、岗位设置特点，完成薪酬体系考评办法；六是启动工业设计院混合所有制企业的改革试点工作。

改革、创新、发展，决定因素是人。杭钢集团把人才作为第一资源，实施人才强企战略，采取引进和内部培养的两条腿走路。围绕新兴产业和重大项目建设需要，实施招才引智工程，加大人才引进力度。“十三五”期间投入1亿元推进“五个一批”人才工程建设，引进和培养一批引领产业发展方向的领军人才、一批与产业发展相适应的专家人才、一批会经营懂管理的经理人才、一批保障企业可持续发展的党务工作人才、一批与产业相匹配的高技能人才，努力打造管家、专家、资本家三支人才队伍。出台人才招引政策，在薪酬、福利、住房、配偶就业等方面加大政策倾斜力度，创造“引得进、留得住、用得好”的重才环境。开展上挂一批、下派一批、学院锻炼一批、结对联系一批的“上挂下派、外学内修”活动，组织近100名干部员工到省市有关部门挂职锻炼，选拔46名优秀中青年骨干到清华大学脱产学习，企业职工普遍进行轮训。

集团管控，建立现代企业制度

半山钢铁基地关停，标志着杭钢工厂化时代结束，原有的生产型管理模式已不适应杭钢的转型发展。杭钢集团加强顶层设计，全面深化改革，重构产业格局，重塑体制机制，重建管控模式，重配各种资源，重树竞争优势，适应市场化、现代化、国际化新形势，着力培育新的增长动力。

加强集团规范化运作。贯彻落实省委省政府《关于进一步深化国有企业改革的意见》要求，完成公司制改革，由全民所有制变为有限责任公司。真正建立产权明晰、权责明确、管理科学、运行顺畅、监督有力、执行有效的现代企业制度。完成杭钢集团制度顶层设计，制定了《杭钢集团党委工作条例》《杭钢集团董事会工作条例》《杭钢集团总经理办公会议议事规则》等系列制度。落实依法治企要求，涉及决策难度大的重大事项需专家论证、风险评估、合法性审查。推进决策科学化民主化，对重大投资项目，在投资主体上报基础上，各职能部门充分论证，经投资决策工作领导小组表决通过后，先提交总经理办公会，再提交董事会审议决策。

深化“两个风险”监督防控。贯彻落实廉政风险和经营投资风险双重防控的要求，同步开展“排查、预防、监督”工作。制定《杭钢集团经营投资风险监督管理实施细则》，成立杭钢集团纪委书记任组长的经营投资风险监督管理领导小组，强化经营投资风险的监督管理。强化“风控”意识教育管理，确定每月的19号为“风控日”，每年11月为“风控月”，定期召开风控专题例会，交流风控工作经验，邀请风控专家专题讲课。推进内控制度建设，深入调研分析杭钢集团风险资产的原因，提出防控意见。集中部署开展内控制度自查自纠工作，共排查出风险点96个，推进修订完善内控制度183项。印发《贯彻落实国务院办公厅、省政府有关经营投资资产损失责任追究有关规定精神的通知》，强调落实违规经营投资资产损失追责机制，强化责任追究。

夯实企业发展的新基础。杭钢集团以“提质增效年”活动为载体，建立投资决策、风险控制等五个专业委员会，完善重大决策、投资、并购等重点领域的监督管控和组织体系，制定权责明确、奖励分明的制度和政策，完善风险防控体系。开展“补短板、学先进”活动，实施动能提升工程，不断提升管理效能，改善经营指标。持续优化资产结构，顺利完成股份公司重大资产重组，置出半山钢铁基地资产，置入宁钢、紫光环保、新世纪再生资源等优质资产，募集资金 24.75 亿元，资产证券化率由 42.12% 上升到 75%。全方位开展招商工作，建立公司领导联系对接省内 11 个地市的工作机制，主动对接省市有关政府部门，在政企互动中寻求新商机，紫藤信息、紫达物流、中杭监测、杭钢智谷、健康产业学院、环保学校等一批新项目正式运行。通过多维度的工作，进一步巩固了杭钢转型升级的基石。

目标引领，促进新兴产业迅猛发展

关停 400 万吨产能、分流安置职工，重点是发展。杭钢集团坚持目标引领，认真贯彻党的十九大和省委第十四次党代会精神，顺应新时代绿色发展的要求，大力发展环保、智能健康、教育与技术服务产业，先后成立浙江省环保集团、浙江杭钢职教集团、中杭检验监测中心、智能健康有限公司、浙江省数据管理有限公司、幸福之江资本运营有限公司等 7 家公司。

节能环保产业取得新突破。作为省属国有企业，杭钢集团带头做“两山理论”的践行者，勇当浙江绿水青山的守护者和捍卫者。2016 年 10 月 10 日，杭钢集团成立浙江环保集团有限公司，在污水治理方面继续发力。目前，环保集团围绕水、固废、装备制造等重点领域拓市场、谈项目、抓落实，储备了 170 多个优质项目。随着“钱水建”等三家公司无偿划转进入环保集团，迅速壮大了环保集团的产业规模。杭钢集团计划设立 100 亿元环保母基金，以此撬动 1000 亿元环保产业投资，兼并收购一批节能环保项目；加速推进以城市垃圾处理为重点的固废处置、以水处理设备为中心的装备制造、工程技术等环保业务板块的开拓；全力拓展水务市场，计划到“十三五”末达到1000万吨/日的水处理能力。

智能健康产业探索新领域。2017年5月，杭钢集团成立浙江杭钢健康产业投资管理有限公司，下设健康产业基金、健康产业学院、健康产业研究中心等平台。根据产业发展方向，大力推进项目拓展工作。杭钢随园智汇坊养老康复项目于2018年4月20日正式运营，总面积2700余平方米，内设床位100余张，是一家融健康管理、贴心护理、专业康复、养生餐饮、特色家政、缤纷生活、托养照护、助餐助浴、失智照护、中医诊治为一体的家门口的养老院。检验检测项目已完成公司注册，血液透析、医疗器械研发制造、母婴健康等项目正在有序推进。积极布局智能医疗装备制造和健康服务产业，以社区康复、健康养老为工作重点，力争通过5年时间成立100家康养机构，并建立若干个特色小镇。

提质增效，加快传统产业优化升级

杭钢集团坚持质量第一、效益优先，以供给侧结构性改革为主线，推动经济发展质量变革、效率变革、动力变革，提高全要素生产率。

宁钢打造循环经济。宁钢紧紧围绕“奋斗两个五年，再建一个杭钢”的总体要求，以“调结构、提质量、增效益、促发展”为工作主线，牢牢把握国家供给侧结构性改革等有利条件，狠抓提质增效，经营业绩实现跨越式增长。2017年，实现销售收入220.8亿元，报表利润20.86亿元，同比分别增长37%和165%。全年特色产品开发总量和效益均创新的历史水平，成功研发优特钢、汽车钢、深冲钢等系列新产品17个。

金属贸易产业打造新优势。杭钢集团积极整合金属贸易产业内部资源，有效汇聚上下游及相关辅助产业，通过信息、资源、人才共享，打造新载体，迸发新实力。成立浙江钢联控股有限公司，对原有分散的贸易类、钢铁相关公司进行有效整合，推进资源共享，着力防控风险、增加效益。加强集团内同质化竞争行业的整合，对浙富春、宁钢国贸、杭钢外经贸整合成新杭钢外贸。浙江省冶金物资公司、杭钢工（国）贸公司以及杭钢外贸等贸易公司面对商贸流通领域新形势，继续保持稳健的经营思路，切实加强风险管控，扎实推进管理思路、经营模式、品种渠道开拓以及服务等方面的创新，积极参与杭州市亚运经济和“大湾区、大花园、大通道”建设机遇，努力提高经营管理水平，提升经济效益。

党建引领，创造杭钢新辉煌

坚持党的领导、加强党的建设，是国有企业的传统优势，更是国有企业的“根”和“魂”。杭钢集团党委深刻体会到，千重要万重要管党治党最重要，千难万难压实党建责任就不难，千好万好有党的坚强领导就是好。

重视在思想上抓党建。一是“学”。高标准开展“两学一做”学习教育，建立“1+X”的学习模式，“1”即打造一个学习型党组织，“X”指一系列党建活动，包括每日一次微信公众号发布党建知识，每周一晚上杭钢大讲堂，每月一次党委中心组学习，每季一次外出对标学习。二是“查”。杭钢集团党委组织开展“查短板”活动，聚焦到“五个不足”：思想准备不足，体制先天不足，人才储备不足，创新能力不足，产业替代不足。三是“做”。组织开展“做合格党员、做优秀领导干部”活动，开展提质增效年、改革创新年和作风建设年活动。四是“评”。首先，要求集团领导带头，每半年度班子成员开展工作述职和党建工作“一岗双责”情况报告。其次基层倒逼总部，每季通过视频方式开展二级单位专题点评会，年终对总部部门班子实行无告知“履职情况‘面对面’”，推动领导干部改进作风、认真履职，提高效率、狠抓落实。

重视在制度上抓党建。杭钢集团党委按照建章管事的原则，建立议事规则、用人规则、监管体系和党组织、党员的考核体系。明确党建、党组织、党员三大标准，把党建考核纳入二级单位领导班子和领导干部年度考核内容，考核权重占20%，并把党建工作要求纳入公司章程。一是坚持顶层设计，推进制度废改立工作。按照“体制现代化”的要求，全面开展制度废改立工作，修订45个文件，废止23个文件，出台党委会、董事会、经理班子工作条例和“三重一大”决策制度实施办法等四大核心制度，在实践中认真履行。二是建立“1+3+X”党建制度体系。制定下发《关于新形势下加强和改进党建工作的实施意见》，这是“1”；“3”是出台杭钢党建工作标准、党组织工作标准、“四讲四有”共产党员标准及考核办法，“X”是健全完善干部选拔任用、能上能下、“三重一大”、问责办法等制度。三是自觉执行依法科学民主决策。对涉及“三重一大”的事项，严格执行会前充分准备、会中充分讨论、会后督查落实，过程体现依法民主科学。四是扎实推进廉洁杭钢建设。年初召开党风建设和反腐倡廉大会，层层签订《党风廉政建设责任书》，制定下发党风廉政建设党委主体责任和纪委监督责任清单，开展廉洁杭钢“十个一”活动，并组织开展巡视前自查自纠，坚持在巡视中边巡边改，巡视后认真整改。

重视在组织上抓党建。一是高度重视加强领导班子建设，深入开展“向中央看齐、从我做起、对我监督”主题活动，带头执行民主集中制，带头开展批评和自我批评等。班子成员分工不分家，团结协作，保持忠诚、公心、朴实、肯吃苦，干事、创业、爱公司，形成心齐、气顺、劲足的良好氛围。二是扎实抓好基层党建重点任务。对照党建“四化”清单，围绕重点任务，扎实抓好党员组织关系集中排查、基层党组织按期换届情况专项检查等工作。三是抓好组织体系建设。坚持建强基层党组织不放松，将原托管在宁波市直机关党工委的宁钢成建制转移到集团党委管理。结合半山钢铁基地关停和总部改革实际，建立半山基地管委会党委、众创空间党支部和总部10个党支部。四是抓好选人用人。坚持正确的用人导向，坚持培养和引进两条腿走路，规范选人用人工作，实施了100多人的上挂，1000多人的技能培训，开设了清华大学专班，为培养一支管家、专家、资本家队伍打下基础。科学调配半山基地领导干部，创新纪检监管体制，由杭钢集团下派各二级单位纪委书记、监事会主席，实行“上位异体”监督。五是抓好执纪问责。认真履行党委书记的第一责任，支持纪委开展工作。做到组织处理、诫勉谈话和教育提醒并重，对党政纪处分和诫勉谈话人员同步落实经济处罚，并对涉及风险资产相关单位责任人进行经济处罚。

新起点孕育新希望，新征程开启新跨越。起步于半山的杭钢集团，以壮士断腕、破釜沉舟的决心和勇气关停了自己的诞生地半山钢铁基地。又以此为契机，重新启航，大踏步迈向了高质量发展的道路。

践行绿色发展　守护山水之城

本钢集团

近年来，本钢集团坚持把“绿水青山就是金山银山”理念融入企业发展血脉，在为这座城市奉献经济效益的同时，承担起一个大国企对社会负责、不断造福子孙后代的责任与担当，用行动和定力守护这座“山水之城”。

春夏之交时节，一场微雨过后，钢城本溪满目青葱，绿意盎然。一座座高炉、一排排现代化厂房矗立在青山绿水旁，掩映在青草绿树间，与蓝天、白云、碧水、青山相交相融，形成了一幅与“山水之城”共融共生的绿色生态工业发展图景。

这一切，是本钢集团多年来坚持绿色发展理念，承担国企的责任与担当，用行动践行以钢铁力量支撑城市现代生活，全力打造绿色生态文明企业的具体体现。

如今，承担着绿色发展使命的本钢，正以“咬定青山不放松”的定力和排除一切艰难险阻的行动，将绿色钢铁的蓝图一绘到底。

牢记使命担当
绿色经济跑出“加速度”

又是一年风光好，厂区内一棵棵银杏、京桃，一簇簇丁香、小桃红，次第开放，花香随风飘，绿意满钢城。

在休息时间里，职工们拿起手机，用镜头收录那蓝天白云下，以绿色为底板，厂房、高炉掩映在桃红柳绿间的生动美景。板材冷轧厂附近、污水处理厂旁，北营厂区大高炉群一侧的细水河畔，处处如花园般，一步一景：路在绿中、厂在景中、人在画中……

多年来，本钢集团坚持绿色发展理念，牢记使命担当，以“蓝天”“碧水”“青山”环保生态工程为抓手，通过全力实施转型升级、强力推进节能减排、大刀阔斧淘汰落后产能、发展循环经济的坚强支撑，大力发展绿色经济，切实用行动践行以钢铁力量支撑美好生活。

“蓝天工程”力度强。本钢集团将改善城市环境空气质量的“蓝天工程”作为绿色生态发展的一项重要举措，纳入环保工作中。认真贯彻落实国务院《大气污染防治行动计划》精神，对照大气污染物排放新标准，编制了“蓝天工程”实施方案，并按计划全面推进。2008 年以来，本钢集团陆续投资 111 亿元，关停并拆除了 14 座高炉、1 座 30 吨电炉、14 台 90 平方米以下小烧结机、5 座焦炉。淘汰退出炼铁产能 760 万吨，炼钢产能 12.5 万吨，烧结产能 980 万吨，炼焦产能 180 万吨；2016 年，实现 34 座土窑和 7 台 130 吨燃煤锅炉的关停取缔。这些项目的实施，让城市环境空气质量有了翻天覆地的变化，真正做到还百姓一片蓝色的天空。

“碧水工程”建设快。水资源是生态之基和生产之要。多年来，本钢集团坚持“以人为本、人水和谐”理念，坚定落实最严格的水资源管理制度，在减少水污染的同时，实现了水资源的循环利用。本钢集团污水“零排放”工程分为废水源头治理及减量化工程、废水处理及循环再利用工程、特殊废水处理及回用工程三部分，总投资近 3 亿元，2012 年 10 月底全部完成。其中，本钢污水处理厂扩容升级改造工程，日处理污水能力超过 18 万吨，使本钢集团的吨钢耗新水量降至 2.0 立方米每吨钢以下，达到国内同行业先进水平，本钢集团顺利完成了从耗水大户到节水企业的角色转变。

“青山工程”投入大。多年来，本钢集团坚持以建设绿色生态矿山为目标，按照省、市政府“青山工程”的总体要求，以源头治理为切入点，坚持边采矿边恢复，积极实施矿山复垦还林。早在 20 世纪 90 年代，本钢矿山复垦还林工作就已悄然进行。“十二五”以来，本钢集团累计投资 9000 余万元，强力推进“青山工程”建设，实施了矿业南芬露天矿、矿业歪头山矿、北营公司矿山等排土场、采场、尾矿库青山治理工程 10 余项，范围覆盖本钢集团大部分矿山区域，复垦绿化面积累计达4000余亩，种植各种树木近1000万株。伴随着“青山工程”建设的推进实施，昔日乱石遍地、沙尘满天的景象，如今已是绿野无边的美丽风景，曾经辽东大地黑白相间的“水墨画”也正在被一幅幅生机盎然的彩色“风景画”所替代。

加快绿色制造
高质量发展按下“快进键”

不久前，在中意两国领导人的共同见证下，本钢集团与上海电气集团同意大利安萨尔多能源集团共同签署了本钢CCPP发电工程项目的AE94.2K燃气轮机及合成气压缩机机组的采购协议。这是本钢集团响应国家产业振兴发展政策，聚力供给侧结构性改革，精心谋划的第三轮大规模技术改造重点项目之一。本钢集团按下绿色升级“快进键”，迈向高质量发展新时代。

从2018～2020年，本钢集团将陆续展开第三轮大规模技术改造，几乎涵盖各主要生产工艺链条，这是一次全方位、全系统“脱胎换骨”式的改造。利用3年时间，通过在品种结构调整、新材料研发、绿色及智能制造、自有矿山资源开发、产能置换五方面实施技改项目建设，进一步强身健骨，拉动企业高质量发展。

加快绿色制造是“重头戏”。板材发电厂的CCPP高效发电项目，建成投产后，可提高富余煤气发电的利用效率，提高板材公司自发电率10个百分点；板材炼铁厂新一号高炉环保改造、北营公司300平方米烧结机环保改造，将使设备除尘能力得到明显提升，达到新的国家环保标准要求；板材焦化厂煤气脱氨及硫氨维修改造，将极大地改善环境质量，同时可增加化工产品的收益、提高焦炉煤气指标；北营公司回转窑环保改造将采用节能降耗技术，减少动力消耗，使“三废”排放量达标；板材公司钢渣处理环保改造及资源综合利用项目、北营冶金渣处理环保改造及资源综合利用项目，将大幅度提高固体废物利用率。据了解，包括能源二次利用、环保治理等 16 项技改项目将陆续在本钢集团落地生根，清洁生产技术和余热、余能、余压利用，循环经济，低碳、低能耗生产，将使本钢集团真正跨入“绿色钢铁”时代。

共享绿色生活
城市发展注入“新动能”

春风乍暖时，矿山上，三埋、两踩、一提……随着一系列娴熟的植树动作，4500 多棵银中杨，被本钢人种到了矿业石灰石矿大明山采场上。

从厂区到矿区，从城周山到环城森林公园，本钢集团投入巨大的人力、物力，与城市共建绿色生态、共享绿色生活，为本溪“山水之城”的发展注入“新动能”。

为城市义务植树 20 多年。从 20 世纪 80 年代末开始，本钢集团投入了大量人力物力支持城市绿化建设，数万名本钢职工成为绿化主力军，城周山、城中山、环城森林公园，到处都留下了本钢人为城市“造绿”的足迹。1996 年至今，累计完成了近 26 万亩的绿化任务；面积达到 17926 公顷的本溪环城国家森林公园，本钢人的贡献率达到了 80%。

参与城市风景区建设。从 2004 年开始，本钢集团出资、出人、出物参与了威宁营樟子松林景区、千金岭刺槐林景区、卧龙映山红观赏景区和大峪沟森林休闲景区等生态风景林的兴建和改造建设。同时，积极参与了以平顶山景区、东风湖景区、兴隆湖景区、高程湖景区为重点的环城国家森林公园的基础设施建设。如今，风景怡人的高程湖、兴隆湖、东风湖，已经成为这座城市地标性的生态风景区。当你漫步其中，可曾想到：这里的一砖一瓦、一路一石，都凝聚着本钢人的汗水和奉献。

支持城市“青山工程”建设。本钢集团除致力于自身的“青山工程”建设同时，还积极投身于城市的“青山工程”，东起卧龙沟、大峪沟，南至千金沟、福金沟，西起威宁林家崴子，北至矿业歪头山矿山外，以及溪湖二电、石灰石矿、南芬、田师傅地区的周边山脉，本钢集团都出资出力兴建。

城在山中，山在城中。本钢集团坚持把“绿水青山就是金山银山”理念融入企业发展血脉，在为这座城市奉献经济效益的同时，承担起一个大国企对社会负责、不断造福子孙后代的责任与担当，用行动和定力守护这座“山水之城”。

创业征程路漫漫

酒钢集团

•孙忠信

酒钢的林林总总、篇篇页页，早已融入老一辈酒钢人的血液里、铭刻在脑海中，狂放的戈壁之风，可以吹走饱经风霜的岁月，却怎么也吹不走那筚路蓝缕的创业往事。如今，酒钢紧跟共和国70年的脚步，已走过了60个年头。60年前，她像一棵嫩弱的小草，在祁连山脚下悄然破土而出。60年后的今天，她已长成参天大树。酒钢的成长历程，仿佛共和国钢铁事业发展的一个缩影。

回顾新中国成立的第一年，全国钢产量只有15.8万吨，仅占当年世界钢产量的0.1%，应该说在世界上根本排不上号。然而经过70年的顽强拼搏，我国已跻身于钢铁产量大国，早在1996年就突破了亿吨大关。诚然，共和国钢铁事业的伟大成就中少不了酒钢的一份贡献。60年来，命运多舛的酒钢，历经“三上三下”的坎坷，与自然抗争，与命运抗争，与现实抗争，困难与磨难没能阻挡酒钢前进的步伐，创业者们风雨兼程、砥砺奋进，以“艰苦创业、坚韧不拔、勇于献身、开拓前进”的铁山精神，白手起家，战天斗地，克服千难万苦，于2011年钢和钢材双双突破千万吨，圆了几代酒钢人的梦想与追求，标志着酒钢跻身于千万吨钢企行列。

在中国的钢铁企业中，酒钢有着特殊的发展历史。让我们重温那生疏而又亲切的年代、艰难而又激动人心的创业往事吧。

1955年秋，西北地质局645队经藏民报矿，发现了镜铁山桦树沟铁矿，自此，那闪耀着银色光芒的矿石，便给陇原儿女们带来了对于钢铁的无限憧憬。1958 年春，鞍钢建设总公司经理赵北克，奉命率 3 万名职工挥师大西北，承担酒钢建设任务，在嘉峪关脚下的荒凉戈壁安营扎寨。同年 8 月 1 日，酒泉钢铁公司宣告成立，来自全国各地的 5 万多名建设大军怀着钢铁报国之志，集结戈壁荒滩，拉开了酒钢建设的序幕。地处边远的嘉峪关，当时荒无人烟，茫茫戈壁滩上遍地卵石，没有一棵树，没有一滴水，时而狂风呼啸，时而飞沙走石，建设者们住地窝子，点煤油灯。艰苦的环境赋予了酒钢人格外顽强的斗志。

风雪祁连山记得，巍巍嘉峪雄关记得，当年热火朝天的建设场面是何等激动人心！高炉的安装是一场“硬仗”，当时没有大型运载工具，一些几十吨重的大部件，如鼓风机、热风炉等都是用平板车拉运，由几十人前面拉、后面推，从几十里外，顶风冒雨、翻山越岭运到安装现场的。由于苦干加巧干，不到半年时间拿下了多项基建工程。然而，正当基建工程干得风生水起、如火如荼的时候，三年自然灾害降临到 960 万平方千米的大地上，全公司 5 万多人陷入严重的饥馑状态，只好疏散职工，异地就食。1960 年年底，上级通知酒钢缓建，大量设备调往外地。留守的职工和家属在戈壁滩上靠开荒种地、吃骆驼草度日，苦苦地坚守了 3 年。1964 年虽然恢复建设，但酒钢仍在沉浮不定的浪头上颠簸。

回顾 20 世纪 70 年代，对于酒钢来说，是一段蒙羞的岁月，生产只停留在一座高炉出铁，十几年没能炼出一斤钢，基建若断若续，有铁无钢的状况与酒钢这个名字显得很不相称。这期间，酒钢面临着生死存亡。

尽管酒钢人热情似火，但由于种种条件限制，从高炉出铁的第一年起就连年亏损，成为全国冶金系统有名的亏损大户。1980 年 11 月 20 日的《工人日报》在显著位置刊出《三上三下的酒钢不能再上马》的文章，对于这篇文章，无关的人看了也许一瞥而过，但对于酒钢人来说，像爆发了一颗“原子弹”。然而，这颗“原子弹”并没能摧毁酒钢人的坚强信念，反而激励酒钢人开始认真思考，全面系统剖析连年亏损原因，一是堆积在选矿厂北面的那座令人炙心的“粉矿山”，另一个是炼轧钢没能上马，阻塞了公司的盈利途径。

“粉矿山”是指从矿山运到厂区的铁矿石经筛分后有将近一半的粉矿在选矿过程中无法处理，长期堆存就形成了一座“山”。这座“山”挤占了酒钢大笔资金，使生铁成本成倍增加，多年来压得酒钢人喘不过气、直不起腰。

为了解决粉矿利用难题，从20世纪70年代中期开始就进行艰苦的攻关。1976年春节刚过，年过半百的选矿技术人员李云卿和几位同行，背着几十公斤矿样前往北京矿冶研究院进行强磁选探索性试验。试验结果表明，酒钢粉矿强磁选的路子可行。之后不久，年轻的选矿姑娘张雅琴等公司大批技术人员，带着400吨矿样，奔赴广东大宝山铁矿和江西铁坑铁矿进行粉矿强磁选单机半工业性实验，取得了满意结果。酒钢人硬是用心血和汗水摸索出一条粉矿强磁选的路子，酒钢生存的希望之光冉冉升起。经过十年奋战，到1985年，选矿厂先后共上了6台全国最大的强磁选机，应用于工业生产，结束了粉矿不能利用的历史，生铁成本大幅度下降，酒钢开始扭亏为盈。

“山重水复疑无路，柳暗花明又一村。”争论多年的是否上炼钢问题，经过酒钢的一再争取和努力，终于有了结果，1982年1月13日，国家三委一部开会同意酒钢上炼钢。然而，上炼钢并不比解决粉矿利用问题容易。酒钢已连续亏损12年，本身没有积累，国家又不再投资，没钱建设成了一个令人困惑的难题。可是，困难再难也不倒酒钢人，拼搏精神本身就是一笔最大的财富。1983年4月30日，炼钢连铸工程破土动工，于1985年12月24日晚，炼钢转炉流出了第一炉钢水。至此，酒钢有铁无钢的历史宣告结束。

酒钢开始了持续稳定的发展，一个腾飞接着一个腾飞。1988年，高速建材厂建成投产，酒钢形成了从矿到材的全流程配套的钢铁联合企业。

在酒钢“翻身”的日子里，钢城上空异常晴丽，街道两边的杜鹃花和刺玫姹紫嫣红，开得格外鲜艳，走在街上的酒钢人显得特别神气。当年那位写《三上三下的酒钢不能再上马》的记者又写了一篇题为《经过三上三下艰辛历程，酒钢上马了》的文章，还是刊登在《工人日报》上。

多年来，酒钢坚持发展不动摇，始终瞄准先进目标，面向市场，走高起点、精产品、高质量、高效益之路，坚持不懈地调整产品、产业和产权结构，加快技术改造和装备升级步伐，主体装备全部达到国内国际先进水平。围绕钢铁主业，酒钢积极推进多元化发展战略，逐步实现了从以钢铁业为主到多业经营，从立足国内发展到面向国际合作，从追求数量增长到注重高质量的历史性跨越，成为集钢铁、有色、能源等多元化产业于一体的大型钢铁集团。目前，酒钢资产规模超过 1100 亿元，年营业收入超过 900 亿元，持续进入中国企业 500 强、中国制造企业 500 强。

回顾酒钢创业漫漫征程，咀嚼 60 年的苦辣酸甜，酒钢人充满自豪与自信。建设大西北，钢铁是重中之重，作为西北地区唯一的大型钢铁企业，酒钢将不辱使命，为西北地区的发展做出更大贡献。

“钒”花绽放“钛”精彩

攀钢日报社

•胡　毅

亘古大裂谷，莽莽苍苍；奔腾金沙江，浩浩荡荡。位于长江上游攀西大裂谷南段、金沙江与雅砻江交汇处的攀枝花市，是古“南丝绸之路”的重要通道、中国第一个资源开发特区，中国唯一一座以花命名的城市。攀钢，就坐落在这片神奇的热土。

在这片神奇而富饶的土地上，蕴藏着近 96 亿吨的钒钛磁铁矿资源，其中钒储量位居世界第三。钛资源储量占中国储量 95%，占世界储量 35.2%，位居世界第一，被誉为“钛谷”。

依托独一无二的资源优势，攀钢依靠自主创新，承担起开发钒钛磁铁的使命。于今发展成为全国钛产业链最完整的企业，同时是世界第一的产钒企业，树起了民族钒钛产业的大旗。

钒产业，世界举足轻重

如果说钢是虎，那么钒就是翼，钢含钒犹如虎添翼。钒是钢铁工业中最佳添加剂之一，有“工业味精”之称。

20 世纪 80 年代之前，因我国对钒的开发与利用相对较晚，技术落后，产品初级，数量远远满足不了经济与国防建设的需要，不得不花费宝贵的外汇进口。为此，国家对攀西钒资源的开发利用寄予厚望。

1970 年，攀钢投产。从此，拉开了攀钢钒资源开发大幕。

50年来，攀钢始终坚持与国家同呼吸，共命运，走自主创新发展道路，开发出了一系列专有技术，推动攀钢成为世界第一大钒产品生产企业，在世界钒产业界有着举足轻重的影响，中国由钒的进口国一跃成为钒的出口国。

攀钢首创雾化提钒技术，解决了含钒铁水工业提钒问题，改变了世界钒产业的格局；自主研发升级的转炉提钒技术是目前世界上最先进的提钒技术；球形APV沉淀技术填补了国内技术空白，解决了三氧化二钒冶炼钒铁工艺的关键问题；首创的“非真空连续生产钒氮合金”技术，打破了国外长达半个世纪的技术垄断，并成功实现了超越，被列为国家高技术产业化示范工程项目；钒渣提取、三氧化二钒、高钒铁、钒氮合金生产技术达到世界先进水平；五氧化二钒生产技术达到国内领先水平……

目前，攀钢钒产业规模世界第一，品种质量全球领先。主要钒产品有五氧化二钒、三氧化二钒、高钒铁、中钒铁和钒氮合金。还可以根据市场需求，生产多钒酸铵、偏钒酸铵、偏钒酸钾、粉状五氧化二钒、钒铝合金、钒电解液、固体硫酸氧钒等独具特色的产品。其中，三氧化二钒和钒氮合金研发及产业化项目获第二届中国工业大奖项目表彰奖。攀钢钒制品（以 V_2O_5 计）规模达4万吨，中国市场占有率48%，国际市场占有率24%。

攀钢生产的钒制品先后通过了中国进出口商品质量认证中心（CQC）和英国摩迪公司（AOQC）的ISO9002以及中国冶金工业质量体系认证中心的ISO9000的认证。

钛产业，中国独具特色

钛，一向被认为是精锐和先进的象征，一个国家人均钛白粉的消耗量被视为经济社会发展的重要指标之一。钛白粉被称为白色颜料之王，它的高白度、高光泽、高耐候性，极大地提升了涂料、造纸、塑料、食品、化纤等民用产品的品质。钛金属以其高强度、低密度、高熔点、高抗腐蚀性以及记忆性和亲生物性，成为汽车、化工、高端医疗器械、航海、航空、航天的重要支撑。

今天，攀钢形成了集科研技术服务、钛产品开发、销售、对外合作的综合发展格局，成为中国钛产业发展方向的引领者。攀钢钛产业的规模、品种和技术实现历史性跨越，是拥有从钛原料到钛化工、钛金属的全产业链企业，中国重要的硫酸法、氯化法钛白粉生产企业，中国产量最大的海绵钛生产企业。

从20世纪70年代起，通过国家层面组织的持续多年的联合攻关，攀钢攻克了选铁尾矿中钛资源回收利用的世界性难题，并先后实现选铁尾矿中粗粒级、细粒级、微细粒级钛精矿的回收利用。目前已形成100万吨/年钛精矿生产能力；全流程钛回收率从不足5%提高到40%，微细粒级钛铁矿选矿工程技术及装备研究获冶金行业科技进步一等奖和省科技进步一等奖，攀枝花钛铁矿高效回收工艺及装备产业化集成技术研究获得省科技进步一等奖。

在国家部委的直接指导下，攀钢联合长沙矿山研究院等单位开展试验和技术攻关，采用重选、磁选、浮选、电选的有机结合，突破了钒钛磁铁矿中二氧化钛难以通过物理选别富集这一重大技术难题，结束了攀西钒钛磁铁矿不能提供直接可用钛资源的历史，为攀西钛资源的进一步开发利用奠定了坚实基础。该项技术突破受到时任国务院副总理方毅同志的赞赏，并亲自在全国推广攀枝花的钛精矿。

凭借强大的科技力量，攀钢形成了“生产一代、改进一代、研发一代”的新产品研发模式，构建形成“钛精矿—高钛渣—钛白粉/海绵钛—钛合金材”全钛产业链。在钛渣冶炼、钛化工产业、钛金属产业、钛加工材产业方面取得了一系列突破。

目前，攀钢拥有自主开发、稳定生产的钛材及钛合金熔模精密铸造成套工艺和装备，形成热轧钛卷、冷轧钛卷的批量生产能力，部分钛合金产品应用于航空、航天、军工等高端领域。产品覆盖钛精矿、高钛渣、海绵钛、钛白粉、钛材等，并出口俄罗斯、英国、印度尼西亚、马来西亚、越南、韩国、阿联酋、阿尔及利亚、意大利、菲律宾等国。攀钢历经十多年攻关的高炉渣提钛项目，已见到了曙光。

志存高远，终为千里。相信在鞍钢集团的坚强领导下，有着光荣传统，经过“艰苦奋斗，勇攀高峰”“鞍钢宪法”精神洗礼的攀钢人，一定能抢抓机遇，积微速成，深彻改革，在钒产业和钛产业领域乘风破浪，为我国钒钛事业高质量发展做出新的贡献。

与改革共潮起　筑梦百年钢企

河钢集团唐钢公司

• 王兰玉　李振亮　刘　杰　张卫华

40 年弹指一挥间。

风雨兼程，与改革共潮起；

钢筋铁骨，与开放共荣耀。

伴随改革开放的浩荡浪潮，作为“共和国转炉的故乡”，河钢唐钢解答改革命题，展现钢铁担当，累计产铁、钢、钢材分别为 2.46 亿吨、2.58 亿吨、2.33 亿吨，累计实现利税 594.32 亿元，利润 258.55 亿元，为国家经济建设和社会发展做出了重要贡献。

40 载驰骋改革开放之路，留下一串串闪光的足迹，不可磨灭地镌刻在钢铁行业的史册上。1988 年，唐钢被授予“全国先进集体”、全国“五一”劳动奖状。1986~1989 年，连续 4 年保持河北省第一利税大户。1991 年，晋升为“国家一级企业”。1996~1999 年，每年实现利润总额均在 2 亿元以上，始终保持全行业前四名。2011 年，被授予全国“五一”劳动奖状。2012 年，唐钢党委被授予“2010~2012 年全国创先争优先进基层党组织”称号。

从做大到做强做优的转变

在 40 年不断探索的风云道路上，河钢唐钢一直在求索能做多大。

1978~1998 年，从年产钢 90 万吨的工厂发展到 250 万吨规模；之后的 1999~2002 年，从 250 万吨发展到 500 万吨历时 4 年；2003~2005 年，从

500 万吨发展到 1000 万吨，仅用时 3 年；2006~2009 年，从年产钢 1200 万吨发展到 1500 万吨，用了 4 年时间。2010 年，产钢 1633.77 万吨，首次突破 1600 万吨，具备 1800 万吨生产能力。产能规模在全国单体钢铁企业中位居第四。

河钢唐钢一直在努力，紧跟时代和社会发展步伐，其目标是做大做强做优。

从有钢有材无焦无铁，发展为集炼焦、炼铁、炼钢、轧钢、深加工于一体综合配套的特大型钢铁联合企业，工序结构明显改善。合建炼焦制气厂解决了无焦问题，二炼铁厂的建成投产使钢铁生产形成配套能力，主体装备从 100 立方米高炉到 3200 立方米高炉，从 6 吨氧气侧吹转炉到 150 吨顶底复吹转炉，从横列式和复二重轧机到冷轧高强度汽车板产线，装备实现了大型化、现代化、节能化。在国内率先试验成功碱性侧吹转炉、全连铸技术，高速线材生产、超薄热带生产、清洁生产、能源利用等多项技术达到国际领先水平。品种结构由单一的长材发展到板、棒、线、型四大类，打造了矿山巷道支护用热轧 U 型钢、钢筋混凝土用热轧带肋钢筋、冷轧低碳钢带、焊接用钢盘条、连续热镀锌钢带、热轧酸洗钢带等名优产品，赢得了行业肯定、社会认可、良好口碑。

河钢唐钢一直在探路，顺应全球化发展趋势，国际化道路越走越宽广。

自 1992 年 8 月取得自营进出口权后，产品从国内走向海外，开拓更加广阔的市场空间，步伐迈得越来越快。初期，海外订单屈指可数。1995 年出口创汇 2402 万美元。2009 年，着力推进国际化战略，与世界知名钢铁贸易商瑞士德高公司开启合作模式。2011 年，实现出口 107 万吨的历史性突破，成为当时国内最大单体冷轧产品出口生产企业。2014 年，出口钢材达 404 万吨，出口产品占比达 30% 以上，出口比例位居国内第一，出口品种结构显著优化，由冷轧产品逐步发展为高级别冷轧板、热轧板、中厚板材以及精品长材等多个系列，实现了量价齐升。国家“一带一路”倡议提出后，河钢唐钢的母公司河钢集团加紧谋划筹建境外钢铁项目。2016 年，河钢唐钢接管河钢塞尔维亚公司日常运营，使之摆脱连续亏损困境，力保当地5000人就业，让“一带一路”建设及中国与中东欧国际产能合作样板工程闪耀多瑙河畔。

三次历史性跨越从量的增长到质的提升

改革开放40年，是河钢唐钢重生崛起的40年。在此期间，历经三次历史性跨越，企业发展由量的增长到质的提升，为下一阶段的改革发展积累了可贵的历史经验。

第一次跨越，跻身全国先进企业行列。“七五”和“八五”期间，唐钢针对缺铁、少矿、无焦的矛盾，以扩建炼铁一二期工程为重点，累计投入46亿元，先后建成2座铁矿山、7座群采矿山、2座36孔焦炉、2座1260立方米高炉、6套连铸机，并从国外引进1套高速线材轧机、1套连续式棒材轧机，形成铁钢材200万吨配套的生产能力，改变了缺少钢前工序的状况，由河北省级先进企业跨入全国先进企业行列。

第二次跨越，晋级千万吨级大钢行列。1996~2007年，落实“三步走”发展规划和“三极支撑”发展战略时期。建成2560立方米高炉、150吨顶底复吹转炉、265平方米烧结机、二高线、超薄热带、制氧机改造、钢渣处理、冷轧一二期等一大批技改项目，实现了设备的大型化、现代化和薄板材产品零的突破。合资合作创办不锈钢公司、中厚板公司、司家营铁矿、钢源炉料公司等企业，整合德胜煤化工公司等企业。与首钢合作曹妃甸钢铁精品基地于2007年3月开工建设。这一时期结束了无板材、无深加工产品的历史。

第三次跨越，成就绿色转型样本。这一时期，坚持开放性思维、全行业视野、国际化定位，以建设绿色唐钢、精品唐钢、幸福唐钢为主题，在绿色发展、挖潜增效、科技创新、能源利用、国际化经营等方面工作中取得了瞩目成就，综合竞争力显著提升。以创建科学发展示范企业活动为契机，以厂区环境综合治理为突破口，在业内率先推行绿色转型，推进清洁生产与生态环境保护，拆旧扩绿78万平方米，形成“四园一山一带”环境特色，建成了花园式工厂，被中国钢铁工业协会誉为“世界上最清洁的钢厂”，开创了城市型钢铁企业与社会和谐共存、良性互动、融合发展的范例。

体制改革、科技创新驱动提质增效

1978 年，党的十一届三中全会召开后，河钢唐钢拉开了波澜壮阔的改革序幕。“先行先试”多次出现在唐钢改革方案中。起始于国家对国有企业的放权让利，唐钢作为河北省扩大企业自主权试点单位，1979 年试行企业利润留成办法。1982 年，试行经济承包责任制。1984 年，招收第一批合同制工人。1993 年，实行全员劳动合同制，同年执行岗位技能工资制。2001 年 1 月，实行岗位系数工资制。

40 年间，唐钢昂首走在国企改革前列，推动改革步步深入。1994~1997 年，按照现代企业制度要求，实行规范的公司制改革，股份制改造由此开始：唐山钢铁股份有限公司注册成立；唐山钢铁（集团）公司改制为唐山钢铁集团有限责任公司；唐钢股份上市。2003~2005 年，自办 10 所普通中小学校和公安系统移交唐山市，对 5 个辅业单位进行了分离改制。2009 年，原唐钢股份、邯郸钢铁和承德钒钛通过证券市场吸收合并组建河北钢铁股份有限公司。

正是因为不断的探索与创新，河钢唐钢才得以走得更好。2010 年以来，构建四大钢铁板块集中管控平台，实施大部制改革与一贯制管理，实现了各项专业管理纵向延伸、一贯到底。截至 2018 年 6 月底，作业长制、全员绩效管理、专家制度改革、大客户经理制、组织结构扁平化变革等举措统筹推进，建立健全涵盖 20 个专业 62 个类别的专业管理体系，中厚板公司混合所有制改革迈出实质性步伐，抓紧剥离“三供一业”办社会职能，涉及 8300 余户居民、19 个小区的移交业务，管理体制与运营机制日趋完善。

科技创新硕果累累。20 世纪 90 年代，实现了炼钢铁水全热装、结束了延续 50 多年的化铁炼钢历史，实现了转炉炼钢全连铸，对于提高炼钢系统整体技术水平具有划时代意义；“高速线材生产线开发与创新”“河北省炼钢连铸技术推广技术”成果被国家科学技术委员会分别授予“科技进步一等奖”“科技进步二等奖”。“唐钢超薄热带生产线技术集成与自主创新”“钢铁企业低压余热蒸汽发电和钢渣改性气淬处理技术及示范”研究成果分别获得“2006年度国家科技进步二等奖”“2013年度国家科学技术进步二等奖”。

锻造“钢筋铁骨”应对危机与挑战

市场大潮，物竞天择。在没有硝烟的商战中，河钢唐钢直面挑战，锻造搏击市场的“钢筋铁骨”，应对了通货膨胀、亚洲金融风暴、全球金融危机、钢铁产量触顶的严重冲击。

唐钢系中国钢铁行业层级对标挖潜先进经验的发源地。“九五”时期，创立推行层级对标管理，使得各项经济技术指标不断改善，吨钢成本降幅100元，并向全国冶金行业推广。“十五”时期，在已有装备基础上深挖潜能，2005年有7项主要生产经营指标进入行业前三名。“十一五”时期，以炼铁工序指标为代表的15项主要技术经济指标实现历史性突破，跻身行业先进行列。“十二五”时期，全面推进产线对标，大步追赶标杆企业，提升产品创效能力，2015年钢材综合售价提升130元。

在产能过剩的市场环境下，河钢唐钢应对挑战的方法和路径越来越多。5S、TPM、精益生产、全员绩效等现代化管理思想、组织、方法和手段广泛应用于日常生产经营活动。“层级对标管理”“大型钢铁企业海外市场拓展”“大型钢铁企业支撑小批量多品种的信息化架构体系”“大型钢铁企业以供给侧为导向的管理体系改革”等项目获评“全国企业管理现代化创新成果二等奖”。

在全行业粗钢产能利用率下降、大中型钢企负债率上升的形势下，河钢唐钢经营方略和创造价值无一不体现产品和用户。“唐钢现象”“唐钢力量”正是在种种急难险重的考验下、在疾风暴雨的跋涉中熔铸。

——基地建设与区域布局日趋完善。依法依规减量置换，服从服务于城市发展的需要，把发展基点放在已有沿海基地与新兴产业园区。提前关停拆除450立方米高炉、55吨转炉。高强度汽车板项目实现投产即达产；中厚板区域3号高炉顺利投产，钢轧系统改造、2号高炉及配套设施改造、提升产品结构改造等一系列项目如期竣工；不锈钢区域质量提升技改、动力系统改造、钢渣处理工程、烧结机系统扩建改造、余热余能综合利用等重点项目完工并投运。高起点规划、高站位支持河钢乐亭钢铁项目，倾力支撑河钢乐亭钢铁公司发展。

——生产运行与工艺技术持续向好。不折不扣执行采暖季错峰生产政策、减排攻坚战限产政策，生产运营始终保持紧张有序、稳定均衡局面。实行EVI先期介入、定制化生产；逐步探索打通低铁耗、高废钢比条件下的炼钢工艺路径；产线作业效率稳步提高，铁前系统、轧线产材、精轧换辊效率同比提升显著；模型化攻关有效实施，高强汽车板成熟产品生产模型实现全覆盖；自动化炼钢技术、RH炉精炼技术不断进步，板坯连铸机在国内首次采用重压下技术，科技进步贡献率不断提升。

——产品结构与客户结构迈向中高端水平。坚持提品质、创品牌，全面加强技术、质量、人才、信息自动化等四大支撑体系建设，构建品种钢PDCA工厂质量保证体系，促进产品结构调整和客户结构升级。重点开发生产1000兆帕以上高强汽车钢，进驻国内一线汽车制造厂，电池壳用钢用于新能源汽车制造领域；家电用钢广受海尔、格力、美的等十多家知名企业青睐；确立“铁塔大角”特色品牌优势；有力支持北京冬奥会基建项目、北京行政副中心、亚投行总部等国家重点工程。热镀锌钢带和冷轧低碳钢带等名优产品被中质协授予“全国用户满意产品”称号，并被评为“全国用户满意企业”。

——走好生态优先、绿色发展之路。坚持科学施策、标本兼治，抓紧抓实料场棚化升级改造、烧结机机尾除尘改造、烟气脱硫等环保项目，深入研究“焦炉烟气多污染物协同控制技术及示范”等大气治理专项课题，对重点污染源和高架源在线监测作用明显，为唐山世园会环保构筑绿色屏障，向当地群众交出合格环保答卷。“城市中水替代地表水、深井水作为钢铁生产唯一水源”成果代表集团获世界钢铁协会“可持续发展卓越奖”；被国家工信部评为“首批绿色制造体系示范工厂”。

——智能制造引领转型升级。把发展智能制造作为主攻方向，启动实施典型产线智能制造项目，建设公司级订单设计二期、中厚板信息自动化系统等系统工程，高强度汽车板钢铁企业智能工厂项目入选国家2025智能制造试点示范项目，作为冶金行业唯一上榜的智能制造试点示范项目获2016年度中国自动化领域十大最具影响力工程项目，“冶金企业面向智能制造转型的信息系统架构再造”成果达到国际先进水平。荣膺“河北省制造业与互联网融合发展示范项目企业”。

——非钢板块发展质量不断提升。探索新技术新业态新商业模式，整合物联宝、郅易达、智郡社区资源，成立惠唐物联公司，使集团内部企业广泛受益。云计算中心投入运营，吸引美国苹果公司等国内外知名企业入驻；建成首个屋顶分布式光伏发电项目、生物质燃料颗粒项目；板材加工配送中心提升产业链竞争力。矿渣超细粉、耐材、轧辊、钢材深加工产品热销国际市场。每年消化人工成本14亿元，非钢资产比例、收入贡献率、外部市场收入比例、利润贡献率同步提升。

——涵养人文精神积淀企业文化。历史的峰回路转中，总有文化贯穿岁月、一脉相承，融入唐钢人血脉，激励企业行进在“建设最具竞争力钢铁企业”征程上。“我们左右不了市场，但可以左右自身工作”“一切为了满足客户的需求”“员工是企业不可复制的竞争力”等理念，都成为河钢唐钢人文精神和企业文化的标签。步入钢铁产量和消费峰值阶段，以集团理念为先导，下大力气解决高盈利期屏蔽的高成本、高负债支撑的经营问题，不断深植“市场”和“产品”理念，使系统优化能力与市场应变能力同步提升。

党的坚强领导引领企业健康发展

企业的建设发展，离不开党的旗帜引领。党的十一届三中全会以后，唐钢开始完善和健全组织发展工作制度，并逐步纳入正轨。1979 年，恢复党员预备期和党组织对积极分子的培养考察制度，做出发展党员预审规定，实行限额发展党员。40 年来，河钢唐钢各级党组织不断发展壮大，由 3000 余名党员发展到 35 个基层党委、3 个直属党总支、1 个直属党支部、2 个直属党工委，377 个基层党支部、党员总数为 13753 人。

河钢唐钢各级党组织政治成熟、组织严密、作风优良、纪律严格、具有强大凝聚力，服务保障了企业持续健康发展。

牢记一个“党”字：公司党委建好班子、把好方向，总揽全局、协调各方，管好干部、带好队伍。党委会委员与纪委会委员履职尽责，坚持民主集中制，领导体制持续完善；重视并抓好思想政治工作，定期组织政治理论学习；把党建工作总体要求写入公司章程；自上而下开展工作部署，贯彻落实省市委、集团党委的统一安排，创造性地开展唐钢党建品牌活动，多次获得上级党组织授予的“先进基层党组织”“全国思想政治工作优秀企业”“河北省文明单位”等荣誉称号。

狠抓一个“实”字：党的基本路线、基本国情的“双基”教育、“三讲”教育、学习实践科学发展观、创先争优，党的群众路线教育实践活动及“三严三实”专题教育、“两学一做”学习教育等决策部署落地见效；着眼于思想、组织、作风和制度建设，夯实两级领导班子建设，着力加强基层党支部建设、党员教育管理和党的组织发展，达标创先、“四气”工程、党员能力与业绩“双提升”“双培双带”工程、服务型基层党组织建设、市场开拓与产品创效争先锋主题实践、党群系统网格化管理、“双强双促”基层党建提升年、“三亮三比”党员先锋行主题实践等活动举措扎实见效。

突出一个“廉”字：在不同发展形势下，全面加强党风廉政建设，着力完善党风廉政建设责任体系，狠抓“两个责任”落实，严肃认真推进巡视巡察反馈意见整改，逐步构建了“用制度规定流程，用流程规范行为，用行为优化管理，用管理完善制度”的权力运行风险防控机制，形成了一级抓一级、层层抓落实的全面从严治党工作格局。

时代潮流，浩浩荡荡，唯有弄潮儿能永立潮头。

历史车轮，滚滚向前，唯有奋斗者能乘势而上。

历史如镜，初心可鉴；前景可待，未来可期。置身世界经济发展的风起云涌，走过75载征程的河钢唐钢，紧握奋斗之桨，高扬奋斗之帆，奋进在新时代改革开放的大潮中，将最好呈现给世人，为河钢增色添彩。

首钢环境产业高质量发展

首钢集团

•孙铁全

坐落在京西门头沟山谷里，宛若绿色城堡的首钢鲁家山垃圾焚烧发电厂，每年要接待全国各地政府部门、企事业单位及社区、学校等参观者近万人。这个不是景点胜似景点的地方，为什么会吸引这么多目光？因为这里是北京首家获批的国家级城市固废循环经济示范产业园区——鲁家山循环经济（静脉产业）基地、生态环境部宣传教育中心培训教学实践基地，首钢转型发展环境产业的一张靓丽名片。

2014 年，首钢环境有限公司成立。五年来，作为首钢发展新产业，打造城市综合服务商的承载平台，首钢环境栉风沐雨，集聚优势，探索实践，积极发展环境产业，聚焦打造一流环境综合服务商目标，扎实落实集团重点培育新产业定位，坚持以高质量发展为引领，努力争创首钢转型发展“排头兵”。

首钢环境紧跟国家绿色发展新趋势，围绕环保企业面临综合能力转型升级、技术和发展模式持续创新，理性投资稳健发展等更高要求，突出高质量发展，主动适应新挑战、新变化，转变发展思路，整合优势资源，挖掘增长潜能，激发创新活力，通过创新驱动带动企业做规模提效益。

转变发展思路　增强闯市场意识

首钢环境从冶金固废起家，通过转型发展，确立了以城市固废处理为主的发展方向，初步实现了由传统的项目开发向产业拓展的转变。但要实现大发展，必须做实市场，必须以前瞻性、战略性、开放性新思维，以更加开阔的眼界、更加包容的胸怀积极主动向环境产业的更大市场挺进，努力在市场上寻求突破。

首钢环境坚持以国内市场为主，明确现有产业发展的潜力和竞争优势，按照可复制、可推广的发展思路，统筹协调京内、京外两个市场。聚焦优势产业，公司领导挂帅围绕五个板块、三大主业带动干部职工开拓市场。以北京市场为根基，努力深耕细作，打造鲁家山环保宣教基地、工程建设示范基地、人才培养基地和科技创新基地。同时，抢抓京津冀协同发展等有利时机，积极向京外市场拓展，除合作建设长治项目外，先后与河北、辽宁、江苏、宁夏、山东、云南等地区，以及部分钢铁企业，就垃圾焚烧发电、污染土处置、建筑废弃物资源化利用、烟气脱硫脱硝脱白、环保监测项目等广泛进行接触，深入现场考察调研，了解对方需求，并邀请对方到首钢环境参观考察，增强相互间深度了解和信任，达成多项合作意向或签署框架协议。

社会市场的不断开拓，不仅使企业积累了宝贵经验，而且扩大了首钢环境的品牌效应，助推产业发展综合实力的提升。围绕增强全员的市场意识，建立了市场开发的激励机制，以创造利润价值等为基础，对成功实施的项目按一定比例给予主要参与人员奖励，充分调动干部职工齐心协力闯市场的积极性。

创新管控模式　向精益管理要效益

首钢环境为适应“十三五”环境产业战略发展需要，按照内部公司化、外部市场化的方向，积极搭建有利于环境产业发展的管控平台体系。落实机构调整、职责完善、流程梳理和制度建设，建立了环境平台公司与专业运营公司两级管理体系。平台公司主要行使管方向、管战略、管投资、管干部、管激励等宏观职能，专业运营公司主要抓项目管理、运营质量、成本核算、经济效益等微观职能。通过明确管理界面和权力清单，有效促进了首钢环境产业的市场化运作水平和管控能力提升。

推进依法合规经营，规范企业管理。公司成立以来，把落实集团制度体系与环境产业发展紧密结合，累计制定颁发企业制度63项，进一步完善了有章可循、有据可依的制度体系。加强风控体系建设，制定了《全面风险管理制度》《风险控制手册》等风控制度。抓好“三重一大”制度建设和执行，推进党委会、董事会和经理层工作规则及“三重一大”实施办法有效贯彻落实，明确逐级责权，实现了决策更加规范高效。薪酬分配制度改革一直是职工关注的焦点，也是企业改革发展的强大推进剂。聘请中智公司调研国内环保行业薪资状况，通过分析、研判，形成薪酬分配制度改革方案并组织实施，打通了“三支人才”成长绿色通道，突出了关键岗位的作用，激发了干部职工干事业的热情。此外，积极调整完善绩效考核机制办法，对技术研发、项目开发、重点工程等关键岗位、关键团队，在薪酬分配方面建立更加符合行业规律的激励政策；对运营实体实行效益目标与激励挂钩的方式，以规模效益效率为中心，鼓励多创多收。薪酬分配和绩效考核机制的逐步完善和实施，助推了环境产业的规模效益的提升。

创新发展模式　做大产业规模

结合“十三五”中期评估调整，首钢环境提出经营发展模式由重资产投资向轻资产投资，由靠投资拉动向技术创新拉动“两个”转变。利用多种形式开展筹资融资，解决资金掣肘发展问题。积极推进产融结合，研究股改上市；通过融资租赁方式，解决新建3万吨煤基活性焦项目70%新设备采购资金问题,促进项目快速推进,形成规模;积极寻求政府资金支持，生物质一期工程、残渣暂存场和北京首钢餐厨垃圾收运处一体化项目（一期）等，均争取到国拨资金较大比例支持，长治项目获得2.67亿元授信额度固定资产贷款及中西部重点领域基础设施补短板补助金1372.5万元；取得兴业银行综合授信额度3亿元。

创新服务模式。围绕钢铁业环保需求，首钢资源公司积极协助首钢钢铁业开展高炉干法除尘灰、废脱硫剂等固废面临的处置难题，实现无害化处理与资源化利用，既为钢铁企业降低了高昂的处理费用，又扩大了首钢环境产业的业务领域。技术设计中心团队围绕自有特色技术和技术积累，开展技术咨询服务，先后为绿色动力、印度 JSL、马来西亚等公司提供生活垃圾焚烧设计方案及技术咨询服务，进一步拓展了外部市场，提升了技术价值。监测中心围绕服务增值寻求转型升级，改变人工和定点监测提供线下数据的传统做法，探索“环保管家”一站式管理模式，通过实施北京市大兴区 11 家社区医院污水处理站和中科院灯光保障研究所灯光实验室建筑项目环保验收“一站式”服务，增加了客户黏性，得到业主肯定。

创新合作发展模式，加快项目推进。利用合作企业具有的良好政商关系和资源优势，首钢资源公司与北京民佳公司通过优势互补、互利互惠，合作建成通州 100 万吨 / 年建筑废弃物资源化项目，实现短期内投产运营。“短平快”的合作模式创新，为加快项目投资回报提供了积极借鉴。

推动对外开放。首华公司引进行德国原位污染土修复技术，实施参与焦化厂（绿轴）原位污染土处置项目，快速掌握世界一流技术，迈出了向工程管理型企业转型发展的第一步，既在实践中锻炼了技术团队，又积累了污染土原位修复新技术、新经验，为打造集“技术研发与咨询、工程实施、运营管理”为一体的污染场地修复高新技术企业奠定了基础。

推进协同高效发展。围绕鲁家山园区运营和在建项目，抓好统筹协调，实现资源共享和协同高效。餐厨收运处一体化项目紧紧依托生物质公司，实现了生产用水、电、气供应和循环利用以及产生垃圾的焚烧发电。

推进科技创新　增强核心竞争力

科技创新是一个企业发展进步的活力之源，也是一个企业实现次级突破的强大动力。首钢环境从成立之初，就确立了“特、新、尖”的技术发展路线，以产业为支撑，优化科技管理体系，抢占行业制高点，提高核心竞争力。

搭建技术创新体系。积极申报国家环境保护冶金工业污染场地风险管控与修复工程技术中心，争取国家政策和资金支持；推进首钢技术研究院环境分中心建立，通过整合集团技术资源，建立起强大的研发体系；加强首钢环境与运营公司两级研发体系建设，形成研发资源的上下衔接、优势互补和共用共享。

围绕对环境产业有重大推动作用的科技项目开展课题攻关和技术研发。在生活垃圾焚烧发电成套技术、热脱附土壤修复技术、建筑垃圾再生透水混凝土和再生干混砂浆技术、生活垃圾炉渣干法分选、烟气净化、飞灰高温熔融及副产物资源化利用技术等研究方面，取得了系列创新型成果，形成了一批专利和专有技术。2014 年以来，首钢环境先后承担国家、省部级研发项目 9 项；发表论文 300 余篇；申请专利 61 项，取得授权发明专利 9 项，实用新型 31 项；获得国家、省部级和首钢级科技创新奖励 18 项。

加强企业资质体系建设。取得环保工程专业承包企业资质（三级）；主持或参与制订国家、行业标准、指南 10 项；建成固体废弃物综合利用实验室，获得了中国合格评定国家认可委员会认可证书；成为北京市工业污染场地土壤修复工程技术研究中心；挂牌成为中关村开放实验室；认定为北京市高新技术企业、中关村高新技术企业和北京市专利试点单位。大力实施科技成果转化，推进核心技术及装备实现工程化应用累计 20 余项。

专业化整合　打造核心竞争力

中国宝武新闻中心

•吴永中

“中国宝武是国有企业联合重组的典范。重组整合成效非常明显，效果非常好，为打造全球竞争力的世界一流企业，奠定了坚实基础，迈出了坚定步伐。”2018年12月2日，国务院国资委领导来中国宝武调研时，对中国宝武的整合融合工作给予充分肯定。

2016年12月1日，由宝钢和武钢联合重组而成的中国宝武钢铁集团有限公司挂牌，这艘拥有世界第二、中国第一钢铁产能的航母正式扬帆起航。两年间，中国宝武乘风破浪，捷报频传，书写了中国国有企业整合融合的华彩乐章。

众所周知，规模是钢铁企业做强做优做大的前提，联合重组和新建项目，是规模扩张的“双通道”。在我国追求绿色高质量发展、钢铁市场严重供大于求的当下，联合重组已成为国内钢企做强做优做大的首要选择。但联合重组不是简单的拼凑，只有从联合走向整合、融合，才能达到“1+1>2”的效果。原宝钢、武钢都是国有大型钢铁联合企业，在国内外具有很高的知名度，都曾为我国国民经济的发展做出了重要贡献，两家企业在地域、管理、文化等方面的差异显而易见，整合融合的难度不言而喻。

联合重组后，中国宝武按照“资本运作层—资产经营层—生产运营层”的三层架构，基于“一企一业、一业一企”的原则，大力推动跨区域、跨单元同类业务整合，确保各子公司专业聚焦，形成专业化能力基础上的规模效益，取得了明显成效。

"多基地、一体化"，彰显协同运营能力

中国宝武"一基五元"的战略架构中，钢铁产业是基础。作为中国宝武的核心子公司，宝钢股份按照集团公司的要求，系统策划，全面部署，把宝武整合作为所有工作的重中之重和核心环节来抓。

宝钢股份率先和原武钢股份进行整合融合，并制订了宝武整合"首日计划""百日计划""年度计划"，有条不紊地推进落实各项工作。宝钢股份快速成立了以营销、采购、研发、财务、信息化五个专项工作组为核心的整合工作推进体系。以"统一语言、统一规则、统一平台"为抓手，推进信息化系统整合。以信息化建设倒逼业务整合，推动总部职能业务管理全面覆盖青山基地，实现研发、销售、采购部分业务集中管理、协同运作。组建了铁区、炼钢、热轧、冷轧技术管理推进委员会，建立了整合融合推进落实工作机制，指导、引领制造基地能力提升。从抓思想上的融合、感情上的融合，大步迈向"一个公司、一个方向、一个文化、一种语言"。

宝钢股份强化协同，积极推进多制造基地管理模式，深化一体化运营协同机制，逐步实现同质量、同服务、同品牌、同价格。宝钢股份提出了宝山基地对东山基地"一厂包一厂"、对梅山基地"一厂带一厂"、对青山基地"一厂对一厂"的协同支撑机制，进一步深化采购、销售、研发"三个统一"管理，产销研在统一的信息管理系统支撑下实现一体化运营，推进了科技管理统一和研发资源集中配置。

"合并同类项"，集聚多元产业竞争力

中国宝武以"一基五元"战略为引领，遵循集团利益最大化和市场化交易原则，通过"五个一批"（回归一批、整合一批、托管一批、出售一批、关停一批）思路，着力推进多元战略要素资源聚焦整合，培育打造一批专业化平台公司，助推实现集团"一企一业、一业一企"及"千百十"

的发展目标。

多元产业聚焦向外，整合取得实质进展。按照市场化交易的基本原则，中国宝武有序推进了5批共24个专业化聚焦融合项目，涵盖环境资源利用、信息技术、金属制品、原燃料物流、产成品物流等多个业务领域，前后涉及25家法人单位、3家大集体企业。

两年来，集团各子公司结合实际，着力推进专业化整合。武钢集团完成了北湖、实业等公司的专业化整合，新城市新工业服务业态基本形成。宝钢金属完成了武钢江北金属制品的股权交易，完成了冷弯型钢和精密带钢业务的托管，年内完成股权及资产整合。欧冶云商在完成托管梅盛运贸、推进托管武钢物流的基础上，为打造集团产成品现代贸易物流体系策划和组织具体方案的实施。宝钢资源完成了对舟山武港码头的托管工作，从业务上与马迹山港原料进港作业充分协作，为打造大宗原燃料现代贸易物流平台体系奠定了良好的基础。宝信软件完成了对武钢工技集团的托管，梳理夯实资产和运管改革发展双覆盖，聚焦融合工作扎实推进。宝武环科在完成整合武钢金资公司的基础上，进一步完成了梅山资源分公司托管、鄂钢资源利用部托管、武钢集团实业公司下属冶金渣环保公司托管。

“嵌入式支撑、项目化运作”，为八钢韶钢注入活力

作为中国宝武钢铁板块的重要组成，支撑八钢和韶钢的共同发展，也是集团推进整合融合的着力点。

“嵌入式支撑、项目化运作”是集团支撑八钢、韶钢的主要方式。为扭转八钢、韶钢持续亏损的被动局面，2015年2月，结合八钢、韶钢需求，集团研究制定了从机制体制改革、夯实基础管理、提升制造能力、优化产品结构、加快市场拓展、提高人力资源效率、加强人员培训、推动多元化产业发展等多个方面的23项扭亏增盈协同支撑项目，在集团内部选拔调动精干力量，组建专业团队，奔赴八钢、韶钢，开展了为期两年的嵌入式协同支撑工作。

2015 年 3 月，集团协同支撑团队进驻八钢、韶钢，深入企业的生产经营各方面，“望闻问切”，寻找薄弱环节，开出针对性“药方”，全力支持八钢、韶钢扭亏增盈。集团领导明确要求，要发挥协同效应，按市场经济的原则和要求，通过横向资源整合提高专业化能力，通过横向专业化提高规模效益，通过协同支撑培育、提升能力，最终形成新的竞争能力。

协同支撑团队与八钢、韶钢的干部员工开拓进取，真抓实干，为两个单元的整体运营和能力提升做出了艰苦卓绝的努力。通过协同支撑，八钢、韶钢经营绩效有了明显改善，体系能力得到提升；更重要的是，八钢、韶钢的干部员工增强了信心，他们与集团的距离拉近了、心靠近了、感情融合了，对集团的认同感和归属感提高了。

聚焦专业化的整合融合工作的有效推进，确保了中国宝武经营业绩全球领先，整体运营保持稳健。2017 年，中国宝武钢产量 6539 万吨，营业收入 4005 亿元，经营业绩大幅提升，综合实力明显增强，实现了超越自我、跑赢大盘的目标。在 2018 年发布的《财富》世界 500 强排行榜，中国宝武钢铁集团有限公司以营业收入 59255.1 百万美元排名第 162 位，较上一年跃升 42 位，位列全球钢铁企业第二。

循环发展　添“绿”生“金”

首钢集团京唐公司

•杨立文　苗亚光　孙　凯

作为首钢搬迁调整和转型发展的重要载体，首钢京唐公司是我国第一个实施城市钢铁企业搬迁，完全按照循环经济理念设计建设，临海靠港具有国际先进水平的千万吨级大型钢铁企业。从工程建设到生产运营，首钢京唐公司始终坚持“打造绿色钢铁就是保生存促发展”的环保理念。把环保视为企业生存发展的命脉，走绿色低碳、循环发展之路，建设环境优美、资源节约的绿色钢铁梦工厂。实现了生产建设和环境保护协调同步，生态发展与效益提升同频共振。

和谐统一　构建合理高效组织管理架构

首钢京唐公司以管理、技术“双驱动”为手段，把发展循环经济、加强环境保护作为履行社会责任、实现企业与经济社会可持续发展的重大战略任务。以“3R”（减量化、再使用、再循环）原则为核心，以科技进步和技术创新为支撑，构建资源能源节约、生产管理高效、环境友好的创新型企业。

在加强能源环保管理工作中，建立了能源环保管理网络、实行总经理全面负责、主管副总经理具体组织、能源与环境部牵头实施的管理体系。成立能源与环境管理委员会，建立公司、职能室、作业区三个管理层级，实行“扁平化、集中一贯制”管理，构建起结构扁平、精简集中、运行高效、环境清洁的能源与环境管理体系，实现了专业管控与生产一体化。

建立智慧化的能源与环境中心。通过智能辅助决策功能和日益完善的管理体系，实现公司能源系统的统一调度和能源系统平衡。能源与环境中心直接面向作业区行使“计划、组织、指挥、协调、控制”5项管理职能。根据能源产品生产、销售现状，整合资源，成立能源产品营销中心，使生产和销售有机结合，统一协调，实现一体化的营销和管理。京唐公司能源管理体系从能源生产、能源管理扩展到了能源营销。

系统实施　推进绿色发展干在实处

首钢京唐公司坚持绿色发展引领，明确环保工作定位，将环保管理的重心从污染治理向环境质量提升转移。坚持系统思维，将废气、废水、废渣污染治理从“设计图”落实到“施工图”，突出环境质量改善与总量减排、风险防控等工作的系统联动，筑牢环境安全底线。

遵照循环经济理念，为所有已建成投产的生产设施均配套建设了齐全的环保设施。目前，建成废气处理设施131套，废水处理设施8套，固废处理设施5套，环保总投资达83亿元。在指标控制上，保持环保口径趋严的超前思维，建厂之初便提出并执行主工序布袋除尘排放浓度小于20毫克/立方米，电除尘排放浓度小于30毫克/立方米的企业控制标准，远低于当时粉尘排放小于100毫克/立方米的国家标准要求。

按照集团绿色行动计划要求，深入推进各项环境治理工作。按计划实施了504平方米带式焙烧机球团烟气脱硫项目，采用活性焦脱硫脱硝一体化技术对污染物进行处理，处理后污染物排放浓度满足河北省《钢铁工业大气污染物排放标准》特别排放限值要求；投资1.2亿元实施焦炉烟气脱硫脱硝提标改造，提前达到焦化特别排放限值要求；完成电厂2台300兆瓦发电机组超低排放改造工作，环保指标比特排限值降低50%；原料、炼铁等除尘设施特别排放限值达标改造任务全部完成，所有除尘设施改造顺利通过专家组验收，被誉为钢铁企业绿色转型发展的典范。

多轮驱动 唱响资源综合利用主旋律

钢铁行业承担了重要的能源与资源转换与循环利用的责任，这要求钢铁行业必须重视绿色发展，实现对环境负面影响最小，资源利用率最高，企业的经济效益、环境效益和社会效益协调优化。因此，资源综合利用是转变经济发展方式，建设资源节约型环境友好型企业的重要途径。

首钢京唐公司以低消耗、低排放、高效率为特征，集成应用了“三干”(焦炉干熄焦、高炉干法除尘、转炉干法除尘)技术、海水淡化、水电联产、烟气脱硫脱硝等一系列先进技术，对余热、余压、余气、废水、固体废弃物充分循环利用，初步形成了钢铁—电力、钢铁—化工、钢铁—海水利用、钢铁—建材、钢铁—污水五条综合利用产业链。

为提升能源利用效率，首钢京唐公司充分回收生产过程中的焦炉煤气、转炉煤气、高炉煤气，用于加热炉等工序。利用焦炉煤气规模制氢，生产出来的氢气供冷轧使用。通过煤气综合利用，自 2017 年起，焦炉煤气连续两年实现了全年零放散。2018 年，4.5 万吨煤气发酵制乙醇项目商业化工厂投产运行。年可生产变性燃料乙醇 4.6 万吨、蛋白粉 7600 吨，压缩天然气 330 万标准立方米。有效降低二氧化碳和颗粒物排放，在推动行业发展和区域环境治理方面发挥了示范作用。

首钢京唐公司根据国家《海水利用专项规划》要求，大力实施海水综合利用工程。在行业内率先实施了海水直流冷却发电、海水脱硫、低温多效海水淡化、海水化学资源综合利用、海水淡化生活饮水 5 个项目，形成了海水综合利用的系列经典案例。在世界万吨级热法海水淡化装置中首钢京唐公司首次将热法海水淡化与汽轮发电机组有机结合，将普通发电机组通过冷却塔损失的热量全部利用，吨水蒸气成本从 8 元降低到 4 元。开发了以“热膜耦合—提钙提镁”为核心的浓海水综合利用工艺，实现海水淡化、化工企业的产业融合及浓海水零排放。两套海水淡化装置实现了自主设计、自主集成、自主建设、自主运营的“四个自主”。开辟了一条“热－电－水－盐”

四联产的能源综合利用路线，为海洋经济提质增效提供了有力支撑。2018年，首钢京唐公司海水淡化项目与港珠澳大桥、蛟龙号等国家重点项目一起被评为全国优秀海洋工程。

为让废水高效回收利用，专业技术人员多方摸索，采用二级生化处理工艺对废水进行处理，出水指标全部达到国家《污水综合排放标准》一级指标，直接回用于烧结混料及炼钢焖渣，无外排水，实现了焦化废水的全部回用。京唐人乘胜追击，又提出了焦化废水深度处理的新课题。技术人员通过多方交流、摸索实验，最终采用先进的电化学催化氧化工艺对原水中有机污染物进行降解和分解，满足国家循环冷却水回用标准，效率高效，效益可观。1吨废水经过处理后，70%转化为除盐水作为工业水回用，30%浓水用于炼钢焖渣和烧结混料。年累计节约新水300多万吨，折算经济效益1400多万元。京唐公司焦化废水处理技术应用，不但在同行业中发挥了示范作用，清华大学、北京科技大学等高校也慕名前来交流经验，在行业内部和学术界产生了巨大影响。

蕴势起航　彰显新时代典范风采

一座绿色钢城的崛起，改变了曹妃甸这座小岛昔日的面貌。首钢京唐公司以绿色理念引领绿色发展，不仅提升了企业竞争实力与行业地位，而且实现了经济与社会效益的和谐发展。一大批综合利用项目建立实施起来了，其中每年可向唐山三友公司供应1300多万吨海水淡化产生的浓盐水，用于制碱或晒盐，充分利用了海水资源，又解决了浓盐水排放造成海洋污染的问题。形成了钢铁产品与当地经济发展产业链，带动了地方建筑、房地产、交通运输、加工制造、服务等行业的发展。

2010年首钢京唐公司被列为钢铁行业第一批资源节约型、环境友好型企业创建试点；2013年通过了河北省环境保护厅全流程清洁生产审核；2014年被中国钢铁工业协会评为“中国钢铁工业清洁生产环境友好企业”；2017年取得了唐山市环保局核发的新版排污许可证，成为全国钢铁行业第一家取得新版排污许可证的企业；2018 年被评为第三批国家级“绿色工厂”；2019 年年初通过唐山市生态环境局组织的超低排放验收。

目前，首钢京唐公司正全力打造基于绿色制造、节能环保、能源外供的生态环保系统以及与社会共赢共享企业发展的和谐发展系统。体制机制更有活力，经营生产更加绿色，运营质量更加优化，企业发展更加和谐，在全面实现“四个一流”（产品一流、管理一流、环境一流、效益一流）目标的道路上奋力前行。

钢铁之都　清新随想

——包钢铸就绿色发展之路

包钢集团

·耿静波

蓝天下，人们仰头举目。一座老旧高炉下降管被切割后，正在吊卸。这张照片定格包钢2号高炉于2016年8月31日拆除时的第一个瞬间。这张获得2017年中国产业经济新闻奖的摄影图片，记录下即将走进新时代的包钢，推进供给侧结构性改革、大力实施去产能计划、打造绿色发展的一次深入践行。

粗放型向集约型、排放型向节能型、低端加工向绿色生态制造……改革开放40年，包钢绿色发展步伐伴随我国生态文明建设理念的树立，在矿山、在厂区、在渣山、在尾矿库……奏响一曲壮美40年的绿色长调。

包钢环保事业之举发端于白云鄂博矿的特殊性。上苍赐予人类这片神奇宝藏的同时，也将冶炼的大敌——氟暗藏其中。包钢在投产初期的30多年间，环境治理工作主要在“除氟”战场持续鏖战，直至1993年“弱磁—强磁—反浮选”新技术获得成功，使包钢铁精矿含氟量由2.3%降至1%以下，同时在烧结、球团工艺上控制氟的排放，包钢依靠技术推动环境治理的这一战役才宣告胜利。

40年来，包钢不断解放思想、转变观念，从单纯满足物质紧缺时代社会对产品的低水平数量需求，到既重视产品生产，更重视环境治理。通过加快结构调整、淘汰过剩产能、推广环保技术、实施节能减排等，在理念、思维、行动上迅速与国内外一流企业接轨，主要环保指标达到行业一流，实现了生态建设由被动整治到主动作为的巨大转变。

在计划经济粗放型生产期间，包钢是最早培育并践行环保理念的钢铁企业，环境治理诞生多项全国第一。1965 年投运的 75 平方米烧结机烟气净化塔，是我国第一套除氟脱硫环保设备；1976 年包钢环境保护处成立，包钢因此成为全国最早成立环保机构的企业。改革开放后，当国家项目建设环保“三同时”政策开始执行时，包钢环境治理工作已开始步入一个崭新的发展时期。

20 世纪 90 年代，包钢环保工作力度逐年加大，炼钢厂平炉烟气净化工程相继竣工；1999 年，4 号高炉 TRT 煤气余压发电系统并网发电。1996 年国家提出“一控双达标”环保目标，包钢随之发出“用实际行动来保护我们的生存空间”的号令。

进入 21 世纪，包钢推进环保事业更加主动。“十五”和“十一五”总计投资 72 亿元用于循环经济、节能减排、环境治理等，建成了总排污水处理中心、“三干”（干熄焦、高炉煤气干法除尘、转炉煤气干法除尘）、CCPP 等工程，并率先在国内钢铁行业 2200 立方米以上大高炉全部实现了煤气干法除尘，是全国首家实现高炉全部使用干法除尘和 TRT 余压发电的钢铁企业，环保技术走在了当时全国同行业前列，不仅每年创造数亿元以上的经济效益，还有力地改善了厂区及周边地区环境质量。包钢在 2007 年首次评选的“中国能源绿色企业五十佳”中位列第一；《包钢生态工业园区建设规划》作为国内第一个钢铁生态工业园区规划通过评审，被列为全国首批循环经济试点单位之一。

面对国家资源约束趋紧、环境污染严重、生态系统退化的严峻形势，包钢主动担当，积极树立尊重环境、保护环境的生态文明理念。特别是党的十八大以来，坚持以习近平生态文明思想为根本遵循，把环境保护放在企业优先发展的突出位置，统领企业提质增效、转型发展各项工作，把“绿色发展”贯穿企业各产业、各环节、各方面。同时，坚持依法治企，认真贯彻落实《环境保护法》《大气污染防治法》“大气十条”等法律法规，全面履行好企业主体责任，建立体现绿色发展要求的目标体系、考核督查体系，对区域环境进行实时监测，健全环保应急预案，确保不触碰环境红线、不突破生态底线。

包钢环境治理在新旧设备的推陈出新中更有体现。从2001年中国最后一座大型平炉在包钢淘汰拆除的10年后，包钢装备水平的升级换代同样赢得了有口皆碑的环境效益。2010年以后，包钢积极落实国家政策，聚焦坚决打赢污染防治攻坚战要求，“加法”与“减法”并用，相继淘汰4台90平方米烧结机、炼钢混铁炉、4座老焦炉、8平方米球团，拆除2号高炉等污染较重设备，一大批环保节能性能优良的装备取而代之，有效改善了包钢整体环境面貌，全面提升包钢环保指标。投资60亿元实施白云鄂博矿资源综合利用和尾矿库综合治理，投资约10亿元开展稀土“三集中”改造，投资100多亿元实施160余项节能减排项目，大力推广应用先进成熟的节能环保公益技术装备，企业污染物排放大幅度削减，取得了环境效益、经济效益的双赢。

绿水青山就是金山银山。改革开放后，包钢坚持走新型化工业道路，推行企业清洁化生产，不断加大源头防治、过程控制力度，在原料采购、生产制造、废物回收、物流运输、项目建设等全过程提高环保要求，努力降低生产和流通中的能源消耗和污染物排放。研发生产高强度、耐腐蚀、长寿命的绿色钢材产品，保证产品质量性能，推进企业绿色发展成果与全社会共享。

60年多前，当包钢人的脚步刚刚踏上这块蒙昧未开的土地，包钢人就以最朴素的环保理念，栽种下第一批花草树木，给大漠荒原带来第一抹绿意。改革开放40年间，包钢持续开展职工义务植树活动，荒漠变绿洲。近年来，包钢作为城市钢厂，努力建设国内一流的生态园林工厂，累计拆除厂区废旧建筑43多万平方米，防腐亮化近300万平方米，新增绿地330万平方米以上，厂区绿化覆盖率达到46.45%；恢复尾矿库、渣山生态，减少尾矿排放量一半以上，绿化恢复植被150多万平方米，目前尾矿库南坡已形成湿地，渣山也穿上了“绿衣”，在大青山南坡植树造林1370亩，推动企业发展与城市发展和谐统一。2013年包钢荣获“全国绿化模范单位”称号。

实现绿色发展，是包钢发展思想的洗礼、行动的重要变革，更是包钢人发展观念的一场深刻革命。站在高质量发展的新起点，“钢铁侠”正成长为新一代“绿巨人”，随着包钢绿色发展步伐的跃进，草原钢城将会呈现更加美好的绿色畅想。

绿色助力企业驶上高质量发展路

河钢集团唐钢公司

•王　宇

绿色发展是经济社会可持续发展的内在动力，更是高质量发展的重要标志。作为国民经济的重要基础产业，钢铁工业的绿色发展，是冶金行业新时代实现高质量发展的必然选择。

近年来，河钢唐钢在河钢集团党委领导下，积极践行“绿水青山就是金山银山”理念，以“为人类文明制造绿色钢铁”为目标，积极转变发展方式，大力实施两个结构调整，改变钢铁企业粗放的传统形象。以装备现代化、管理精细化、产品精品化、环境生态化的绿色成绩和生动实践，先后荣获“全国绿化模范单位”“中国生态文化示范企业”“中国钢铁工业清洁生产环境友好企业”等荣誉称号，并成功入选国家首批绿色制造体系示范工厂。

绿色发展理念助推绿色转型升级

理念是行动的先导，一切的发展实践都是由先进的发展理念来引领的。纵观河钢唐钢10年的发展历程，“绿色制造、制造绿色”的理念贯穿始终。10年间在节能环保项目上的投入超过自身从新中国成立以来至2007年的总和，仅2018年环保项目投入就近10亿元。

2008年，国际金融危机席卷全球。面对前所未有的压力，河钢唐钢审时度势，主动改变钢铁行业在高增长、高盈利时期形成的思维定式和发展方式，化危机为机遇，以全新理念引领企业率先转型发展，以“打造一流生态环境、实现高效能源利用，真正实现钢铁绿色制造”的全新定位，高标准实施厂区环境综合治理，一个厂在林中、林在厂中，三季有花、四季有绿的生态钢城呈现在世人面前。

河钢唐钢把节能减排、绿色发展作为自己的使命，勇担社会责任，提出循环利用新要求并加以实施。河钢唐钢把钢铁冶炼过程中产生高温废水及热风回收，通过节能技术转化为能源输送源，大幅减少城市燃煤锅炉供热的一次性能源消耗，解决城市供热瓶颈，减少大气污染，帮助城市实现“绿色供暖”。2018 年河钢唐钢对供暖设备实施全新升级，热水的温度达到 80℃以上，可实现对唐山市 300 万平方米的居民用户供暖。

绿色工艺技术助推行业绿色引领

河钢唐钢积极落实“生态优先、绿色发展”的理念，坚决贯彻《打赢蓝天保卫战三年行动计划》，不断探索绿色生产解决方案，实现超低排放，打造环境优美企业，发挥了示范引领作用。为破解一氧化碳排放的技术瓶颈，在国内外没有成熟经验可借鉴的情况下，河钢唐钢经反复论证，在高炉炉顶均压煤气管道上率先采用以氮气作为炉顶料罐一次均压气源的技术，从根本上解决了炉顶均压放散过程中一氧化碳的排放问题。仅 3200 立方米高炉每天就可减少一氧化碳排放 6 万立方米。绿色技术的成功应用在唐山地区乃至整个钢铁行业起到了引领示范作用。2018 年，唐山市环保指挥中心在河钢唐钢召开现场会，对此项技术给予高度评价，要求各钢铁企业“向河钢唐钢学习”。

在资源循环利用方面，河钢唐钢建立起了物质循环、能源循环及废弃物再资源化生产体系，全面推进节能、节水、降耗及资源综合利用等方面的技术进步，资源和能源利用效率等指标达到行业先进水平。河钢唐钢水处理中心是华北地区最大的城市中水和工业废水预处理中心，通过对城市中水和工业废水进行深度处理，做到了千万吨级钢铁企业生产新水“零采集”，工业废水“零排放”。每年节约深井水和地表水约2450万立方米，相当于节省两个西湖的水量。

近年来，河钢唐钢持续聚焦行业绿色发展战略性、引领性问题和关键共性技术，促进科技创新成果转化与应用，当前各项指标均已达到超低排放标准，能源利用效率大幅提升，焦炉煤气、余热蒸汽、高炉煤气实现“零放散”，工业固体废弃物处置率、利用率均达到100%。

绿色制造助推高质量发展

生产方式绿色化是绿色发展的重要内容，绿色制造是绿色发展理念在生产领域的具体体现。河钢唐钢坚定不移地推进供给侧结构性改革，集中优势技术力量，加大技术创新和工艺提升力度，推进战略产品国产化替代解决方案，全面推动钢铁产品向高端跃升。

按照汽车市场轻量化、安全化及绿色节能环保的发展方向。河钢唐钢从成分优化与精准控制、过程温度匹配等方面开展充分研究，相继解决了限制热成型钢在薄板坯产线开发的炼钢、连铸及薄规格轧制难题，成功实现了1.8毫米的2000兆帕级别热成型钢开发，这是目前全球薄板坯连铸连轧工艺生产的最高强度级别钢种，填补了世界薄板坯连铸连轧工艺生产超高强钢空白。

2018年，河钢唐钢通过国内10家汽车主机厂认证，高强钢、深冲钢等高端产品稳定直供吉利、菲亚特等近20家国内外知名汽车主机厂及其配套厂。在家电板方面，河钢唐钢为海尔、格力、美的、奥克斯等行业知名企业大批量供货。

紧扣“中国制造2025”战略主题，河钢唐钢以智能制造为主攻方向，紧紧围绕主体产线，深入推进“两化”融合管理体系建设，以信息自动化系统架构为支撑，引领企业智能化发展，从而达到向“智能工厂”的转型升级。通过对传统天车基础设备进行智能化改造，达到无人化驾驶的“无人天车及智能调度系统” 获得国家发明专利，打破了国外企业垄断，使河钢唐钢成为国内首家推出、使用天车无人值守系统的企业，并获得“中国自动化领域十大最具影响力工程项目”。河钢唐钢申报的“钢铁企业智能工厂试点示范”项目获得了国家工信部授予的“智能制造试点示范项目”，成为全国钢铁行业唯一入选企业。在荷兰举办的“工业4.0—冶金企业数字化”全球经验交流大会上，河钢唐钢对于智能制造转型的整体架构和经验分享，得到了国际同行的高度赞誉和评价。

全流程绿色制造更体现在对产品质量的严格管控。河钢唐钢狠抓质量体系建设，建立重点产品全流程质量管控模式，以产品认证为抓手，大力培育以“受控、严谨、无缺陷出厂”为核心的质量文化，积极开展质量体系内审、质量管理培训、项目拉练，提高全员质量和规则意识，提升各级技管人员使用质量管理工具的能力，为高端产品高质量生产提供了支撑。

2018年河钢唐钢相继荣获“全国用户满意企业”“省冶金行业质量管理活动优秀企业”等荣誉称号;300毫米级肢宽热轧大规格等边角钢荣获“中国钢铁工业产品开发市场开拓奖”；“汽车结构用热轧钢带”被冶金工业质量经营联盟授予“冶金行业品质卓越产品”荣誉称号；镀锡基板被中国质量协会授予“产品用户满意度奖”荣誉称号。

河钢唐钢在绿色发展方面取得的成绩，引起了社会的广泛关注。中国日报“纪念改革开放40周年”摄制组专程走进河钢唐钢，向世界展现中国钢铁企业高质量发展取得的成就。人民日报微信客户端推送的“中国一分钟·河北篇”微视频，河钢唐钢展现了钢铁大省的节能环保新高度。“中国之声·新闻和报纸摘要”栏目，特别报道了河钢唐钢推进供给侧结构性改革，聚焦“市场”和“产品”，推动企业实现高质量发展的成绩。

百舸争流，奋楫者先。2019年，是新中国成立70周年，更是钢铁企业落实十九大精神，全面转型升级的关键之年。面对新时代、新要求，河钢唐钢将以奋斗者的姿态，持续不断地推进企业绿色发展，开创新时代钢铁企业高质量发展新局面。

以企业文化助推南钢高质量发展

南钢联合有限公司

•彭　程

南钢始建于1958年，是江苏钢铁工业的摇篮。经过60年的砥砺前行，现已成长为千万吨级特钢企业。在长期发展的过程中，南钢积淀了深厚的企业文化，在传承红色文化中，融入民营企业文化，通过碰撞、融合，形成了具有南钢特色的企业文化，渗透到企业的方方面面，以文化提高企业核心竞争力，并引领企业实现高质量发展。近年来，南钢先后荣获全国文明单位、国家级高新技术企业、十大卓越品牌钢铁企业、全国用户满意企业、全国企业文化建设先进单位、中国优秀企业形象单位、全国企业文化建设最佳实践企业等一系列荣誉称号。

核心引领，追求卓越，以卓越党建引领文化建设

南钢按照全面加强党的建设总要求，充分发挥党的核心领导作用，确定以一流党建促进企业一流发展。党建引领文化追求卓越。围绕“一体三元五驱动”发展战略和推动钢铁与新产业“双主业”发展新格局，各级党组织追求卓越，提升公司卓越绩效管理，以促进公司生产经营和转型发展。

一是注重双文明导向。南钢卓越党建模式是以双文明为导向，以核心理念为指引，以党建贯标为基础，构建组织领导、目标理念、以人为本、过程管理、测评与改进、党建绩效结果等六大模块，实现党建工作和现代化管理方法的有效融合。在生产厂和基层支部运用“二三四五”党建工作

法，促进了基层党建工作的标准化、系统化、科学化，确保公司卓越党建工作的落地，使党的工作通过文化建设，领导公司战略的实施。

二是注重党建与文化有机结合。南钢将党建与文化有机结合、良性互动，构建了独具特色的企业文化体系和落地机制，在打造企业品牌、凝聚职工队伍、助推企业生产经营、转型发展、全面创新等方面发挥了积极作用。在公司最近开展的“员工士气调查”中，由员工在线填写“士气调查问卷”，调查结果得分80.37分，体现出较强的凝聚力和向心力。

注重传承，以文铸魂，以企业文化提升发展力

南钢以建立“利益共同体、事业共同体和命运共同体”为支撑，坚持用共同的文化整合员工的思想。从红色文化到“两创”精神，从“人本”文化到“合创”文化，从“卓越”文化到“共创共享”文化，形成了“以人为本，同心共进”的企业价值观，打造“百年南钢”的文化战略，实现企业与员工在价值取向上的融合与趋同，共同打造企业智慧生命体。

一是持续传承“两创”精神。南钢不仅是江苏第一家现代化炼钢的钢厂，全省的第一个角钢、第一块中厚板都产生在南钢。南钢由小到大、由弱到强，不断发展壮大，得力于全体南钢人对文化的传承。在南钢改革发展过程中，公司党委始终致力于在企业中形成良好的文化氛围和文化导向。1986年，随着国内企业文化建设浪潮的兴起，公司党委在对前28年的传统文化基因进行挖掘和总结基础上，确定了以“艰苦创业，开拓创新”精神为核心的企业文化理念，并以此作为统领、激励员工的精神力量。在“两创”精神的激励下，南钢全面推进转型升级，所有工艺装备均已完成了现代化、大型化改造。在钢铁行业率先推进智能制造，成为江苏省唯一的两化融合示范基地，国内领先“精品板材＋优特钢长材”基地和国家级高新技术企业，在这里文化传承发挥了非常重要的作用。

二是着力打造“合创”文化。2003年，南钢改制成为多元投资主体的混合所有制企业后，在对公司50多年的发展进行回顾和总结的基础上，

全面梳理企业文化理念，将主题文化概括为“合创文化”，即：协同合作的“合”文化，创业创新的“创”文化。合创文化强调传统与现代的融合、国企与民营的融合、一元与多元的融合，有效调动一切积极因素，使员工团队的创造力最优化，推进企业与员工在企业文化建设活动中共同成长。

三是强化宣传价值理念。围绕公司企业文化目标体系和理念体系，南钢创新宣传载体，注重宣贯实效，通过行之有效的形式和载体进行宣传。结合企业文化建设规划，开展企业文化建设年活动；加强价值引导，研制各类文化产品；开展公司愿景承载，文化案例分享；利用新媒体进行广泛渠道传播，并向8小时以外延伸。加强与主流媒体的合作，签订战略合作协议，加强对外宣传，扩大企业影响。

四是开展文化实践活动。包括：组织开展井冈山、延安专题培训，接受红色教育，传承红色文化；组织抗日老兵与青年座谈，传承艰苦奋斗精神；组织开展“讲形势 讲任务 讲责任”主题教育活动；开展“建立班组愿景、班组格言”活动，使文化理念物化为员工的自觉追求，激励全体员工拼搏奋进。

发挥优势，建立机制，以企业文化提升创新力

作为混合所有制企业，南钢积极落实以创新为引领的发展理念，发挥民营企业机制灵活、快速响应及国有企业运作规范、员工忠诚稳定、团队执行力强的两个优势，推进创新文化建设，以创新驱动发展。

一是不断拓展创新思路。公司专门成立了创新工作委员会，党政工团齐抓共管，积极营造创新氛围，打造企业创新文化。理念上，坚持“突破有限、创造无限”的创新观，积极打造“崇尚创新、宽容失败、敢为人先、争创一流”的创新文化；制度上，建立鼓励创新的制度，鼓励员工向传统、向习惯挑战，激发员工创新热情；组织上，对中高层人员进行专题培训，提高管理者的创新思维及引领企业科学发展的能力，以创新文化促进员工在企业发展中体现自己的价值，使创新成为常态和习惯。

二是扎实开展创新实践。南钢的创新体系建设，包括四个创新领域：机制创新，管理创新，技术创新，党建创新；四个创新层次：战略创新，公司层面、部门及事业部层面、生产厂微创新。在机制创新方面，积极探索全员参与的合伙人制度，全员共创共享；技术合伙人共同完成攻关项目，投资合伙人、团队与项目责任共担。在管理创新方面，打造基于互联网智能制造的“JIT+C2M”新模式（即个性化定制配送平台），“JIT+C2M”模式获全国企业管理现代化创新成果，被国务院督查组评为钢铁企业转型升级典范。在技术创新方面，以“一院、两站、三中心”为主要阵地，进行技术研发。获得省部级以上科技进步奖32项，拥有授权专利1021件，其中1项获中国专利奖优秀奖，是军工四证齐全的两家钢铁企业之一。南钢先后参与开采“可燃冰”“蓝鲸一号”“华龙一号”及全国第一座全耐候免涂装大桥等大国重器代表工程。

三是持续推动全员创新。加大对全员创新工作机制及成果的宣传，挖掘一线岗位职工创新工作典型事例，选树先进人物，利用报台以及各种微信平台等强化典型示范宣传，以点带面，用先进事例影响职工、鼓励职工，激发创新兴趣，推进全面创新、全员创新。目前，已建立86个“职工创新工作室”，仅2017年就申报541个项目，命名公司级先进操作法66项。近5年共提建议68879条、立项15728条。

持续提升，不断超越，以企业文化提升竞争力

企业文化是软实力，而软实力是企业竞争力的重要组成部分。面对钢铁行业的新常态，南钢充分认识到，企业竞争更是文化方面的竞争。重点打造“三个工程”。

一是员工素质提升工程。推进学习型组织建设，塑造产业跨界和职能整合的认知模式；以专题培训为载体，形成多层级的能力提升体系；围绕培养课题，打造学习、变革、转型三位一体的学习型组织；以员工大讲堂、职工书屋、网上课堂等为载体，为广大员工交流学习、提高技能搭建学习

平台，完善培训体系，建立网上培训系统。积极开展岗位助学活动，对获得国家职业技能鉴定中级以上证书的，发放助学奖金。营造“人尽其才，才尽其用”的良好氛围，以健全的机制激励人。设置了管理、技术、技能三条人才晋升通道，同时实行首席专家制、人才津贴制度，倡导能力优先，干部能上能下制度。完善后备人才梯队建设，逐步推动干部年轻化。对新任中层、科级管理人员、后备干部进行培训，使他们在最短的时间内适应岗位要求。

二是用户满意工程。开展“靠什么赢得客户”的主题教育活动，以客户为导向驱动，以客户为中心，全员赋能、提升意识，营造浓郁的舆论氛围，“让客户满意成为每一位员工的共同追求”的理念入脑入心。打造“JIT+C2M”生态，建设智慧生命体，更精确为客户服务。2017 年，“JIT+C2M”体系建设获得国家发改委“工业互联网 +”项目专项资金支持，南钢与华为作为全国仅有的两家企业进行经验推广。

三是管理优化工程。南钢提出竞争在市场、竞争力在现场、工作在现场、思考在现场、创新在现场，精心打造双锤品牌，即锤炼优质钢材、锤炼优秀人才。加大推动“四个融合”力度，提升企业发展品质。一是全面推进建立信息化与工业化两化融合管理体系，全面对接互联网，以信息文化提升企业竞争力；二是推进与合作方复星集团的文化融合，借鉴复星国际化视野和先进的理念，以抗风险、渡危机、促发展；三是推进产城融合，加快开展生产区生态化改造；四是实现与相关方的文化融合，以合作共赢的理念加强与上游供应商、下游用户等相关方的合作，推进双方在企业文化共建活动中共同成长。

以人为本，共创共享，以企业文化提升凝聚力

坚持“有利于企业、有利于员工、有利于发展”的原则，聚焦企业发展和员工关心的热点难点问题，以抓热点难点来抓住人心，以凝聚人心来凝聚力量，让员工及退休人员共享企业改革发展成果。

一是强化沟通，解决热点难点问题。自主研发“职工在线”网上平台及手机客户端。平台从2015年4月运行至今，共收到提问7807条，点击量达685万多人次，先后解决了员工关心的“交通车”“门禁管理”“食堂”“奖金分配”等热点问题。“职工在线”平台现已成为南钢企业文化建设“落地”的一个重要抓手，如今，有困难找“职工在线”已成为广大职工的一种习惯。组织开展“职工面对面”活动。公司领导零距离与职工进行面对面沟通交流，在深入基层、服务群众中凝聚共识、凝结力量。开展“百名书记交心谈心”活动，一对一交心谈心，化解压力、注入动力、激发活力。

二是强化服务，为职工提供多重保障。构建“互联网+服务”工作机制，建设“南钢e家”信息平台，为员工提供快捷、便利的在线服务。从“医、食、住、行”上实施人文关怀，顺应新要求，把交到社会的退休职工又组织起来，开展了退休职工“大走访、大慰问、大调研”活动，发放退休人员政策性补贴、退休职工大病救助和特困帮扶基金等。创新成立退休职工自制组织，开展精准扶贫，成立老年大学和各类职工协会，让所有为南钢奋斗过的人都能分享发展成果。

三是强化激励，不断凝聚员工队伍力量。以打造“利益共同体”为核心，建立和完善合伙人制的企业与员工的利益共享机制。丰富员工的薪酬体系，实施三年员工持股计划。制定了效益分成奖励办法，全体员工根据贡献参与分配，实现经营成果全员共享职工收入水平不断提高。以打造“事业共同体”为核心，搭建多重员工成长与发展平台。以打造“命运共同体”为核心，激励员工与企业同呼吸、共命运，同向而行。

南钢历经近60年的艰苦创业，形成了优秀的企业文化基因，始终贯穿、一脉相承、深入人心。南钢将以习近平新时代中国特色社会主义思想为指导，加强党的建设，以卓越党建引领企业文化，以追求卓越的企业文化推进企业和员工追求卓越、持续改进，为打造企业智慧生命体，成为中国钢铁工业转型发展引领者，千亿美元管理市值的产业集群，世界级智能化工业制造的脊梁提供强有力的文化支撑。

保护生态环境　建设美好家园

马钢集团南山矿

•李先发

铁矿石，自然的馈赠，人类的宝藏。南山矿，城市的源起，马钢的粮仓。

作为我国重要的铁矿石生产基地，马钢南山矿在60多年里累计开采矿石近3亿吨，为马鞍山钢铁城市的崛起做出了突出贡献。

一路走来，南山矿一直把保护生态环境、建设美好家园的责任扛在肩上。进入新时期，站在高质量发展的新起点，南山人更是以打造绿色生态可持续发展的新矿山为奋斗目标，踏上了一条生态兴矿的探索之路。

筚路蓝缕　以启山林

南山人的绿色情怀一直深耕大地，播种希望的种子。

南山矿早在创业之初，为治理环境、保护环境，以“筚路蓝缕，以启山林”的精神，从20世纪80年代初开始组建复垦队艰难地开启了绿化建设的探索，其后又成立复垦工程队，进行了矿区生态复垦的规划，确立了“林业、建筑、养殖”三位一体综合治理的复垦模式，完成了《南山矿土地复垦设计规划》，依次对铁华山、小丁山、2号桥排土场、64号排土场、47号排土场、北115排土场进行大规模的平整土地，恢复植被，大打荒山造林战，遍植龙柏、香樟、桃树、板栗等树苗，仅“七五”期间就累计植树234630株，植绿篱60588平方米，垂直绿化15123株，铺草坪18746平方米，建花坛88个，极大地改善了矿区环境面貌。昔日的荒山秃岭变成了葱绿山林。南山矿被市政府授予“造林绿化先进单位”，继而又被当时的冶金工业部授予“复垦工作先进单位”。

如今，在昔日废弃的裸露荒凉的梅子山、47 米排土场、东山贫矿线等废弃的土地上，早已绿树成荫，粗壮的乔木林，连绵的灌木丛，漫山遍野的葡萄园、茶树圃、果树林等经济型植物，成片绿色映入眼帘，和谐美景赏心悦目。“开一片矿山、还一片林海、创一份效益”。南山人，真的做到了！并于 2001 年荣获国家级生态示范区，成为行业中唯一的矿山企业并创造了生态矿区标准，同年还荣获首届全国十佳冶金矿山；连续八次荣获安徽省文明单位；2015 年获得全国文明单位殊荣。

持续绿化复垦　建设美好家园

一切过往，皆为序章。

历史的车轮驶入了 21 世纪，南山人植树造林、绿化南山、建设美好家园的初心，非但没有改变，反而且行且珍惜，越干越有劲了。

凹山采场边坡面积大，坡度陡，岩石风化呈酸性，经日晒雨淋、氧化分解等影响和暴雨冲刷侵蚀，形成表面冲沟塌落，如不及时防护就会影响边坡稳定，发生安全事故。一直以来，传统方法都是采用喷锚、混凝土或片石堆砌等物理方法加以防护，既投资巨大，还影响矿山生态景观。基于此，南山人与浙江大学通力合作，用栽植绿色植物取代过去的物理方法，在高陡的边坡上开展生物重建和生态修复。清坡，厚层基材喷播，苗木移植，养护管理。斗转星移，一套程序下来，呈现在人们眼前的凹山边坡已是草灌结合、物种搭配合理的先锋植物群落，绿意盎然，鲜花葳蕤，且不同季节物种有更替，即便是严寒深冬，亦有绿色可见，持续发挥护坡、固土、滞尘、固碳、释氧及改善微环境小气候的生态服务功能。

凹山总尾矿库和城门峒尾矿库也是生态治理的重点区域。近年来，南山矿秉着安全生产和生态治理共进的原则，先后在两库子坝坝体和坝面上播撒固堤防沙草种，展开大面积绿化工作。通过多年的持续投入，经反复试种，如今的尾矿库，坝体坝面上已然绿草茵茵，不但增加了视觉美观效果，有效增加了坝体的稳固性，减少了沙尘扬起对周围环境的影响，也改变了以往由于雨水冲刷造成的坝体易拉沟和大风产生扬尘现象，两库坝体已几乎被植被全覆盖，为库坝体安全和周围环境质量改善起到积极促进作用。

南山矿排土场北 135 地段，堆积了大量废石砂砾，播撒草籽成活率不高，南山人因地制宜，他们拉来塘泥，覆盖在边坡表面以增强肥力。坡度陡，作业危险，他们就身系一根麻绳，牢牢地托住身体，再扛上草籽撒播开去。就这样，他们覆盖了边坡土方 5 万立方米，播种草籽 1.5 吨，植树 500 余株，绿化复垦面积达 10 万平方米。

站上新的高点　打造生态福地

“绿水青山就是金山银山”。党的十八大吹响了向生态文明进军的号角，南山矿党政领导班子积极贯彻落实省、市打造水清岸绿产业优美丽长江（安徽）经济带的部署要求，以及马钢环境保护工作行动计划，成立了循环经济建设办公室，在融入区域经济发展中谋篇布局、合作共建，助力绿色发展；“头顶库”项目稳步推进、“凹选碎矿前移”工程即将竣工；“凹山采场地质环境治理”成果斐然、“东山采场及周边区域生态环境恢复治理”工程取得阶段性成效；与中建材南京中联混凝土公司合作投资 450 万吨高村建材厂即将开工建设。该矿以评选环保工作十佳成果的方式来彰显环保成效，其生态矿区实践为建设水清岸绿产业优的最美皖江经济带增添了色彩。

本质环保、绿色发展，是新时代南山人孜孜不倦的新追求。2018 年，为适应环保新政和推动各项环保指标升级，南山矿大力开展了环境风险管控和污染防治攻坚战，梳理了 3 类 33 项环境风险点，投入 1.2 亿元针对 62 个整治项目，开展了全矿有史以来环境保护整治提升最大的行动。

——打响了蓝天保卫战。从“采、运、选、尾”生产工艺进行全过程抑尘；和尚桥采场建成了国内矿山首创的生态廊道；高村、和尚桥采场道路建设了自动喷淋系统；凹选对除尘系统进行升级改造；开发公司实现环保清洁运输；生服、利民加强南山大道的车辆管控和清扫卫生保洁。

——打响了水源地保护持久战。制定生产用水平衡系统，通过场内小循环、系统大循环实现水资源矿区综合利用；高村排土场淋溶水，采取多级沉淀、集中回收等措施进行深度工艺处理，用于厂区的绿化灌溉、生产及道路喷淋用水；和采进行了采场截洪系统升级改造；和选新建生产回水再利用泵站，实现了矿区全域污水“零排放”。

——打响了各类固体废物利用和生态修复突击战。按照绿色生产、综合利用原则，高村建立了半连续生产工艺流程，实现了产线高效清洁环保；凹选、和选率先在国内矿山利用高压辊磨工艺技术，实现了减废增效、节能减排。此外，在凹山排土场北 130 米、高村采场、排土场南帮到界边坡植草绿化，在凹山总尾矿库和城门峒尾矿库坝体和坝面上播撒固堤防沙草种，进行生态修复；在闲置土地上扩大茶园、果园、葡萄园等种植面积。如今的矿区绿树成荫、花团锦簇，在蓝天白云的映衬下，俨然成为一张绿色的“城市矿山”新名片。

在此基础上，南山矿按照绿色工厂要求创建精益工厂，把固废综合利用做大做优，努力实现“绿色现代都市工厂”目标；加强与政府的深度合作，积极融入“生态福地，智造名城”的城市发展战略，探索循环经济发展的新路径，打造南山高质量发展的亮丽风景线。

慷慨歌未央，任重而道远。立志于建设山水林田湖草生命共同体，打造马鞍山城市上风口的生态福地，百年南山恰是风华正茂。南山人坚信，在市委市政府和马钢的正确领导和大力支持下，以建设“经营良好、环境友好、家园美好”的“六型”矿山为动力，牢记初心，继续奋进，必将为建设水清岸绿产业优的美丽皖江经济带贡献新的更大的力量。

不忘初心　砥砺前行

南钢中厚板卷厂

•刘英转

1958年，霸王山旁，扬子江畔，南钢开始展露容颜，是当时国务院批准建设的冶金行业18家地方骨干企业之一（称为18罗汉）。南钢历史上曾有“大战双五百”“五年五大步”两次会战，而南钢于2018年成功跨入“双千”梦想。南钢的变迁折射出几代南钢人艰苦奋斗、不忘初心的印记，南钢的发展与变迁与共和国的成长从未分离，南钢用实际行动为共和国70华诞献上一份满意答卷。在细数今日成就之时，眼前似乎出现了当年老一辈南钢人热火朝天艰苦创业的场景。

南钢大战“双五百”中，全厂上下层层联动，层层发动广大干部群众，革命加拼命，到钢铁产量500吨的时候，时间虽已是零点，但厂区生活区一片沸腾，高音大喇叭传来“夺钢战报、夺钢战报”，好一个“鼓舞人心、鼓舞士气”的激动时刻。

20世纪70年代南钢曾创造年产32万吨钢的好成绩，不仅如此，80年代，南钢率先实行两轮“三包一挂”承包经营和厂长负责制等改革措施，“三年三大步”，1988年南钢产钢达到50万吨，又是靠革命加拼命精神，硬拼了上去。南钢把艰苦创业诠释得淋漓尽致。当年一个只能生产简单建筑材料角钢的小厂，如今产品可以覆盖中厚板（卷）、棒、线、带、异型钢，板材、特钢、复合板等高端产品，产品性能达到国内甚至国际一流水平。产品应用于核电、海工、桥梁、能源、工程机械、汽车、船舶、军工等领域。开采可燃冰的全球最先进超深水双钻塔半潜式钻井平台“蓝鲸一号”、中国拥有自主知识产权的世界先进第三代核电全球首堆示范工程“华龙一号”、中国首座耐候免涂装藏木特大桥、中俄黑河大桥主体钢结构的耐候螺栓、垫片、焊材等都有南钢产品的身影。

南钢的发展日新月异，近年来吸引了很多摄影爱好者，在镜头中捕捉钢城美景，其中的同心园景区，原址是水厂二泵站。1958年南钢建厂时，二泵站同时开建。那时技术条件落后，老一辈南钢人采用人海战术，硬是靠扁担箩筐十字镐，钉耙锄头加长锹，经过长达两年的开凿建设，终于在1960年前后完成了自然沉淀池开挖工程，解决了高炉供水难题。2014年二泵站在运行54个年头后终于完成了使命,2017年南钢着力创建工业旅游示范基地，二泵站换新颜，厂区成了公园，沉淀池则变成九龙湖，湖岸杨柳轻舞，栈道曲折，湖面碧波荡漾。景区内百花争艳，绿色盎然，一派诗情画意，这与园内的白墙青瓦缠绵出爱的情愫。

南钢在进行自身发展的同时不忘积极担当社会责任，制定了精准扶贫三年工作规划，资助安徽六安西河口乡扶贫攻坚项目，建成的同心路方便了当地学生和村民的出行。响应复星“健康暖心”乡村医生扶贫项目，选派人员进行定点扶贫，为乡村医生健康扶贫公益项目服务。开展了甘肃武山县扶贫项目，捐赠价值730多万元的环卫设备，助力改善当地的人居环境。

已过甲子年的南钢，虽已走过千山万水，但仍需跋山涉水。“大任于斯，砥砺前行”，组成南钢细胞的人们更是继承弘扬了老一辈南钢人艰苦奋斗不忘初心的精神，立足岗位，为自己、为南钢也为祖国70华诞交一份满意答卷。

南钢有平凡的质量贯标员，从事认证工作十几年，以挑剔的眼光“审核”每一块钢板，审核的钢板零异议；南钢有平凡的质检员，用认真与专业筑起南钢品牌的尊严；有平凡的取样工，手持割枪，贴近高达900度的红钢，在线检测取样，守住产品质量关；有精益求精一丝不苟的无损探伤工，用专业与汗水扛起南钢产品内部质量的重任；有乐于扎根现场做研究的年轻博士，发现了高品质轴承钢探伤不合格率高的症结，他们便深入分析原因，潜心钻研解决方案，使得大规格汽车轴用钢探伤合格率提高到98%以上。他们之中更有巾帼不让须眉的一群入职不到3个月的女博士迅速融入现场搞研究，已经开始挑起超级不锈钢和镍基合金研发的重任，这么一群可爱的人让学问在生产现场开花结果；除此南钢有一群志愿者，他们用自己柔弱的身躯践行响应复星“健康暖心”乡村医生扶贫项目。第一批乡村医生扶贫项目成员曾说道：“做对的事，做难的事，做需要时间积累的事。”过去的一年，他和他的队员就在做这样一件事。

创建国际一流受尊重的企业智慧生命体，践行“一体三元五驱动”发展战略，立志成长为钢铁行业转型发展的引领者，打造千亿美金市值的全球化高科技集团，做世界级智能化工业的脊梁。铿锵有力，掷地有声，在共和国70华诞之际，南钢定会一如既往不忘初心，砥砺前行！

我在共和国的旗帜下成长

安钢集团

•刘仁瑜

中华人民共和国从诞生至今，已经走过了70年的光辉历程。作为在共和国的红旗下成长起来的我，也度过了70年的峥嵘岁月。在这普天同庆的日子里，我抚今追昔，浮想联翩，欣喜在心。

我父母都是出生在贫穷的农民家庭里，新中国成立前，他们和全国绝大多数人一样，过着衣不暖身、食不饱腹的日子。父亲还挨过日本强盗枪弹的袭击，伤处久治而不愈。新中国成立后，日子渐渐向好，可惜父亲不幸过早离世。母亲带着6个孩子坚强度日，直到102岁与世长辞。母亲的高寿，完全得益于和平的环境、生活的富足、心情的愉悦和医疗条件的改善。

我出生在1944年，受过战争的颠沛，随父母逃离他乡。新中国成立后，我7岁开始上学，从小学到大学毕业，学业一路顺风。

初中时期，我参加过大办钢铁运动，亲自在土法炼铁炉前拉过风箱。后来，亲眼见证过安阳钢铁厂的建立和发展。尽管我也因参与炼钢铁短时停过课，但仍以为国家的钢铁事业发展尽过绵薄之力而无悔。

三年经济困难时期，我在安阳市第一中学读高中。当时为了减轻城市的经济负担，我的户口被迁回农村。就餐在农村户口食堂，自带粮食或粮票。后来，多次参加挖野菜、摘树叶，以补充食品的不足。那是一段艰难的岁月。然而，就全国来讲，仍然保持了人心安定，社会稳定。人们知道，那是由于自然灾害和失信的苏联逼债造成的。艰苦的年月，磨炼了人们的坚强意志。校园里一片祥和，没有杂念，没有乱象，有的是尊师爱生，艰苦奋斗，为祖国的需要和召唤而努力学习。我也作为同年级的优秀生，多次受到表彰和奖励。

我的大学时代是在先稳定后动荡的环境中度过的。我经历过全国学习雷锋的热潮，经历过我国两弹一星震撼世界的鼓舞和喜悦，也经历过对停课闹革命的疑虑。庆幸的是，我们那一届在正常情况下读完了医学基础课，这对后来的临床实践和进步是十分重要的。

1970 年我从河南医学院毕业。在那个特殊的年代，我能被组织挑选到安阳钢铁厂职工医院工作，是很荣耀的一件事，因为当时绝大部分同学都被分配到公社卫生院了。

当时的安钢职工医院是一家有 100 多张床位、200 多位医护人员的综合医院，主要担负本厂职工和家属的医疗任务。虽然医院规模不算大，工作和生活条件不算好，但全体医护人员热情高涨，积极向上。除完成医院的医疗任务外，还经常定期和不定期到各厂区巡回医疗，为第一线职工送医送药。同时，还经常在业余时间到厂区拣废铁，支持厂里的钢铁生产。随着公司的不断发展，医院也在不断发展壮大。经过几番门诊和病房楼重建，床位、人员增加和医疗设备更新，现在已成为有拥有近千张床位、上千名职工、各种大型医疗设备齐全的城市三级综合医院。多个专业技术水平享誉市内外，尤其是骨科的脊柱外科微创技术，更是闻名于全省乃至全国，为公司的职工、家属和社会提供了高质量的医疗服务。

我为能成为共和国的一名医务工作者而自豪，从而，立志做一个合格的人民医生。“文化大革命”刚结束，安阳市卫生局组织了一次业务考核，我有幸摘得第一名桂冠。之后，我相继参加了市内的英语和日语业余学习班及一年全脱产中医学习班。接着受医院委派，进入北京医学院一附院进修心血管专业，这使我的专业技术和业务能力得到了迅速提升。在认真完成临床诊疗工作的同时，撰写并在国家级和省级医学专业刊物上发表了数十篇医学论文，主编和参编了三部医学著作。其中，《胰升血糖素在非胰岛素依赖型糖尿病发病机制中的作用》这篇论文被著名的医学检索刊物《美国化学文摘》摘登。同时，我还参加过两项关于高血压病的国家级科研项目，并得到奖励。1988 年和 1993 年，相继通过省高评委评审，晋升为循环内科副主任医师和主任医师。1988 年被提升为医院业务副院长，直到 2004 年退休。在职期间，我严格遵守“救死扶伤，实行革命的人道主义”的教导，努力工作，不计报酬，清正廉洁，多次被评为先进工作者、优秀共产党员，受到奖励和病人及家属的好评。退休后，我接受医院的返聘，现在仍然工作在医疗岗位上，尽力为安钢公司的职工、家庭和社会上的病人服务。

在医疗本职工作之外，我自幼还是个文学爱好者。祖国的大好河山，祖国的欣欣向荣和日益强大，都给了我不尽的诗词创作源泉。学生时代，我就撰写过多首新诗，歌颂祖国的新生、人民的勤劳和学子的奋发。改革开放以来，国家的巨变和对祖国的无限深情更激励我在诗坛上躬耕不辍。近 40 年来，共创作新诗、格律诗词近千首，出版了《细涓吟草》《洹水桨声》两部诗词集，第三部诗词集也有望近年内出版。我已是河南诗词学会会员，中华诗词学会会员。近年来，我国网络和信息技术的迅速发展举世瞩目，推动着我国的文艺事业走向新的辉煌，这也给诗词创作和交流提供了新的平台。我也老有所为，应用手机、电脑参与了多个诗词创作交流群，抒发着对祖国的热爱和对美好生活的向往。

随着国力的增强，我国的空间技术能力迅速提升。“嫦娥”系列的相继升空，每每使我兴奋不已，夜不能寐。嫦娥 3 号成功发射后，我曾写下《鹧鸪天 · 贺嫦娥 3 号奔月》一词：星夜嫦娥跃太空，拨开冥障万千重。情柔旅讯传家域，意笃娇姿叩月宫。圆国梦，贺新功，千人汗水一杯中。吴刚今世应无醉，惊看漫天华夏红。

我的家乡和林州市搭界，同在安阳地区。林州的变化给我留下了深刻的印象。过去，山区缺水，有的地方寸草不生，一片荒凉。20 世纪五六十年代，在党的领导下，林州人民经过多年坚忍不拔的斗争，在高耸起伏的山岩上开凿了一道人工天河——红旗渠，从此林州人民走向新生。如今，这里已经建成了真正的花园式城市和旅游景区，红旗渠、桃花谷均被命名为国家 AAAAA 级和 AAAA 级旅游风景区，吸引着国内外大量的游客前来观光。于是，在感叹之余，我写下了《八声甘州 · 林州》这首词：我乘云驾雾上巅峰，一览太行秋。望群山上下，层楼隐隐，禾木幽幽。更有清波荡漾，银汉与交流。一拱青年洞，红了林州。遥忆当年水贵，洒尽逃荒泪，难洗乡愁。庆春雷乍响，绝境出高谋。战旗飘，炮声隆地，引漳河客水灌千丘。青碑在，英雄血气，惊动寰球。

我们的国家越来越强大，国际声誉越来越好，尤其是习总书记提出建立人类命运共同体的理念，我国不断对一些欠发达国家进行无私援助，屡次派出各种专业队伍执行援外任务。为了反映这一过程以及祖国的强大，我也曾写出《破阵子·援外工人归来》一词：只道家山杳渺，不知何处乡关。油路铺成千百里，棚屋迁居八九间，望鸿年复年。旦夕飘摇风雨，无端骤起硝烟。危地脱身三辗转，踏上龙舟心始安，浩天明月圆。此词曾参加中华全国总工会等单位联合组织的第一届“中国梦·劳动美全国职工诗词创作大赛”，并获得一等奖。

数十年来，我的家庭也和全国亿万个家庭一样，发生了天翻地覆的变化。经过三次建房和搬迁，住房条件一步步改善。子女们业已成家。我和老伴二人住在一套160多平方米的楼房里，宽敞明亮，水电气暖和各种生活用品一应俱全。大女儿退休后和母亲一起建厂兴业，另有3个子女是大学教授和高中教师，1个是医务工作者。儿媳和女婿们也都事业有成。孙辈中有博士生、大学生和中学生，学习成绩堪称优秀。参照母亲在世时的期待，我拟定家训：“爱国守法，尊老爱幼，同胞相携，公正诚信，重视教育。”希望此训能代代相传，为国家、社会和家庭做出贡献。

历尽沧桑不忘本。吃水永记挖井人。国家、社会、家庭和个人的一切变化，无不证明着一个真理：没有共产党就没有新中国，没有新中国就没有现在的幸福生活。是毛主席、共产党领导人民军队和人民大众经过艰苦卓绝的斗争，才荡尽内忧外患，建立了人民共和国；是党的各届领导人带领全国人民继续奋斗，才创造了如此光辉的人间奇迹，使我们的国家巍然屹立于世界民族之林，使我们的人民有了今天的幸福和尊严。现在，我们进入了中国特色社会主义新时代，经济、科技、社会、法治、环境、国际关系等各方面均已经取得巨大成就，必将继续取得更伟大的辉煌成就。

在这盛大的节日里，祝愿我们的祖国更加繁荣富强，祝愿我们的五星红旗永远高高飘扬，祝愿我们的人民永远幸福安康！

一名记者眼中的钢铁“大世界”

河钢集团

•刘双媛

我是《河钢》报的一名记者，也是河钢发展的受益者和见证者。身处日新月异的河钢，记录着钢城的一人一事一物，感受着钢铁人独有的深沉炙热，也定格着河钢在探索中前进的每一帧画面。

一支笔，一篇文章，蕴藏着改变的力量，也标注着时代最鲜明的注脚。

孩童眼中的“英雄”，淬炼钢铁般的意志

我的钢铁情缘，始于孩童时期。

我从小跟随外公长大。外公十几岁就投身革命，参加过抗日战争、解放战争、抗美援朝。“跟鬼子面对面拼刺刀”“半夜偷袭日军驻地大获全胜”的故事，成为我童年的“主旋律”。

1955 年，外公转业到河钢唐钢工作，我的“格林童话”也从硝烟弥漫的“战场”变成了钢花飞舞的“产线”。在那个想钢盼钢的年代，“大炼钢铁”寄托着钢铁人的强国情怀，也牵动着全国人民的心。

不知何时，在我幼小的脑海中，钢铁人“拿起枪能打仗，放下枪能生产”的印象愈发根深蒂固起来。钢铁情怀早已在不知不觉中渗入灵与肉之中，并深深植入我的骨髓。多年后，外公眼中的“小鬼”，成为了《河钢》报的一名记者，扎根在他曾经战斗过的地方，沿着先辈的足迹，也开启着属于自己的未来。

钢铁的气质韵律，在这里凝聚，也在这里延续。

炼钢炉前的“钢铁汉子”，演绎永不褪色的钢铁精神

采访郑久强，是在一个生机盎然的春天。

2015 年，河钢唐钢职工郑久强当选为全国“最美职工”，成为全国钢铁行业和河北省唯一获此殊荣的职工。郑久强匆匆地赶来，还未褪去产线的炙热和扑面而来的钢铁气息，深深地感染着我。

1989 年，19 岁的郑久强从唐钢技校毕业走上炼钢炉台。不到 4 年时间，就被提拔为炼钢炉长，成为河钢唐钢有史以来最年轻的“炼钢工”。郑久强在实践中提出三计算、两控制、四观察的“三二四炼钢法”，并凭借过硬本领，在首届全国钢铁行业职业技能竞赛中摘取状元桂冠。

淘汰 8 吨碱性侧吹小转炉，换成 150 吨顶底复吹转炉，郑久强带头完成了技术突破，攻克了冶炼精品板材用钢磷含量控制这一行业瓶颈，总结出“两长一短高拉碳控制法”，为产品提档升级奠定了基础……有效化解钢铁产能过剩、提升装备技术水平、开创自主创新之路、打造世界最清洁钢厂，郑久强既是受益者，也是参与者。

郑久强将个人的梦想融入企业，在这片钢花飞溅、炉火正红的土地上，用执着和坚守书写着对钢铁的挚爱和忠诚，成就了出彩的人生，诠释了永不褪色的钢铁精神，成为时代闪光的记忆。

2017 年，1987 年出生的河钢职工周文涛获得第 11 届模拟炼钢挑战赛世界总决赛企业组冠军，站在了国际钢铁的最高领奖台。我在朋友圈转发了这条信息，在密密麻麻的“赞”里，就有来自郑久强的“赞”。

河钢人铭记着最初的梦想和责任，一程又一程。

从普通长材产品到国产大飞机 C919、“神舟”载人飞船等诸多重大科技成果的距离，就是河钢发展的维度；从郑久强练就目测钢水温度的“火眼金睛”，到周文涛采用转炉炼钢模拟系统生产出成本最低钢种的跨越，就是河钢变迁的内涵。

一代人有一代人的使命，一代人有一代人的担当。中国钢铁业由小到大、由弱到强，到结构调整、转型升级，影响着一代代钢铁人的人生轨迹，也在历史与岁月的维度中滚滚向前。

钢铁的文化血脉，在这里碰撞，也在这里传承。

写字楼里的“业界精英”，钢铁新时尚竞相迸发

采访河钢国际总会计师陈晓更，着实让我紧张了一番。

陈晓更的工作地点位于北京CBD的核心区世贸大厦，办公区域四块显示屏铺满一整面墙，通过这四块显示屏，能时刻了解全球金融市场走势、国际铁矿石交易价格、船运航向，让人深刻体会到来自国际市场端的“惊心动魄”。

采访地点由熟悉的产线变成陌生的金融机构汇集地，采访人由粗犷豪迈的钢铁汉子变成用流利英语进行商务谈判的白领，采访内容由产品升级、技术创新变成了贸易属性的公司立足全球资源、在国内国际资本市场搏击，我对钢铁的认知一次又一次被颠覆和刷新。

陈晓更讲了这样一个故事。某次，国家人民币管制突然加压，市场上人民币汇率波动极大，河钢国际通过香港公司金融运作，仅一周就利用资金池增效2000万元。从市场预测到“拍板”，只用了两个小时。

“河钢国内国外都有矿山，下游有工厂，把上游和下游串联起来，把进口和出口整合起来，进行实体加金融创效，没有一个国际大公司有河钢这样得天独厚的条件。”陈晓更说。

这仅仅是我“跨界”采访的开始。

河钢以延伸产业链、提升价值链为主线，树立“全产业链”“全资源链”的理念和全球化的跨界思维、开放思维，推进产业链向海内外高端制造业纵向延伸，向新材料、新能源和生产性服务业横向拓展，以“纵向更深、横向更宽”的新视角构建传统产业发展的新路径新业态。

信息化、大数据、数字经济等时尚要素正在深入河钢的肌理。如今，

在数字技术方面，与华为、金蝶携手合作，面向工业制造企业，提供以智能制造为核心的自动化、信息化、数字化技术解决方案服务；面向新兴城市，提供以智慧城市建设为核心的ICT及数字技术解决方案服务。

钢铁的时尚内涵，在这里交汇，也在这里延展。

国际舞台的“HBIS”，诠释着拥抱世界的胸怀

采访安晖，是我第一次对话“世界”。

2015年2月，经过层层选拔，河钢邯钢职工安晖成为世界钢铁协会生命周期评估项目中国大区唯一一名访问研究员，获得了赴世界钢铁协会工作的机会，也是河钢首位赴国际钢协工作的访问研究员。

世界钢铁协会、访问研究员等新鲜词汇，兴奋着我的采访神经，也让话题从什么特质吸引了世界钢铁协会、在世界钢铁协会工作期间要呈现什么样的中国钢铁人形象，拓展到布鲁塞尔和国内几个小时的时差、各国钢铁精英在一起工作是否会面临文化差异……带着对外面世界的向往和憧憬，两个人青涩地探讨和猜测着世界的无限可能。

河钢“全球拥有资源、全球拥有市场、全球拥有客户”的脚步，蓄势待飞。

回国后的安晖成为河钢战略企划部的一员，在河钢对接世界钢铁协会的“窗口”工作，我们的联系越来越多。“河钢党委书记、董事长于勇当选世界钢铁协会新一届领导人，代表中国钢铁业在世界钢铁协会年会上发表主旨演讲”“获得世界钢铁工业可持续发展卓越奖”“上榜中欧企业合作大奖”“获评中国国际化程度最高的钢铁企业”……在印度、在日本、在西班牙，安晖发来的一条条消息，传递着河钢在世界的声音。

“整合世界资源为我所用，多点布局与全球渠道有机贯通”，河钢以更加开放的姿态拥抱世界。目前，河钢在111个国家和地区从事商业活动，与全球331个钢厂建立了业务往来。

2019年4月25日，河钢塞钢管理团队荣获中共中央宣传部授予的“时代楷模”称号，我第一时间采访了团队成员。

异国他乡传来的声音依旧如3年前般熟悉，往事一幕幕涌上心头：2016年4月，河钢收购塞尔维亚斯梅代雷沃钢厂；同年6月19日，习近平总书记亲临河钢塞钢视察，这让河钢人备受鼓舞。

如今，河钢塞钢已经成为塞尔维亚就业人数最多的企业和第一大出口企业，成为国际产能合作的样板、“一带一路”建设的标志性工程。

河钢智慧、中国方案、世界蓝图，已是一番繁花似锦。

钢铁的世界梦想，在这里蓄势，也在这里飞翔。

这是熟悉的河钢，这是崭新的河钢！

从因钢而生的沧桑厚重，到新元素新业态的深入拓展；从钢花飞舞、铁水奔流到数字经济、数字技术渐成规模；从地方区域型钢铁企业到颇具影响力的综合性跨国产业集团，古老与新生在这里交汇，传统与时尚在这里并存，多元与一体在这里交融，世界与钢铁在这里联通。

钢铁的故事仍在静静地诉说，而故事外的这片钢城却越来越朝气蓬勃、风华正茂。

我与车轮共向前

马钢集团股份公司

• 江　波

我走出大学校门、走进马钢厂门的1984年，是共和国35岁生日之年，“小平你好”是那个年头人们的心声，浓缩了人们对国家富强、民族振兴、自身发展的企盼与信心。弹指一挥间，又一个35年过去了，如梦如幻的发展成果让70华诞的共和国光彩照人，风光无限。

伴随共和国的不断发展壮大，我也由一个涉世未深的大学生成长为马钢技术骨干，为能亲历这一波澜壮阔的伟大时代而感到荣光，为能成为这一伟大时代中的奋斗者一员而感到自豪。

我是学冶金材料专业的，进入马钢后被分到钢铁研究所物理研究室。从那时起我就与铁路车轮结下了不解之缘，似乎冥冥之中注定车轮成为我生命中的一部分。我先从铁路车轮钢失效分析研究工作入手，历经此后有重要影响的铁路行车事故调查、处理、分析工作的历练，在国内铁路车轮失效分析领域很快崭露头角，1997年被中国机械工程学会失效分析委员会聘为“失效分析专家”。

计划经济时代的中国铁路太落后了，客车时速不超过80千米，货车时速不超过50千米、载重不超过50吨；铁道部“以轮定产”，马钢便成了“马老大”。然而随着中国改革开放进程的推进，作为国家经济大动脉的中国铁路，已经不满足这个速度，启动了“铁路大提速”计划。

经历过计划经济时代的人应该知道，改革开放是决定中国命运的伟大变革，实行社会主义市场经济是改革开放向纵深推进的伟大创举，共和国从此迈开了更加劲疾的发展步伐，各行各业焕发出更加旺盛的活力，人们心中蛰伏的奋斗激情被点燃了。

社会主义市场经济意味着，竞争的时代到来，企业也好，个人也好，都要有真功夫、硬功夫、好功夫，否则就要被淘汰。社会主义市场经济还意味着，思想观念要转变，企业再不能有“老大意识”和“老大思维了”——用户才是“老大”。

社会主义市场经济对马钢车轮的冲击直接而又迅速。

作为国民经济大动脉的铁路，对新时代爆发出的巨大需求迅疾做出反应，客运高速化、货运重载化的铁路跨越式发展战略应时而生、快速推进。1996年初春，铁道部在铁科院召开“铁路车轮现场会”，马钢的车轮轮箍质量缺陷被“曝光”。接着山西大同和太原分别上马铸钢和辗钢两条车轮生产线，这意味着国内铁路车轮生产中，马钢结束了一统天下的格局。此外，按市场化原则铁道部可实行车轮轮箍全球采购。

铁路的抉择对马钢而言，无疑是车轮的抉择；铁路抉择了提速，而马钢车轮就别无抉择。集苏联、美国、欧铁联盟标准为一体的运行速度每小时达120千米的KKD快速客车用车轮，HDS货车用车轮标准出来了。马钢干不干？干——以前从未干过，其难度，类似电视机从黑白跨越到彩电，涉及系统和原理的创新！不干——铁路提速势在必行，马钢车轮轮箍生产线最终陷于停产并不是耸人听闻！

马钢没有犹豫，坚定地选择了前者。对提速车轮的研究，马钢决策层思路是极其清晰和明确的，就是抓住机遇主动出击。公司迅速组织技术力量，投入大量的资金开发车轮新产品，在进行生产设备一系列重大改造的同时，对KKD、HDS快速车轮产品开发发起了总攻。

骨子里充满不服输劲头的马钢不相信，完全靠自己建成车轮轮箍生产系统这么难的事都能干好，翻身难吗？事实证明，翻身真的很难。

知难而退从来就不是马钢的性格，但是，要翻身，要重铸辉煌，光靠壮志豪情是不够的，首先要像解剖麻雀一样进行深刻的自我审视，明白自己差在哪、弱在哪，厘清补短板、争上游的目标、方向、路径。激情与理性、斗志与行动力的有机结合才能化愿景为成果。

精神的阵痛是觉醒的开始。马钢花大力气对标世界、解剖自己，调研的结果令人汗颜——发达国家的车轮生产企业已经跑得让我们只能隐隐看到背影了，装备条件、技术能力，我们至少落后20年；产品结构，我们只是人家的零头，英雄排座次，几近末位。日本住友、法国瓦顿、德国BVV、美国格里芬，这些名字深印在我们心里。不能与他们并肩走，就称不上翻身，更称不上重铸辉煌。

深刻的自我解剖让马钢明确了前进的目标：装备一流、技术一流、服务一流，产品结构完整。而前进的途径是：系统的技术改造，系统的共性技术提升，面向全世界的新产品开发，烙进心房的服务意识——这显然是更高起点的二次创业。

高水平的技术改造再造出崭新的车轮轮箍生产系统。在车轮轮箍用钢的生产环节，运行了30余年的平炉—模铸生产线被推倒了，转炉—炉外精炼—圆坯连铸生产线取而代之，车轮轮箍用钢的生产装备迅速赶上国外先进水平。进而又新建电炉—炉外精炼—圆坯连铸生产线，工艺装备跃居世界先进水平，为冶金工艺技术提升、质量控制和新品种开发提供了良好的条件保障。在车轮轮箍制造环节，新上马的圆盘冷锯、压轧系统、数控加工线能力强、精度高，不仅使生产更高效、经济，还能适应所有用途的产品需求，为实现产品走向世界的目标打下了硬件基础；经过自动化改造的热处理工序可控性好、稳定性高，成为高性能要求的高端产品开发的可靠依托；新上马的在线无损检测线以其高灵敏度为产品质量把关构筑起坚固的最后一道防线。技术改造后的车轮轮箍系统，由“小米加步枪”跃升至“武装到牙齿”，装备水平位居世界前列。

2005年，我担任国家“863”项目“高速铁路用车轮材料及关键技术研究”马钢课题组课题长，研制的高速车轮达到了欧洲高速车轮的实物质量水平，获国家冶金科学技术奖二等奖、安徽省冶金科学技术奖三等奖。2006年，我担任国家“863”项目“重载铁路用车轮材料及关键技术研究”马钢课题组课题长，研制的新型重载车轮具有良好的综合力学性能和使用性能，成功通过了铁道部技术评审，提前进入产业化阶段，也提前完成了“863”项目规定的目标，2011 年获安徽省科学技术一等奖。

高质量的共性技术研究赋予车轮轮箍系统深厚的内功。在车轮轮箍钢生产方面，轮箍合格率攻关率先突破，非金属夹杂物这一痼疾基本治愈，曾经失去的轮箍市场数年后悉数夺回；洁净度研究一步一个脚印，直逼世界最高水平，在车轮轮箍植入了安全、可靠的基因。在车轮轮箍产品设计和制造方面，体系化合金化及热处理技术研究不断登高，综合性能控制能力和水平跃居世界前列，奠定了高速车轮、大功率机车车轮等高端产品开发的技术基础；前瞻性的热加工及机械加工数字化设计技术日趋成熟，高效、经济、柔性化的生产技术已落地生效；精确检测技术全面推广应用，为杜绝带缺陷产品流入用户、防控运用风险筑起更为牢固的篱笆。技术进步为今天的马钢车轮轮箍系统带来了敢与天公比高低的底气。

高目标的产品开发催生出完整的车轮轮箍产品结构。面对多样化的铁路需求和日趋激烈的市场竞争环境，高端牵引、立足国内、放眼全球的新产品开发之路走出一个又一个精彩。在我国高速铁路建设尚处于论证阶段时，我们启动了高速车轮预研工作，在高速铁路发展的每个阶段，我们紧密跟进、潜心研究，弄清了高端车轮的技术内涵、自身的短板和需要攻坚的关键技术，从提速客车、准高速列车到“中华之星”高速列车，再到“复兴号”动车组，产品档次的逐步提升直至站到最高点，使马钢有了一览众山小的能力，产品开发之路豁然开朗，一扇扇市场大门向马钢敞开，在国内，马钢是整体机车车轮、大功率机车车轮、重载货车车轮等新产品开发的先行者和中坚力量，在国外，马钢的产品遍布世界，在发达国家和地区展现出强劲的竞争力。经过 20 余年的不懈努力，车轮轮箍系统已具备能适应用户多样化需求的产品开发能力。

往事历历在目。从 20 年前的身无长物，到现在的装备现代化、技术高端化、产品结构完整化，可以自豪地说，马钢车轮轮箍系统的翻身仗打胜了。

发展需要奋斗者，机会之门永远向奋斗者敞开。马钢的高速发展为奋斗者成长进步提供了广阔的舞台。在铁路跨越式发展战略实施后的20余年中，我作为技术骨干、负责人始终战斗在车轮新产品开发、科研一线，是首批安徽省“115”产业创新团队建设工程创新团队带头人，在马钢车轮系统二次创业的道路上留下了扎实的足迹。提速客车用车轮研发初战告捷，高端车轮市场大门从此打开；时速270千米“中华之星”列车用车轮研制初尝胜果，开发高速车轮的技术平台初步搭建；重载车轮研制项目实现成果转化，产品畅销国内外市场；高速动车组车轮研制促进马钢车轮生产技术水平跃上新高度，使马钢具备了能为天下先的底气。对勤恳的奋斗者，马钢用强激励予以褒奖，我成为首批享受马钢优秀科技人员津贴人员、首批高级技术主管，获得马钢劳动模范和安徽省劳动模范荣誉，以及马鞍山市重大科技成就奖，成为享受安徽省政府特殊津贴优秀专家，当选为第十二届全国人大代表。

回望走过的路，我深深感到，没有改革开放，就没有马钢车轮轮箍系统的今天；没有祖国的发展，马钢车轮轮箍系统就没有打翻身仗、重铸辉煌的机会；没有马钢的高质量发展，就没有我个人成长进步的平台与空间。在共和国70华诞之际，心中的千言万语化作两句话：祝祖国青春永驻！祝马钢在改革、发展的道路上步步登高！

炉台上的钢铁强国梦

河钢集团邯钢公司

•周文涛

时光清浅，又是一年，2018 年是集团成立十周年。十年的巨变收获的是信心，孕育的是希望，放飞的是梦想……

走进熟悉的钢城，踏上钢花飞舞的炉台，聆听钢城的怦然心跳，仰望钢城矫健的身姿，触摸钢城变化的体温。犹记得，初到钢城我就被现代化的企业发展洪流所感染，被炼钢炉火的大生产场景所震撼。慢慢地我发现，企业是一所比学校更大的“大学”，好多东西在书本上找不到，我也没见过。慢慢地，在这里我找到了属于自己的舞台，一门心思地就“扑”到了炼钢事业上，工会搭建的“网上练兵”“职工创新”“技能大赛”平台，我和工友们都争先恐后参加，不断提升自己的素质能力，立志炼高端钢、品种钢，钢铁报国成为我们新一代炼钢工矢志不渝的梦想。有了这个梦想，不管遇到多大的困难，我从来都没有想过退缩。

几年来，我积极参与工艺试制，在生产过程中精心呵护每一炉钢水，提高钢水精炼命中率，打破“经验炼钢”的传统模式，与自动化部对接，不断优化计算二级模型，加快实施数字化冶炼操作，实现了“数字炼钢”“智能炼钢”。在我和工友的努力下，精炼工序实现了在线钢水成分数据分析，保证了钢水成分波动控制在最小的范围内。这一改造，让精炼操作的成分更加稳定，提高了高端产品钢水的冶炼质量，实现了精炼钢水的优质低耗。

在生产实践中探索，在探索中总结提升。我和工友们先后成功冶炼出 X80 管线钢、低合金高强钢 Q550D 等 70 个新钢种，实现了河钢邯钢高端品种钢比例的大幅提升。从“普通钢”迈向“中高端”，河钢制造闪亮在世界的舞台上，集团正在实现从“跟跑”到“并跑”再到“领跑”的跨越。这些年，我们生产的汽车钢、家电板、优特钢、重轨、中厚板等产品在国际国内两个市场上口碑越来越好，从“默默无闻”到“零星试用”，再到成为上汽、北汽、菲亚特、中恒天等十几家国内外知名汽车厂家的稳定供应商和服务商，实现了汽车用钢“整车造”。此外，我们生产的家电板实现了“全覆盖”，重轨出口到欧盟，“航天氙”打破国外40年垄断，优特钢在国内也能够稳居“前三甲”……

一个个高端产品相继问世，一项项核心技术相继突破，河钢品牌正在崛起，河钢制造正在发力，彰显着河钢的魅力。更加自信开放的河钢，“闪耀”在世界的舞台上，让一线职工的归属感获得感幸福感更强了，这些都更加激励着我扎根炉台、不断地挑战自己，取得更大业绩。

2017年，我参加了第11届世界模拟炼钢挑战赛，来自37个国家的1479名选手高手云集，面对美国、韩国、日本、印度等世界知名钢铁强企的众多选手，一开始我的心里还真是有些紧张。但是一想到，我的背后是我们的祖国，一种为国争光的决心和斗志油然而生，我用冷静、沉着代替了紧张和浮躁，凭着在炉台上的生产实践积累和大学钢铁冶金专业的理论知识，还有心里燃烧着的那颗钢铁报国的决心，稳扎稳打，战胜了其他国家的选手。当世界钢铁协会会长、美国纽柯公司董事长John Ferriola和集团董事长、党委书记于勇亲自为我颁奖，在接过世界炼钢冠军奖杯的那一刻，我激动地落泪了。

时隔一年后，我的工友唐笑宇在第12届世界模拟炼钢大赛中再次捧杯，我们的职工蝉联世界炼钢冠军，让中国钢铁工业的风采再次展现在世界的舞台上，我又落泪了。我们产业工人报国的梦想似乎在这一刻得到了满足，在精神上给予了我极大的鼓舞。

这些年，我的努力付出获得了各级组织的肯定，今年我当选为第十三届全国人大代表。在全国“两会”上，我见到了习近平总书记，而且总书记面带微笑握了我的手。那一刻，我很幸福，我永远都不会忘记，握手的姿势当时我保持了很久，因为我感觉总书记是在和我们每一名一线工人握手，这是巨大的鼓舞，对我们来说这是巨大的动力。

回望来路，集团成立十年来，河钢的巨变在我身边真实发生着，看得见、摸得着。一粒粒梦想的种子在钢城生根发芽，一个个追梦筑梦圆梦的故事无比生动，一份份获得感、幸福感、自豪感触手可及。栉风沐雨征程远，一声号角启新航。推进中国制造 2025 战略任务，推动高质量发展，实现企业质量变革、效益变革、动力变革的关键是产业工人队伍。

当前，集团发展战略蓝图已经擘画，让我们以习近平新时代中国特色社会主义思想为指引，当好新时代河钢的开创者、实践者、推动者，以时不我待、只争朝夕、宵衣旰食的精神，勠力同心、接力奋斗、持续用力、再创佳绩，共同谱写企业更加美好的篇章。

高质量发展的“河钢自信”

河钢集团

• 魏清源

从“全员聚焦市场和产品”到“以客户结构优化推动产品升级”，“从世界最清洁钢厂”到“引领行业绿色发展”，从“区域性并购重组”到“产业链全球布局”……河钢集团自觉担当国有企业走在高质量发展前列的重要使命，以先行一步的胆识，紧紧抓住供给侧结构性调整、“一带一路”建设、高质量发展的战略机遇期，以新思维新视野新方式引领企业转型升级，一个高质量发展的河钢集团未来前景清晰可见。

改革激活力，可持续发展动力足

2018 年 8 月底，在第十二届中国汽车轻量化技术研讨会上，河钢集团发布了首款联合研发的新能源商务白车身,吸引了众多知名汽车厂商关注，受到业内人士和参展观众的称赞。

今天，在彰显实力的汽车用钢市场，河钢品牌越来越令人瞩目。“供给侧结构性改革让企业摒弃规模导向，把精力更多地放在推进高质量发展上。”河钢集团秉承这样的理念，正加快由生产产品向提供钢铁材料解决方案转变。

在过去，包括河钢集团在内的很多钢铁企业把精力更多地放在钢材产品本身，而忽略了对客户需求的关心，更缺乏对客户的研究。这既有在当时钢材供不应求的市场环境下钢材不愁卖的原因，也有当时装备水平不高而且单一带来的产品雷同的原因。随着钢铁企业装备水平逐渐提升、工艺逐渐完善、能提供的产品更加多样、高端，钢铁企业也开始有了通过客户群体的优化促进结构调整的意识和能力。

河钢从大到强的巨大跨越，正是从转变对市场和客户的认知率先破题的。因为，对接市场和用户的能力，是新时代企业的最核心竞争力。谁拥有了这种能力，谁就掌握了市场竞争的主动权。

赢得未来，关键在先行一步。

“像卖家电一样卖钢材。”这是河钢集团营销服务模式转型过程中最早提出的一个理念，借鉴市场化较早的家电行业，不仅仅卖产品，更要卖服务。

“普钢”跨界推广“特钢”营销模式，改变过去“远离客户端、大量依赖中间商”的批发式营销模式，加强“点对点”的战略营销、技术营销和服务营销，让销售更加贴近市场和用户。

2015 年，河钢集团借鉴西门子先进理念和营销模式，跨界移植大客户经理制，率先在全国钢铁行业全面推行。

从“全员聚焦市场和产品”到“以客户结构优化推动产品升级”，河钢集团以理念创新为引领，持续发力无缝对接客户和市场，找到了驱动企业高质量发展的强力引擎。

如今，河钢“朋友圈”涵盖了奔驰、宝马、海尔、美的、卡特彼勒、徐工等知名制造企业。品种钢比例从 2014 年的 29% 提升到现在 70% 以上，从家电板、汽车板“零的突破”到实现“整车造”和“全覆盖”，今天的河钢已经成为我国第一大家电用钢、第二大汽车用钢供应商，核电、海洋工程、建筑桥梁用钢领军企业。

从航空航天、海洋工程、电力工程到重要交通枢纽，从家电轿车到城市地标性建筑，在众多重要领域，河钢集团产品发挥了不可替代的作用。中央电视台《大国重器》第一季记录的 18 个国家队企业，有 16 个是河钢服务的客户；中央电视台《大国重器》第二季讲述的 60 余个核心重器故事中，有近 20 个核心重器凝聚着河钢的自豪。

创新蓄动能，打开发展新空间

2018年，河钢股份等17个单位通过高新技术企业认定，集团高新企业总数达到26家。全年技术研发投入超过40亿元，开展了32项关键共性难题技术攻关，近30项创新和前沿技术落地实施。承担的“十三五”国家重点科技专项达到15项，实现了历史性突破。

从科技创新的“跟随者”向“领跑者”转变，成为河钢集团最响亮的声音。

党的十八大以来，河钢实施科技创新对外开放战略，积极主动融入全球创新网络，加强产业资本与技术资源的高效融合，不断深化与海尔、上重、浦项、西门子、中科院、北京科技大学、昆士兰大学等用钢行业战略客户、国际国内科研机构及一流企业的交流合作，已经建立了河钢东大产业技术研究院等25个协同创新平台，构筑起行业创新高地。

研究院的成立首开钢铁技术研发平台国内校企合作实体化运作的先河，开发了如大厚度海工钢等一批关键共性技术，在国内首次工业化试制成功厚度210毫米级特厚钢板齿条钢A517GrQ，突破了之前认为的178毫米的厚度极限。

从2013年到2018年，河钢累计投入技术研发费大数近200亿元，其费用结构与过去比发生了重大变化，越来越多的费用被投向协同创新平台、为客户开展EVI服务，100余项新工艺新技术得到应用转化和再创新。目前拥有的6400多项专利中，这一期间新增专利就达5500多项，这一时期也成为河钢创新活力迸发、技术进步最快的时期。

以创新驱动发展，清洁生产技术、绿色矿山开发技术、低成本炼铁技术、自动化炼钢技术、洁净钢平台技术、钒的清洁提取和钒产品生产技术等多项绿色制造新工艺、新技术达到国际领先水平，填补了国际、国内空白。

如果说，能够站在今天看未来，需要的是对时代特征的正确判断和对发展趋势的准确把握；那么，能够站在未来把握和引领今天，需要的则是洞穿时空的想象力，以及对未来国际、国内经济运行和产业格局前瞻性的理解力。

钢铁不仅是产品符号的概念，也汇聚了现代社会中科技、创新、人才、金融、商业模式等最活跃因素。

从“产业、产品创新不再是全部内容”到“要高度关注层出不穷的新技术、新业态、新产业、新商业模式带来的战略机遇”；从“让钢铁成为一个载体，汇聚起现代社会中最活跃的元素”到“构建以钢铁材料为基础的产业生态圈和工业服务平台”，河钢的一系列新理念，为传统钢铁注入新时代内涵，催动河钢立体化发展春潮涌动。

2018年，河钢集团被国家商务部等8部门评选为全国供应链创新与应用试点企业。

成立河钢供应链管理公司、河钢工业技术服务有限公司，区块链、增材制造、数字技术、工业互联网……捕捉社会活跃因素，创新河钢由弥补差异化向制造差异化稳步前行。

凡益之道，与时偕行。未来的河钢将聚焦“钢铁材料＋工业服务”，推进钢铁产业链条向先进制造业及现代城市服务领域延伸，实现“从钢铁到材料”“从制造到服务”的深度融合，构建起全球最具价值的材料解决方案和工业服务平台。

开放赢未来，构筑竞争新优势

2018年9月18日，习近平总书记在北京会见塞尔维亚总统武契奇时指出，“我高兴地得知，中国河钢集团与塞尔维亚斯梅代雷沃钢厂的合作运营良好，已成为塞尔维亚第二大出口企业。”

从2016年收购并运营斯梅代雷沃钢厂，到成功打造“一带一路”建设和中国与中东欧产能合作的样板工程，河钢人用担当和智慧，向总书记交上了一份满意答卷。

以高水平开放推动高质量发展是中国经济高质量发展的必然要求。河钢要建设成为最具竞争力的钢铁企业必须融入世界，成为“世界的河钢”，共同创造并分享世界钢铁工业进步的成果。

在开放中了解世界，在开放中影响世界。更加开放包容，成为新时代河钢的鲜明品格和独特气质。

这气质是共享共赢的大胸怀。河钢提出了海外公司“利益本地化、用人本地化、文化本地化”管理原则。在河钢塞尔维亚公司，全厂5000多名员工，中方常驻管理人员仅有9名。而百年钢厂重现生机，更带动了斯梅代雷沃整座城市的发展，每年的市财政收入是原来的2倍，失业率由18%降到了6%，新生儿出生率在塞尔维亚排名第一。

这气质是共商共识的大格局。赋予更多独立经营权，河钢德高成为中欧贸易之间资源配置的综合服务平台。启动河钢德高BRSCO项目，建设面向全球的贸易、投融资、生产、服务网络，打造服务“一带一路”建设的国际大平台。

这气质是共创共荣的大担当。河钢—塔塔东南亚钢铁项目在京签约，河钢将出资收购塔塔钢铁位于新加坡、泰国、越南和马来西亚等东南亚地区的钢铁资产70%股权，推进海外发展重心由欧美向欧洲与东南亚并重转变，国际产能合作再结硕果。

唯有开放合作，方能共享机遇。2018年10月17日，在日本东京举行的世界钢铁协会理事会选举了2018~2019年度协会领导成员，河钢集团董事长、党委书记于勇成为世界钢铁协会新一届领导人，并代表中国钢铁工业做了题为《携手创造世界钢铁工业美好的未来》的主旨演讲。这不仅仅是河钢的荣耀，更昭示着中国钢铁工业历经改革开放40年的高速发展，已经得到世界同行的高度认同。

2017年和2018年，河钢集团职工蝉联模拟炼钢挑战赛世界总决赛冠军，河钢获评中国国际化程度最高的钢铁企业，蝉联中国企业全球化50强、“一带一路”十大先锋企业，蝉联中国钢铁企业竞争力极强“A+”最高评级。

站在改革开放的新起点上，一个以钢铁材料、工业服务、海外事业高效协同发展的综合性跨国产业集团步履铿锵，奋力谱写下新时代“钢铁报国”的华丽篇章。

品企业变迁　读工人伟大

河钢集团邯钢公司

•宁成方

作为一个60后，我是伴着河钢邯钢一起长大的，目睹了它从小到大、从弱到强，突飞猛进、日新月异的变化。

父母是1958年大炼钢铁时，来到邯钢的。是他们那一辈人，胸怀满腔热血，奉献美好年华，挥洒汗水，艰苦创业，在那么困难、贫弱的条件下，建设起了邯钢。

那个时候的机械化水平远不如今天。大炼钢铁时，靠的是人海战术，人工的脚手架，肩背身扛，成为常态的工作方式。许多如今一辆吊车、一台钩机就能完成的工作，当时需要投入大量的人力物力。

当年，母亲在邯钢一炼铁55立方米高炉的卷扬机房工作。小的时候，我曾经怀着好奇的心情，去那里一探究竟。隆隆的卷扬机是带着料车往炉顶送料的，料钟牌子指示着炉顶的装料情况，摇动料钟钢丝绳滚筒，十分费力。我很喜欢能够登上称量车，悠然地跟着来回坐几趟。称量车在当时已算是比较先进了，再往前，我还曾经看到手工推着轨道车上料的状况。如今的高炉上料，早已实现了自动化，卷扬机、称量车已被可以程序设定配料比的传送皮带所代替；至于那时十分费力的人工甩铁，也早已不见了踪影。技术和效率的变化，真是不可同日而语。

那时的炼铁厂有几座55立方米的炼铁高炉，后来建了一座84立方米的，已经算是大的了。高炉下鸣响着拉运铁水和渣包的小火车，是窄轨的，整天来来往往。小时我最渴望的就是，能够登上小火车乘坐一下，也挺想长大了去开火车，于是就在墙上地下用粉笔画了无数的火车。可是，直到后来扩建改造，拆掉了那些高炉和小火车道轨，我也没机会坐上，心里十分遗憾。

如今的河钢邯钢，再也找不到小火车的影子了，连蒸汽机车也早已被淘汰，换成了清洁、强劲的内燃机车；几十立方的小高炉，也只能在《邯钢志》里找到了，取而代之的3200立方米的现代化自动操控的高炉。这个变化，是和河钢邯钢一起打拼、一起成长的钢铁人慢慢感受到的。

长大后，参加工作，我也来到了河钢邯钢。恰巧，我所工作的单位，制氧设备就建在母亲当年工作过的炼铁厂址区域上，如今那些炼铁装置早已被拆除干净，取而代之的是高大的空分装置和宽敞的压缩机厂房。看着眼前的厂区，我可以清楚地指出，如今哪个地方是原来的高炉炉址，哪个地方是料场，哪个地方是小火车的轨道走向……

当年炼铁厂的建筑，后来只剩下一座办公楼，而我，就在那座办公楼里工作。睹物思人，心中感受颇多。这一份深厚的感情，不仅仅是对一生工作在邯钢的逝去母亲的怀念，更是对那一辈邯钢人最崇高的敬意！

如今，河钢邯钢已是一个现代化的大型钢铁企业，干部职工无不自豪满满。由几辈人艰苦建设、辛劳经营、不断壮大起来的河钢邯钢，不仅仅是企业规模这样的物质层面展现，而是经年岁月、日积月累所凝聚成的企业精神，这是由每一名、每一代劳动者所贡献的。携着这股巨大的精神能量，我们必将为河钢集团“建设最具竞争力钢铁企业”做出新贡献。

钢城春色绿江岸

南钢公辅事业部

•陈绍亮

扬子江畔，霸王山下。有一家特大型钢铁企业——南京钢铁集团，近年来，南钢因绿色发展成效显著，收获了诸多高含金量的荣誉——2014年，被南京市园林局评选为“园林式单位”；2016年，被中国钢铁工业协会评为“中国钢铁工业清洁生产环境友好企业”；2017年，荣获全国重点大型耗能钢铁生产设备节能降耗对标竞赛优胜奖；2018年，被中国冶金报社、中国钢铁新闻网评为“绿色发展优秀企业”；2018年世界环境日期间，在中国冶金报社组织的首次“绿色钢企万里行”评选中，获“绿色发展标杆企业”称号……

始建于1958年的南钢，是新中国第一个“五年计划”布局的“三皇五帝十八罗汉”钢铁版图之一。南钢因“钢铁报国”而生长，凭着“革命”的热情，南钢第一代开拓者在霸王山下艰苦创业、曲折发展。历经60多年栉风沐雨，南钢一路风雨兼程。经过几代南钢人的奋斗拼搏，当年荒僻之地，已经改天换地，向世人展示着最美的风采。南钢犹如一翩翩美少年，年轻充满活力。2018年，南钢建厂60周年，南钢开展“万人看南钢”和“企业开放日”活动，来自全国各地的嘉宾、南京江北新区居民和南钢离退休职工，分批次参加活动，他们参观后都纷纷抒发感慨：南钢变化太大了，厂区处处有景，花红柳绿，道路整洁，天空更蓝，空气更清新……

南钢的“厂区景点”共有20多处，同心园、九龙湖是其中的一个亮点，动静相宜，空灵蕴藉。共进塔、呈祥园、休憩长廊、沿河栈道，移步换景，让游人流连忘返。雪松挺拔，青竹摇曳，绿植如茵、花香四溢。一湖池水，一片流云，孔雀开屏，鱼翔浅底，春色无边，春意盎然。这里迎来一波又一波南钢的客人，徜徉花间，漫步休闲，身心舒适，好不惬意。

这是南钢近年来将“绿水青山就是金山银山”理念融入企业“一体三元五驱动”发展战略，统筹制定产业优化、环境提升、转型发展的规划方案、路线图，精准实施融合发展的绿色解决方案，把良好的生态优势和发展空间转化为竞争优势、经济优势和发展动力。

一进园区，首先看到的是采用锈雕工艺制作的同心园指示牌。园区大门古朴尊贵，仿佛正述说着南钢历经60多年风雨的沧桑与荣耀。进入园区，各色的花花草草恣意绽放、争奇斗艳，红的、白的、黄的、粉的……与园内的白墙、青瓦相得益彰。梨花淡白柳深青，桃红飞时香满地。园区环境清幽，每一种花香都令人神清气爽，每一处小景都让人心旷神怡！

同心园原址是水厂二泵站。1958年南钢建厂时，二泵站同步建设。建厂时二泵站和一泵站还没有建好，向高炉供水还是在长江上安装浮船，在船上安装3台供水泵直接向高炉供水。20世纪60年代，受技术和条件的限制，当时的沉淀池只能靠人工开挖。那时工地紧靠长江边，地址条件差，遍地芦苇和砂石，一片荒芜凄凉，老一辈的南钢人不怕苦、不怕累，开挖大自然沉淀池付出了今天难以想象的艰辛。没有大型工程机械，只能靠肩挑手抬，扁担箩筐十字镐，钉耙锄头加长锹，工期紧，效率慢，就采用人海战术。南钢创业者用着原始的劳动工具，在一穷二白的大环境下，与天斗、与地斗，充分发扬企业“两创”精神，晴天一身灰，雨天一身泥，吃不饱饭就勒紧裤腰带，穿不暖衣就多干活。夏天蚊虫叮咬、冬天寒风肆虐，没有人有怨言，没有人当逃兵，大家只有一个共同的目标，建设南钢！经过长达两年的开凿、建设，二泵站在1960年前后建成投产，解决了供水难题。

当初建设时自然沉淀池长只建了185立方米，水面面积约2万平方米。1958年二次站建水泵房时，在机房内建了一个半地下式泵站，安装了3台460千瓦中压浑水泵向外供水，而且在泵房中间建有高压室，值班人员就靠在配电柜边值班，条件艰苦，没有空调，连电扇都没有，夏天蚊虫咬，冬天冻得直跺脚。水泵进出水的阀门都是手动闸阀，有的大阀门开关都要加杠杠才能开动。最苦的是1959年前后在长江浮船上值班，当长江水位高时上浮船，人都要将长裤脱掉，穿着短裤上下班。1959年建一炼钢时，在二泵站院内建了两座1000吨每小时真空脉冲沉淀池，后改造成钟罩式脉冲沉淀池，并建了一座800吨清水池，并在二泵房内安装了两台90千瓦多级泵，供炼钢转炉氧枪用水。

2014年，南钢实施转型发展，5座小高炉淘汰，老炼钢拆除重建，二泵站运行了54年后，完成了它的历史使命。

南钢处于长江之滨，也处于南京江北新区腹地，实现厂城共融，绿色发展，承载“生态先行”的使命，南钢要构建自己特色的绿色钢铁产业体系。“十三五”期间，南钢组织制定厂区环境提升规划，力争在2020年“把南钢建设成为一个具有国际先进水平的清洁工厂”、创建工业旅游示范基地。

为此，二泵站开始大变身。2017年10月，二泵站大部分构建筑物拆除，仅保留泵站机房、1台单梁桥式起重机和1台20世纪60年代使用至今的蜗式离心泵作为纪念。厂区成了公园，布局紧凑，质朴自然，繁花锦簇，生机盎然。沉淀池成了九龙湖，芦苇摇曳，杨柳轻舞，栈道曲折，碧波荡漾。南钢人不仅把园区打理得有模有样，还精心饲养了美丽又高贵的蓝孔雀，它们的健康成长向人们展示着南钢良好的生态环境。

夕阳西下，同心园里没有了白日的喧嚣，幽草中偶尔传来几声悦耳的虫鸣，柔和恬静。九龙湖面跳跃着点点金光，微风拂过，疏影横斜，静谧安详。朝晖夕阴，春夏秋冬，随着季节和天气的变化，同心园、九龙湖呈现出不同的美。一砖一瓦，一事一物，在滚滚的扬子江畔，轻声叙述着南钢的故事，用钢铁人的豪迈与激情，气韵恢宏发出新时代最铿锵的誓言和最有力量的强国梦想。

同心园、九龙湖是南钢“产城融合、绿色智造”的一处缩影，诉说着南钢的生态和美好，让更多的人看到了不一样的南钢。

我与钢铁的缘分

陕钢集团韩城公司

•李　威

相　遇

与钢铁认识的时间很早了，已经记不清楚是哪一天了。小时候识字不多，进到南门的时候看到了高高的两个字，我认识一个“龙”字，父亲对我说，另一个字叫“钢”，“龙钢！龙钢！”我兴奋地念了好几遍。

那是第一次去父亲工作的地方，红色的电话响起，当时吓得直往后躲，电话这头父亲开心地说今年有望钢铁产能达到100万吨，他说要写报道好好地宣传，那时候电话不多，小时候家里很拮据，也从来没见过电话，因为父亲是在宣传部门，大办公室里也就有了一台电话传递消息。后来才知道，那时父亲已经在厂里工作十多年了。只记得当时父亲难得的高兴，对我大声地说龙钢的钢铁终于要突破百万吨大关了。这不仅是一个里程碑，也是一个开始。

我与钢铁相遇便是从这里开始的。自从知道厂区的生产地后，我们几个小伙伴们便经常结队去厂区里玩耍，那时候有水泥路的地方不多，一路上大家说说笑笑，地上经常能捡到卡车经过后掉落的小圆石头，在手里沉甸甸的，后来才知道那是球团矿，那时候经常回到家，裤兜里就会揣满球团矿。记得有次到厂里去玩，小伙伴们说发现了秘密基地，我们一窝蜂似地都跟着过去，在一个巨大的高炉面前，隐约看到里面火花涌动，不时地还会有一两滴飞溅，那个场景至今难忘。

初　识

也许是小时候那铁水奔流的一幕让我难以忘怀，时间往后推移，10多年后，我以实习生的身份进入了龙钢公司，同时也开始了我为期一个月的实习生活。

当时刚好有本冶金生产概论，这才知道钢铁发展的基础就是从铁矿石的选矿开始。铁矿石的品位越高，钢铁产量越大，同时铁矿石的各种化学元素也会对钢铁的成品产生不小的影响，经过选矿、烧结、炼铁、炼钢、轧钢一系列的工艺流程后，真正的成品钢材便会生产出来。

在随后的实习中，我一次又一次地站在巨大的高炉面前，灼热的气浪不断迎面扑来，但这阵阵热浪却丝毫没有影响到在炉前奋斗的工人，好似更加引燃了大家的热情。我的心中不由得呐喊：奔流吧，奔流吧，铁水；前进吧，前进吧，龙钢。

经过那些天的实习，我深刻地感受到了也许一个人的努力是微不足道的，但成千上万的人为同一个目标而奋斗时，这种向上的态度会带动更多的人，短短一个多月时间，龙钢人骨子里迸发出奋斗不息的精神使我深深地爱上了这里。

相　交

毕业后，钢铁行业面临着寒冬，或许是炉内炼钢炉炉是精品、炉外炼人是精英的话语感染了我，我毫不犹豫地加入了陕钢集团的大家庭，成为钢铁人。

从钢铁寒冬到扭亏脱困，再到钢产量突破1000万吨，由过去的观众转换为了见证者。我这才知道，原来成钢的背后不光有复杂的工序，更夹杂着广大职工辛勤的汗水，回过头再看从30万吨到300万吨、从300万吨到1000万吨的艰辛历程，真的很难想象这中间多少人的青春在绽放，多少人的心血在流淌，有多少人将青春留在这里。

就在前两天，我有幸到生产基地现场观看了“钢材是怎样炼成的”，过去铁水奔流、钢花飞溅的场景，如今再也看不到了。全封闭式的高炉冶炼，现场看不到一丝的灰尘，厂区的大路上，微风拂过，青草和泥土的芳香扑鼻而来。美丽陕钢，幸福陕钢，正在大家的共同努力下，茁壮成长。

我与钢铁的不解情缘

陕钢集团汉钢公司

·刘　勇

想到钢铁，我就联想到了持之以恒与坚持不懈；看到铁水奔流，我就感受到了势不可挡的勇气与豪情；触到棱角分明的钢坯，我就仿佛触摸到了坚毅与刚强。

熟悉钢铁的人都知道，从铁矿石烧结成块开始，历经高炉冶炼、转炉炼钢、连铸成坯、轧线成材，零零总总数十道工序，那深埋在地下的黑色宝藏经过千锤百炼的“磨砺”，成为了我们生活离不开、抛不弃的必需品，也许，正是这百炼成钢的态度，让钢铁在我们国家悠悠的历史长河中诞生了“铁壁铜墙”“铁石心肠”“铁杵成针”等为人所熟知的成语。

在舞勺、舞象之年，我就一直怀揣着一份钢铁情结，不仅仅是父辈从事钢铁行业耳濡目染，更重要的是钢铁坚强、坚韧、坚硬的那份特性持久地影响着我、激励着我。就像很多人称呼我的，我是一个“钢二代”，从厌恶、排斥、感兴趣、被吸引，再到加入钢铁大家庭成为一个名副其实的“钢二代”，我与钢铁有不解的情缘。

20 世纪 90 年代，随着改革开放的步伐不断加快，国内市场环境不断转好，下海经商、退伍转业到企业成为很多公务员、军人的选择，父亲就是其中一分子。为了我和姐姐的学业开销，从原兰州军区转业的他，放弃稳定的政府大院，选择做一名普通的钢铁工人。刚到钢厂，我的印象就很差，因为父亲每天都很忙，不仅常常见不到人，还脏乱无比，每次见到他，他的脸上、衣服上都没有干净的地方。忙碌无比的父亲，脾气也因此变得很差很差，稍有不顺就发脾气，家庭矛盾时有发生。所以，我那时对钢铁的感情是厌恶的、排斥的，哪怕我的生活离不开它，哪怕我的家就安在钢厂旁边。

20 世纪末，国企改制大潮波及全国，有些企业没有经受住市场的大浪淘沙而破产了。父母的下岗、打工让我的生活多了一份拮据，父亲也更加忙碌了。这时，我才知道生活不易，这与钢铁并本身并没有多大关系，心中那一份芥蒂逐渐消散。

21 世纪初，地方钢铁企业改制。父亲和母亲重新回到了企业，也是从这时起，我经常或随父亲或同母亲来到钢铁的冶炼现场，那轰鸣的机器、炽热的气息、火红的铁流引起了我强烈的好奇与兴趣。眼前这个“庞然大物”究竟是怎样运作的，才将近乎一个城市的人养活呢？

一转眼，我大学毕业应聘加入了钢铁大家庭。“晴天一身灰，雨天一身泥”的建设热潮，“5+2，白＋黑”的艰辛与汗水，“一年建成 300 万吨钢”的辉煌，让我快速成长为一名合格的钢铁工人，从稚嫩到老练，从软绵到刚强，从徘徊到坚守，我如同铁矿石历经千锤百炼终成材一样，经过不断的磨砺与摔打，成为了能够为企业高质量发展贡献力量的一分子，我甚至以别人称呼我为“钢二代”而骄傲。在我看来，这就是对我的认可，因为钢铁已经成为我身体的一部分，肯定钢铁就是肯定我。

已过三十而立之年的我，已与钢铁“相知相识”二十多载，展望未来，我与钢铁还将发生更多的故事，我将以我的青春与汗水，为企业的高质量内涵式发展贡献更多的力量！

来酒钢的第一次盛会

酒钢集团

•吴庆林

我是 1985 年 10 月 5 日来到酒钢工作的，至今已整整 34 年了。在这 34 年中亲历并目睹了酒钢的每一项成就，以及酒钢天翻地覆般的巨大变化。每一项成就、每一个巨大变化都让我兴奋难忘。

至今我都不会忘记的是酒钢出第一炉钢水的那一天，这也是我来酒钢所参加的第一次盛会。

那一天是 1985 年 12 月 26 日，那时我刚入厂两个多月，还在厂部安全学习和技术培训。那天我和 50 多名一起参加工作的工友得到通知，早早地就吃过午饭，打着十几面红旗，穿着崭新的工作服，戴着安全帽，不到下午 1 点就来到了举行投产典礼的炼钢厂厂房前。典礼大会非常隆重，30 余米高的主厂房正中悬挂着“发扬铁山精神、酒钢定能腾飞”的巨幅标语，临时搭设的主席台上摆放着流金溢彩的原冶金工业部、省政府和各部门赠送的锦旗、奖杯、贺匾，两侧停放着两台五吨液压起重机，机臂上分别悬挂着长 15 米的对联：“居雄关战戈壁看今朝钢花怒放”“致改革攻险阻迎明日酒钢腾飞”。此时离投产仪式还有 1 个多小时的时间，可这里早早地就站满了人，有各厂矿的职工代表，有职工家属，还有几支学生队伍和市上单位来祝贺的队伍，每个人的脸上都荡漾着喜悦之情。那天的天气也很好，没有风也没有雪，只有蓝得透明的天空和厂房顶上飘扬的彩旗。我站在队伍中，也和所有参加盛会的人一样，都怀着特别激动和兴奋的心情。

下午 2 点 20 分，终于等来了最兴奋、最动人心弦、最值得纪念的时刻，投产典礼开始了。首先三颗鲜红色的信号弹划破长空，紧跟着是《没有共产党就没有新中国》和《咱们工人有力量》雄壮有力的曲子，悬挂在十几台吊车长臂上的鞭炮点燃了，汽笛鸣起来了，锣鼓也敲起来了。一时间，鞭炮声、汽笛声、锣鼓声响彻会场，响彻云霄。这时空中又响起了 27 响震天动地的礼炮，这 27 响礼炮，寓意着酒钢自 1958 年 12 月 15 日全面破土动工以来，已走过了 27 年的路程。这 27 响礼炮是向酒钢迎来第 27 个生日的献礼，同时礼炮声也是向 27 年来参加和支持酒钢建设的各级干部、职工以及各界人士表示敬意和感谢。礼炮响过，会场上响起了雷鸣般的掌声，经久不绝，在热烈的鼓掌声中，应邀来参加的省、市领导讲了话。省委书记启动了电钮，一炉红彤彤的钢水顺利地流了出来，一时间，整个会场再次爆发出雷鸣般的掌声和职工们兴奋的呐喊声。这一天，酒钢结束了有铁无钢的历史，使酒钢成为祖国西北名副其实最大的钢铁企业公司，3 万多酒钢人也终于盼来了这一天。

场地上近万名职工和文艺队伍组成欢乐的海洋，各色的旗帜、花束、服装蔚为壮观。剪彩时，鞭炮声、锣鼓声，还有我们伴和着酒钢艺术团演奏的《咱们工人有力量》雄壮起伏有力的歌声，响彻会场，震彻云霄。会后我们又随着艺术团欢乐的队伍，奔向市区进行了表演、游行，有许多店铺和临街人家都燃起了鞭炮，游行队伍就在硝烟和遍地的纸屑中穿过，所过之处都是欢乐的人群。如今这一盛会已过去 34 年了，但至今想来都禁不住让我再一次心潮澎湃，仿佛又置身于那震撼人心的热烈、欢乐的场面中。

站在历史的昨天　仰望今天的幸福

陕钢集团韩城公司

•秦建华

傍晚，随着下班的人流车流在都市的街道上缓慢穿行，四周高楼林立，霓虹闪烁，街上车流如海，行人如织，好一派热闹繁华的盛世景象。想想从年少到现在，从农村到城市，一路走过来的几十年光阴，抚今追昔，不胜感慨，生逢这样的时代，日子虽说不上多富有，但衣食暂无虞，有房可安身，有车可代步，享受着各种智能科技带来的便捷和舒适，体验着现代社会五彩斑斓的文明和进步，我想平凡百姓的人生追求大抵也就如此吧，幸福而满足。

记得有次驾车回山东老家的途中，同行的同学曾发出过这样的感慨：我们现在真幸福，过得比古代皇帝都好。问她为何有此感慨。她说：古代皇帝出门虽说前呼后拥，车马声喧，但是想到哪儿，都是天遥地远，少则十天半月，多则一年半载的，想想都急得慌。哪像我们现在，交通如此发达，交通工具又如此先进，要去哪儿，想快可乘飞机、坐高铁，眨眼工夫，天涯海角仿佛就在眼前了；想慢有火车、有汽车，一路慢走慢摇，不急不缓，还可欣赏沿途的风景；想自由随性，选择自驾，约三五好友，或东或西，天南地北，都可任意来去；不想出远门，又嫌驾车麻烦，还有共享单车可供选择，微信一扫，低碳环保，方便快捷，是不是比古代的皇帝惬意多了？

如此想来，我们普通百姓现在过的生活比起古代皇帝来，幸福的事又何止出行这一条。古代皇帝出行，只有车马舟楫，现代的交通工具却是五花八门，日行千里夜行八百的早已是不足为奇的平常事。吃的方面，古代皇帝虽然也是珍馐玉食，但毕竟要受地域、运力所限，能享用的吃食也是屈指可数的物种。在互联网全球化的今天，物流便捷快速，人们足不出户，便能遍尝世界各地美食。古代御寒只能靠生火取暖，炎夏避暑靠的是冰块，笨拙而缓慢，今天的空调、电扇只需轻轻一按，分分钟就可享受到你想要的舒适的温度。古代通信只能靠快马加鞭，日夜兼程，今天的微信、QQ手指一点，瞬间就可听到想听到的声音、看到想看到的亲人……如此种种，不胜枚举，古今对照，天差地别，站在历史的昨天，仰望国家今天非凡的成就，真的不是简单的幸福二字就能概括得了的。

科技改变了世界，也极大地改变了人们的生活。而这一切都源于我们生逢盛世，才能够享受到如此幸福惬意的安稳人生。我们的先辈用自己的青春和热血改写了历史，70年前用无数的血肉之躯成就了中华人民共和国的伟业，我们的党更是集全员之智慧实现了中华民族从站起来、富起来到强起来的历史性飞跃，尤其是党的十八大以来，中华民族伟大复兴展现出前所未有的光明前景，十九大的盛会，更标志着决胜全面建成小康社会的历史大幕已经拉开。今日的中国，一扫过去的阴霾，以更加自信的笑容、更加开放的姿态日益走向世界舞台的中心。

回顾历史，我们总有距离，因为历史的洪流滚滚向前，我们只是沧海一粟，显得那么微不足道；而陕钢集团的发展，我们却一路参与，从青春年少到沉稳中年，亲眼见证了它由年产三五十吨的小厂发展成如今中国西部最具竞争力的大型钢铁集团，实现了一个个追赶超越的神话。企业职工伴随着集团的发展壮大，从温饱到小康，不断追求精神上的富足，气质风貌发生了翻天覆地的变化。这一切无不得益于改革开放的这一强国之路，无不得益于我们的党一系列发展惠民政策。

从古代走到今天，从历史走向未来，建设伟大工程、推进伟大事业、实现伟大梦想，我们有着无比坚定的信心，如今，适逢共和国成立70周年，创造更强大的中国是党和国家的历史使命，打造美丽幸福新陕钢却是全体干部职工义不容辞的责任和担当。习总书记说“幸福是奋斗出来的”，今天的我们付出过拼搏的汗水、享受着奋斗的成果，未来的日子要求我们不忘初心和使命，继续以奋斗的姿态和勤勉的态度投身到陕钢生产经营建设的洪流中去。

这些年与钢铁的不解之缘

河钢集团

• 邸焕龙

七十载惊涛拍岸，九万里风鹏正举。钢铁改变了世界，也促进了整个时代的发展。作为一名自降生起便与新中国钢铁工业结下不解之缘的矿山子弟的后代，在我的童年记忆里，那是一段充满激情的峥嵘岁月。

20世纪50年代，从部队退伍到矿山的爷爷，带着一家人扎根龙烟铁矿，在这里安家落户后肩负的最大任务，便是执行保卫任务——看守矿山炸药库。那时候新中国刚刚解放，敌特分子活动十分猖獗，经常在矿山上进行生产破坏，这项任务的保密和危险程度可想而知。为了肃清周边的危险隐患，爷爷经常要跟随保卫科的同事们上山巡逻，严防敌特分子的破坏活动。年深日久，在风餐露宿的恶劣环境中爷爷患上了严重的哮喘和风湿病，每到秋冬季节，关节都会疼痛难忍。但是即便如此，生性倔强的爷爷也从不向组织请假休息。有一次，爷爷执行巡逻任务，在巡防到炸药库外围电网的时候，发现了一缕挂在铁丝网上的狗毛。通过以往的经验判断，这是日伪时期，从日本侵略者遗留下来的狼狗身上掉下的毛发，说明这附近肯定有敌特分子活动过的迹象。于是，爷爷迅速把情况汇报给了保卫科，一连数日，保卫科加强巡查力量，经过多次侦查终于查获敌人的踪迹，将敌人的阴谋破坏活动彻底粉碎。因为表现突出，此役之后爷爷还得到了一张完整的狼狗狗皮。爷爷用这张狗皮做成狗皮褥子，一直爱不释手。

爷爷退休以后，我的三叔接班顺利进入了河钢宣钢，在钢厂一干就是一辈子。三叔心灵手巧，机钳电铆焊这些手艺活儿，他几乎样样精通。在

20 世纪 80 年代那个物资匮乏的时代里，这些手艺足以让他成为姑娘眼中像今天的“高富帅”般受欢迎的“香饽饽”。那时候，邻里关系十分和睦，谁家有个大事小情，都喜欢找三叔去帮忙。三叔和三婶就是在某次共同帮忙的过程中认识的，两人都是一副热心肠，又都是一个钢厂的工人，越聊越投机，顺理成章地就走到了一起。在钢厂红火的年代里，类似他们这样的双职工，在我们家乡那可是最让人羡慕的富裕家庭。钢铁工人的地位，在社会上也是备受尊重。

作为我们家里的“钢三代”，我是学校一毕业就顺利在钢厂入职。从此一直从事与钢铁有关的工作：先是在河钢宣钢基层一线当维修工，干了 8 年。后来因为酷爱写作，常参与工会文体活动，慢慢地进入二级厂矿的党群科，当起了专职的宣传干事。又是 8 年以后，我自修了本科文凭并入党提职，成为了团委书记。

也许是不甘于平淡是我的本性，也许是自己还有一份奋斗的理想信念。2016 年，我应聘加入河钢销售队伍，从此开启了在市场一线拼搏的全新挑战。随着年龄和阅历的增长，钢铁这个传统行业在国家发展建设中的地位几经变迁，但作为工业强国的标志性行业，钢铁工业的发展代表着国家硬实力的崛起，这个观念始终在大家的认知中不曾动摇。

我自豪，我是一名钢铁人，一个与新中国钢铁工业发展史同向同行的“钢三代”。新的时代，新的征程，我这个钢铁人仍将继续奋斗。

钢城，每天不一样

中国宝武鄂城钢铁

•晏　芳

华灯初上，我正走在钢城的路上。整个钢城被摇曳的灯火打扮得五彩缤纷起来。不时闪烁着的灯光，仿佛让我触摸到这座十里钢城的呼吸，在一呼一吸之间，有一种律动和节奏，好像是在向人们诠释着这座钢城创新发展中又仍有方圆的哲理，让我真实感受到现代大工业的丰富含义。

是的，我们的钢城正在发展中。一座座高炉和钢架建筑，高高耸立着，仿佛一个个接受奖励的巨人，向天空庄严的展示着自己强壮且不朽的骄傲。整个厂区里，空气清新，绿色环裹着厂房，林荫小道上，还有着花儿开放，行走其间，俨然置身在一个大花园里一般。

“绿水青山就是金山银山”“打造全国绿色智慧型城市钢厂典范”“美丽中国，我是行动者”“厂区就是城区，绿色工厂从我做起”……厂区里的一句句宣传语，无不代表着钢城里每一个职工的心声。追求卓越的鄂钢人，立志要将鄂钢建成一个“厂在林中、路在绿中、人在景中”的绿色城市钢厂宏图，厂区环境的“洁化、绿化、美化、文化”也慢慢在时间的步步推移中得到实现。

我们的钢城越来越美，也越来越好了。在钢城里上班的职工们，这样的认同感越来越浓了。

“灰尘不见了，蓝天白云成了常态。哈哈，看看它，像不像一个气派的艺术歌剧院？”记得有一天，我在上班的路上碰到了两名焦化的职工，其中一名职工一边手指着拔地而起的蓝色封闭煤场，一边兴奋地说着。

“艺术歌剧院，哈哈，太像了。听说棒三那里，还有一大片樱花园呢，等明年春天，可以一起去赏樱花啊！”另一个女职工也憧憬着。

“今天有加餐呢，端午节发了福利餐券，多一个鸭蛋，一个粽子。”又路过餐厅，听到一个职工喜悦地说。

“对了，我生日到了，厂工会还通知我去领蛋糕卡呢！”能够领到一份小心意，职工的脸上洋溢出来的“小确幸”，真是让旁人看了都羡慕。

一券一卡虽然小，但都得益于企业的高质量发展，身为钢铁大军里的一员，我们比任何时候都自豪，也希望我们的辛勤劳动和努力奋斗，能与企业一起进步，迈向更加美好的明天，而我们也将成为鄂钢努力转型，变得更好更强大的见证者。

走进车间里，见到的大多是自动化设备，一些岗位上已经不再需要人工操作了。工人们在干净整洁的操作控制室里操控着设备，工作服一整天都是一尘不染的。“现在上班，都不用拼命流汗了。”一个值班工人开心地说着。

工厂，成了展示工业美学的场所。厂区讲究绿化，车间里整洁有序，先进的技术、高速顺畅的工艺流程，是鄂钢，让我再一次感受到现代工业的魅力。

我不禁想起我们的父辈们，老一辈的鄂钢人，他们那种艰苦奋斗、不畏艰难、无私奉献的精神早已经扎根在这片土地深处，转变为生生不息的力量，不断激励着后来的鄂钢人，创新开拓，奋斗进取，在鄂钢，这个未来充满无限可能的舞台上，续写篇章。

鄂钢，每天不一样的钢城里，有文化、有底蕴、有坚韧的脊梁，更有着许许多多坚持、创新、执着、自豪的故事，等待着我们每一个鄂钢人，去解读，去行吟。

诉不尽的鞍钢情怀

鞍钢集团二发电厂

•郭付霞

我能够骄傲地成为鞍钢职工，在鞍钢工作，缘于乡下的父母。因为在他们脑海中就知道有鞍钢，就知道鞍钢好，他们这一观念深植我心，我铆足了劲努力读书，终于如愿考入鞍山钢校，毕业后顺理成章地进入鞍钢工作，一晃已有近30年。

我常常想“钢都”的美誉叫得那样响，固然因为鞍钢是最早的钢铁生产基地、是工业企业的“脊梁”，更因为鞍钢拥有40万大军，解决了大半个城市人的就业难题，承担着太多的社会责任，大爱情怀至深至远！其实，真真正正了解鞍钢、读懂鞍钢，彻底融入鞍钢，那还是我入了党，成为一名光荣的共产党员之后。

鞍钢是新中国最早开工的大型钢铁企业，从高炉流出第一炉铁水，就注定独享“钢铁工业摇篮”“中国钢铁工业长子”的荣耀。鞍钢不仅擎起我国钢铁工业半壁江山，还兼有“争气钢”的盛名。曾听老厂长如数家珍般地讲着鞍钢故事，其中最令我动容、至今念念不忘的就是当年为完成国防任务，鞍钢紧急研制生产桥梁钢来承建南京长江大桥，完工后为检验施工质量，国家动用100多辆坦克在桥上压，据说现场人山人海，盛况空前，绝无仅有！每每听到这段历史，我激情澎湃、泪如泉涌。老鞍钢人无论是在技术研发、产品创新，还是在工程质量、生产工艺、奉献担当等方面都走在时代最前沿。后来，他们当中的很多人积极响应国家号召，到各大钢铁行业的兄弟单位支援建设。鞍钢人的足迹遍布了全国各地，鞍钢人的汗水洒在了祖国的每一座钢厂。如今，半个多世纪过去了，老一代鞍钢人实践了献了青春献终身、献了终身献子孙的豪迈伟言，鞍钢人为国分忧、勇挑重担的大爱情怀被世人称道传颂。

自改革开放以来，鞍钢坚持“创新、求实、拼争、奉献”，大力弘扬“鞍钢宪法”精神，推进技术创新、产业创新、英模文化建设，实现了从计划经济向市场经济的成功转型。兴建东区、改造西区、新建营口鲅鱼圈钢铁生产基地正是自主创新成果的集中体现，一大批自主创新的技术成果覆盖重大的国家项目，为鞍钢增添了更多的底气，真正实现以科技引领创新发展的目标，推动核心竞争力的提升。鞍钢为中国标准动车组量身打造出“升级版”的转向架用钢已经成为行业“名片”；鞍钢铁路用钢，包括高速钢轨制造、高强韧性钢轨、槽型轨技术已经达到国际先进水平；船舶及海工用钢是鞍钢的拳头产品，如今已经创造出多项全国乃至世界第一的业绩；近 10 年，鞍钢为国家的桥梁事业做出巨大贡献，中厚板厂生产的桥梁钢已经成功地走出国门，向世界展示了“中国制造”的实力。此外，鞍钢始终坚持绿色发展理念，推动耐腐蚀钢材料产业结构调整与优化升级，追求“绿色钢铁”之梦。

新时代的鞍钢正在脱胎换骨的变革当中，人员精干、结构合理、现场整洁、环境优美、职工精神面貌焕然一新，鞍钢变得自信、豪迈与洒脱。从钢铁行业“一柱擎天”到多元支撑发展的产业转变，从构建“631”产业格局到未来发展目标规划，鞍钢有应势而变的勇气和决心；从深入落实“三去一降一补”到“投资向差异化领先发展”的转变，从非钢产业“枝繁叶茂”到“互联网＋物流”，鞍钢正在自我提档升级；从高端产品引领到核心技术研发，从推进体制改革到“一带一路”建设……鞍钢正以创新推动变革，致力于打造“绿色鞍钢”“智能鞍钢”，锚定高质量发展加速前行。

在鞍钢工作 30 年，我越来越依恋鞍钢，也越来越敬仰鞍钢！鞍钢英模辈出，群星灿烂：有老英雄孟泰，有以技术革新技术革命闻名遐迩的张明山和王崇伦，工人革新家李晏家，基层管理榜样邢贵彬，当代保尔蒋东明，创新英雄李超等等。一批批著名楷模，特别是践行雷锋精神的优秀代表郭明义更感染激励着无数中国人。一代代鞍钢人凭着燃烧的信念，做出了超常努力，生产出的不仅是高品质钢铁，还奉献出了无私忘我的大爱情怀……是他们奠定了“鞍钢宪法”的精髓，成就了鞍钢文化的根与魂。在这些人组成的大家庭中生活，我归属感特别强烈，内心无比踏实。

作为鞍钢老职工，我时刻感受着那些奋战在生产一线的工人师傅们爱厂如家、担当奉献的朴实情怀：面对设备大修和急难险重任务，他们毫无怨言，到闷热的炉膛内抢工期、在高高的管道上扒保温、拆卸门体清洗油污、指挥吊车吊装重物，焊花飞落处，那是机械作业区的师傅们在进行焊割作业，全力以赴完成系统联动调试……他们不放过每一个细节，不放过一点质量问题，他们就是希望改造后的工艺设备能再为鞍钢运转10年、20年，甚至更多……

倾诉不尽大鞍钢的大情怀！“长子情怀”的文化基因早已深入鞍钢人的血脉当中，并且世袭传承。一代代鞍钢人骨子里与生俱来的那种能吃苦、肯担当、奋力拼搏、开拓创新的风范必将助力大鞍钢创造出振兴发展的奇迹、迈向更加辉煌的里程！

重温30岁时光

——5名劳模的青年回忆

本钢集团

•韩爽爽

如果，时光可以倒流，你最想要回到什么时刻？

如果，青春可以重来，你希望重做哪些选择？

如果……罗佳全、徐长兴、邢伟、顾琳、张守喜这些“有名”的本钢劳模重新回到30岁时的样子，和你站在一起，并肩奋斗，如今的你想和曾经的他聊点什么呢？

全国五一劳动奖章获得者、机电安装公司电调队高级技师罗佳全：

只有在今天洒下汗水，明天才能收获希望

这个5月，阳光明媚，生机勃勃，在这样的日子里，我——一个来自广西九万大山的仫佬族“山里娃”，想起自己30岁的那段青春时光，仍然会感到心潮澎湃，思绪万千……

1979年，我走出大山，参军来到本溪市建设本钢的基建工程兵第三支队服役，1983年又随部队转业到本钢，当时20岁出头的我一心想要学技术，主动提出到施工建设一线当一名电气设备安装电工。

1992年，我30岁，也是做“电工”的第6个年头，那时的我满腔热情，怀揣“学技术光荣”的赤诚初心，全身心地投入学知识、学技术当中，在很长一段时间里，我坚持日出到工地、日落进课堂，每天孜孜不倦地学习，也有人说我“傻”，但他可能不会理解那种埋头学习，不断突破自我的满足感和幸福感。

今天，我想对30岁时的自己说“谢谢”，因为如果没有那时的坚定和勤奋，不会有我今天的成绩和荣誉。我想对现在的青年人说：“请记住，努力、努力、再努力，只有在今天洒下汗水，明天才能收获希望，创新发展中的本钢，需要年轻人继往开来，不畏困苦地走下去！”

全国劳动模范、矿业南芬露天矿排岩作业区副作业长徐长兴：

每一个平凡的岗位，都可以创造不平凡的价值

1982年，18岁的我走上了工作岗位，如今一晃37年过去，只觉得是弹指一挥间。回想30岁时，我还是矿业南芬露天矿170车间检修二班班长，当时车间才刚刚组建不久，所用的设备大多是美国进口的二手设备，检修都是在户外作业。那个时候，最难熬的就是冬天，矿山的冬夜比铁还要冰冷，常常是近零下40摄氏度，我们检修职工的手和脚总是带着冻伤，有时候完成检修任务后，鞋和袜子冻在了一起脱不下来。

当时，为了尽快掌握美国设备的检修技术，提高工作效率，我埋头学习，没有技术图纸，就两台车之间来回跑，一项项对照电气线路，自己绘图，自己记录。有时候遇到难题，宁肯不回家也要弄明白。我在干中学、在学中干，这种不断的磨砺和积累，使我从一名检修工成长为工人技师。

最难忘的是2015年，当我站在人民大会堂，手捧着中华全国总工会颁发的印着“全国劳动模范”的大红证书时，我发自内心地感谢本钢，感谢矿山上的那些“苦日子”，感谢年轻时的执着和倔强，我想告诉大家：“每一个平凡的岗位，都可以成就不平凡的价值，重要的是你一定要坚持到最后。”

国务院政府特殊津贴获得者、修建（维检）公司热轧作业区三热轧轧机精轧区域焊接高级技师邢伟：

不断超越自己的时候，你也在超越别人

1988年，我18岁，从本钢技校焊工专业毕业，成为了板材焦化厂机电车间铆焊工段的一名焊工，从此在焊工的岗位上一干就是31年。

记得刚参加工作时，面对不断更新的设备和层出不穷的复杂难题，我深深地感到自己的知识技能和实践经验太匮乏了。“不会咱就学。”我暗下决心，一定要尽快提升自己。

为了提高理论水平，我主动报名原本钢工学院成人大专班，利用业余时间学习，顺利拿到了冶金机械专科的毕业证。光有理论不够，还得有实践，于是在日常工作中，我虚心向经验丰富的老师傅们请教，做到“眼勤、嘴勤、手勤”，掌握了很多实践技能。

为了多学技能，其他职工休息的时候，我跟在师傅后面边看边问，并利用生产剩余的边角余料进行焊接练习。知识，越是深入学越是想探索更多未知，我买了大量的有关焊接的工具书，一边看书，一边实践，掌握前沿的焊接技术理论和操作技能。当不断超越自己的时候，你也在超越别人，对焊接技术的不懈学习让我迅速成长，也为我的人生打开了一扇新的大门。

“干一行就要爱一行、钻一行、精一行，青年们，机遇总是垂青有准备的人，没有从天而降的幸运，当别人抱怨时，你只管努力，一定会有机遇在前面等着你。”

全国五一巾帼标兵、板材发电厂热化作业区水处理值班员顾琳：

要想实现自己的人生梦想，就要脚踏实地

人生总是要经历不断地成长，“三十而立”更是成长阶段的一个分水岭。2002年，我30岁，记忆最深刻的事儿，就是我所在的发电厂除盐甲班把“学知提技”活动作为推动班组建设的台基，鼓励职工以书为友，也是这个契机，让读书学习成为了我坚持至今的好习惯。

那些年，闲暇时我最喜欢去的地方就是新华书店、图书馆，有机会去沈阳时，我也必须去北方图书城等一些大书店逛逛，寻找有关发电厂化学方面的技术书籍；有身边的朋友出差，我托他们带的最多的东西也是书。那段时间里，我如饥似渴地学习，看了很多专业技术书籍，不仅开阔了视野，而且在潜移默化中，专业水平不断提升。2002年，在本钢集团举办的第五届职工技能大赛上，我取得了化学运行工第二名的好成绩。

比赛对于我来说，就像一面镜子，将日常学习积累的成果都折射到了实践当中，也使我更加清楚学习的重要性。我想对青年人说：“你们正处于人生的积累阶段，不要好高骛远，要想实现自己的人生梦想，就要脚踏实地，通过学习放宽眼界、敞开胸怀，修正自我，只有点点滴滴的累积，才能在某一个时间点实现大跨步的飞跃。”

辽宁省十大创新能手、板材炼铁厂新一号高炉作业区机械点检员张守喜：人生只有走出来的美丽，没有等出来的辉煌

30岁的我是一名机修钳工，已经参加工作近9年，可以熟练掌握錾、锯、锉等钳工操作技能。那时候的钳工，作业环境要比现在艰苦得多，劳动强度大，特别遇上高炉抢修时，更要分秒必争。

面对越来越先进的高炉设备，我很清楚自己的实力，想完成日常工作还可以，但要想干好干精，就必须付出更大的热情加倍学习。于是，30岁那年我给自己定下了一条“规矩”——所有的设备异常都要自己独立排除。为了遵守和自己的约定，工作中我不放过一个难题，碰到检查不出来的故障，为了弄清楚原因，我就用最笨的办法，一个个拆卸、一点点查找、一遍遍安装恢复。

想干好活，理论和经验缺一不可，在工作中，我还养成了边干活边思考的习惯，生产中遇到的难题，想不明白就去书本上找答案；在书本上学到的理论，再拿到实践中验证。记得那会，我经常周末休息时跑去车间研究技术，偌大的厂房里只有我一个人，从早学到晚，但从不觉孤独。

持之以恒的学习积累，不仅让我收获了丰富的高炉设备理论知识和实际操作经验，还帮助我练就了凭耳朵就能准确辨别30多种液压设备故障声音的“绝活”；高炉液压系统1200多个整装配件，每个配件的位置我都了然于心。

为了提高技能，我还自学了电脑CAD平面制图、CAXA实体设计、3D动画等与机械相关的技术知识，使我可以更加快速熟练地识读所维修机械的图纸，准确判断设备的故障点和故障原因，提高设备维修效率。

“青年朋友们，人生只有走出来的美丽，没有等出来的辉煌。即使在工作中遇到困难和挫折，也决不要消极悲观，轻言放弃，你的坚持和努力，从不会白费。”

“青春是用来奋斗的，理想是用来实现的。”那些让我们仰视的人，他们也曾和你一样普通而平凡，但他们的身上有一个共同的特点，就是忠于自我，不一味地向外寻取，更重视向内的建立——他们明确地知道自己内心真正想要什么，想走的路，想做的事……努力去做别人没做过的，做别人没做到的。

“道有夷险，履之者知。”对于奋斗者而言，青春因奋斗而闪光，因奋斗而无悔。时至今日，光阴飞逝，罗佳全、徐长兴、邢伟、顾琳、张守喜这些在企业内外已经赫赫有名的劳模们仍未停下前行的脚步……

还等什么呢？奋斗吧青年，再不努力，我们就老了！

河钢邯钢，你是我的故事

河钢集团邯钢公司

•张　建

生命如白驹过隙，忽然而已，我和你结下了璀璨绚烂的缘分。这是一座在历史上从未更换过地名的历史名城，而我和他，都陪伴着你。高高的围墙里面，掩盖不住的是你的江山，一层又一层，堆积出厚厚的沧桑。

听爷爷说：那是最最艰难困苦的阶段。1958~1978年，改革开放前，那是你最辛苦的20年，你不畏艰苦，自力更生，选择了一个适合你的位置建成投产，铁钢都相继配套与你相伴，厂房的钢铁齿轮转动着，努力清洗的是一代人的悲欢，工人们用渴望的情绪酝酿和投产，汗水是厂房中最真实的风景。那是1959年，伟大领袖毛主席亲自来视察，他高瞻远瞩地预言：“邯郸是要复兴的。……这里有五万万吨铁的蕴藏，很有希望搞个大钢铁城。”你顿时感到身上的重担，还有被瞩目的欣喜，你招揽人才，汇集了各路精英，开始了艰苦的创业，到1978年初步建成了铁、钢、材配套的钢铁企业。

听父辈说：你的奋发图强，新中国都看在眼里。春风吹响了改革开放的号角，十一届三中全会的决议传遍了祖国的大江南北。你满心欣喜，沐浴着改革开放的春风，坚持“量力而行、滚动前进、梯度发展”原则，在你和工人们的辛勤努力之下，你由一个年产十几万吨的地方中小企业，一度跃入了年产百万吨钢的特大型钢铁企业行列，走出了一条地方钢铁企业发展的成功之路，你成了同行们的表率和典范，你被誉为地方钢铁企业中开出的一列“特别快车”，但是你没有沾沾自喜，你一直在奋进——天行健，君子以自强不息。

20世纪90年代，你迎来了市场。曾经的产房变成了旧照片，旧照片变成了回忆，你终于站在分岔的路口，彷徨却仍旧充满斗志和勇气。当计划经济开始向市场经济体制转变，你开始有些不适应，可是很快，你就解放思想，转变观念，推墙入海，走向市场。面对刚入市场层层叠叠的困难和挫折，你集思广益，突发奇想，打破常规思路，独创并推行了“模拟市场核算，实行成本否决”的经营机制，很快这一决议就起了作用，你成为工业战线上的一面红旗。

进入21世纪，邯郸市工业建设全面贯彻落实科学发展观，而你顺应时势，肩负着领导的嘱托，马不停蹄，向着“建设国际水平现代化邯钢”战略目标，强力推进“产业升级、管理创新、人才强企、文化推动”四大支撑战略，全面实施“邯钢结构优化产业升级总体规划”，倾力打造“精锐邯钢，绿色邯钢”，科学发展，做大做强，开启了21世纪的伟大征程。

2007年，我大学毕业，和众多热血青年投入了你的发展洪流当中，成为你之中的一分子，我眼看着上一代的努力，一个国际水平现代化钢铁企业巍然屹立在中原大地上。一批老员工，黑发染上白色，他们曾经用虔诚的双手，推进了你进步的轨迹，你的那扇窗已经打开，它叫做成长。那些绵延的烈火，燃烧的钢铁，正如一代人激昂的斗志。

走进新时代，你又聚焦“市场”和“产品”，不断优化产品结构和客户结构，推动企业高质量发展。汽车板实现“整车造”，家电板实现“全覆盖”，“航天氩”打破国外40年的垄断，重轨产品跨越山河，联通世界。伴随着企业发展，你更加注重环保，又被评为国家级绿色工厂，改变了人们对钢铁厂的印象，把美丽展现在世人面前。

荣誉承载过去，创新旨在未来。路漫漫其修远兮，吾将上下而求索，我不曾经历难以想象、艰难困苦的岁月，但我从入厂时的懵懂，到作业时的专注，从单位的生产线，到日常生活的柴米油盐，是你给予我生活的成本和休息的港湾。

参加工作12年来，你早已成为我生命中的一部分，而我也是你其中的一分子。山是水的故事，云是风的故事，你也是我的故事，而他们、我们，也是你的故事。

我和我的钢铁之家

陕钢集团龙钢公司

•郭铁萌

一个人一辈子干一件事难，更难的是一家几代人都干同一件事。从当年的土法冶炼到现代化的高端钢铁材料基地；从当年尘沙飞扬的荒滩到国家AAA级工业旅游景区的绿色钢城；从当年落后就要挨打变身超级大国的历程浓缩了一个家的荣辱兴盛。

火种。小时候特讨厌我的名字，别人家的孩子叫建国、建强，叫起来朗朗上口，听起来名字里就有几分英雄气概，可父亲给我起名“铁萌”，与我这娃娃头的身份显得格格不入，大“煞”我的风景。我曾摔了书包质问过母亲，哪怕叫我狗娃，黑蛋也成，为啥给我起个像女生一样秀气的名字。等长大了我才真正理解了我的名字含义，“铁萌”：1978年韩城铁厂正处于起飞的初起阶段，我的名字承载了父亲对钢铁的期望，也表达了父亲对钢铁的痴迷。

印象里第一次跟随父亲感受钢铁，其实并没有触摸到钢铁的温度。父亲上夜班时把我锁在零散昏暗的窑洞里，因为在这荒芜的地方时常还有狼出没。隔着白塑料贴的窗户我依稀看到远处一片黄色的亮光和几根孤零零的大烟囱，听着各种机器的轰鸣和大锤的敲击声。一觉醒来，铁锨装物料的碰撞声音和各种号子的声音更清晰了，也许就是那个时候起，那座30立方米的高炉冶炼出了钢城的火种，冶炼出了龙钢人血肉筑长城的信念和坚强奋斗的精神。那一年我家盖起了十里八乡第一座大瓦房，至此我第一次感受到了钢铁带来的优越和幸福。

炉内炼钢炉外炼人。家里真正与钢铁硬碰硬的是哥哥，十多年的炉前工练就了他倔强不服输的脾气，大约是受他影响，坚定了我日后投身钢铁事业的决心。哥哥干炉前时候还没有现代化的冶炼工艺，他穿着僵硬而笨重的防火服，拿着比他高几倍的铁杆在炽热的铁水里捞渣，铁花飞舞中冲锋驯服那奔流的铁水；挥舞硕大的铁锤硬生生地把铁锭从连铸机上一块一块打下来。

然而那年席卷全球的金融危机没有放过正在蹒跚而行的龙钢，哥哥准备结婚，我在上学，厂里的困境立刻演变成我家的经济危机，我的生活费要计划了再计划。记得哥哥来学校看我给我买了一双当时只有大城市才看得见的牛皮靴，当时吓得我够呛，这种奢侈品让母亲知道了还不得骂死我。哥哥自信地说没事，领导说了要企业改革，要改变大锅饭思想，干得多就挣得多。这一年哥哥还是结婚了，因为家里的困境，他的婚房是厂里借给他的一个临时仓库。

事实证明龙钢的先辈们运筹帷幄决策英明，大刀阔斧的改制以及多元化融资使龙钢犹如巨龙般腾空而起。八座高炉拔地而起，配套设施更新换代，“禹龙抗震钢材”驰名国内外，一个钢铁巨人渐渐在韩塬大地崛起。“一切为了陕钢发展，一切为了员工幸福”的企业价值观深入人心。生活区建起一座座家属楼，哥哥也如愿以偿地搬进了厂里给他分的单元楼房。

壮士断腕走寒冬。危机总是在好日子里深藏不露。产能过剩导致钢材价格没有最低，只有更低，亏损、减员、降薪成了整个钢铁行业的常态，我家和万千钢铁之家一样再次陷入旷日持久的困境。生死存亡的时刻，公司积极响应国家号召淘汰落后产能；在决策上冲破思想观念的束缚，突破利益固化的藩篱从上到下全面深化改革，销售、资金、供应、物流“四统管”；在措施上全面资源整合重组，机构精简。全员打响降本增效，追赶超越的求生图存攻坚战。在这场寒冬里父亲退休了，我接替了父亲从机关科室来到了生产一线，一线的工作让我接触到钢铁工人的强悍，他们从骨缝里透着一种刚强和无畏，深刻感受到了钢铁工人是多么伟大的一个群体，他们的工作环境，锻造了他们坚强无比的团结协作精神。在这里不仅锤炼了我成为一名名副其实的钢铁人，也感受到了我们这一代已经完全传承了父辈们当年一锹一锤打天下那种无畏坚强的龙钢精神。

春暖花开，青山绿水映钢城。“千里冰封，万里雪飘，须晴日，看红装素裹，分外妖娆。”这场求生图存的战役中破茧而出的是一个“绿色龙钢、精品龙钢、文化龙钢、幸福龙钢”。从寒冬里的连年亏损到年生产经营盈利。生产系统再次升级换代，新产品的研发投产，企业文化的秉承和开拓，人才队伍的建设，职工幸福指数的提升，开启了龙钢辉煌的新篇章。在建厂60年之际，父亲和龙钢先辈们应邀参观了龙钢展览馆，追忆钢城故事，传承龙钢精神；通过“钢铁是怎样炼成的”旅游专线，父亲看到今天绿色花园式的钢铁企业和现代化冶炼工艺，父亲的钢铁梦终于在一代代龙钢英雄的奋斗中实现。

生态发展，打造百年龙钢。坚持走资源节约、环境友好、绿色生态型发展道路，是新时期下龙钢人坚定不移的步伐。年投资20多个亿来进行环境建设、保护和改善，一座春有花、夏有荫、秋有果、冬有景的花园工厂已经坐落在祖国西部，钢铁美丽之花已含苞待放。我和我的钢城之家也迎来了幸福美满的生活，在钢铁家庭的影响下，我的侄子大学选择了环保科学专业，一个新的钢铁梦聚力再发来续写百年龙钢。

三代首钢人　浓浓家国情

首钢日报社

•吴　憬

“进入2019年，首钢迎来建厂100周年，2月1日，在新春佳节来临之际，习近平总书记亲临首钢园区视察慰问，给首钢干部职工拜年，听取首钢有关工作汇报并作出重要指示，作为首钢人，备感温暖、备感振奋、备感激励。这是百年首钢发展进程中的大事、盛事。今年，我们家也是喜事不断，我结婚有了温馨的小家；我们一大家子人为爷爷奶奶庆祝了70周年‘白金婚’，我爱人被推荐为中首公司‘十佳青年’称号……提起这些，就特别开心。”28岁的首钢博物馆筹备管理专业员魏澜向记者说着这些喜事儿，青春焕发的脸上洋溢着幸福的笑容。

喜事连连、家国同庆。魏澜一家的这些开心事里，彰显着这个首钢世家浓浓的家国情怀。魏澜和祖辈、父辈一家三代都是首钢人，爷爷魏立仁、奶奶东方洁参加了新中国成立后首钢的建设发展，父亲魏东虎、母亲钱利丽经历了改革开放以来首钢的腾飞，魏澜和爱人杨志鹏作为第三代首钢人，正在为首钢的明天奉献着火红的青春和无限的激情。三代人、三段人生经历，在不同时代、用不同的方式，共同践行着爱党爱国、奉献企业的初心，诠释着代代传承的首钢精神。

讲述赤诚初心，激发前行力量。

在门头沟石龙工业区的一处居民楼里，魏澜的爷爷、首钢离休老党员魏立仁精神矍铄地打开门迎接记者。这位经历过抗日战争的老八路动情地说：“今年我96岁，我们党98岁；从我15岁加入中国共产党起，到今天有 81 年的党龄，可以说，我跟着党走了一辈子！”

魏立仁出生于 1923 年。抗日战争爆发后，年仅 15 岁的他参加了抗日游击队，同年入党；后参加安国县青年抗日救国会、冀中青救会，成为晋察冀边区冀中军区第六军分区抗联主任。解放战争期间，他被党组织派到北平开展地下工作，在中法大学做实习生；解放北平前夕，他组织纺织工、掏粪工、学生、菜农等开展罢市、罢课、罢工等活动，为和平解放北平做出了贡献。新中国成立后，他先后在原宣武区、市总工会工作。经历了抗日战争、解放战争的魏立仁对工业化强国一直充满向往，认为一个国家必须有钢铁，才能挺直民族的脊梁。1953 年，石景山下巍峨的高炉和林立的烟囱召唤他投身首钢这片热土，从此，这个家庭开启了三代人的首钢情缘。

魏立仁在首钢担任生产处长时，发现有时因上情下达不畅而影响企业的生产经营建设，经过分析摸查，他和同事们编写了《“生产调度四步曲”工作流程》，即一问清、二速办、三查校、四汇报。生产调度对来自领导的指示和基层汇报，必须询问、记录清楚，确认无误后立即办理，办理过程中要进行检查校对，实时掌握办理进度；事情办理完毕，立即向主管领导汇报。其后，魏立仁和同事们进一步总结，又对调度室提出“四个百分之百”的要求，一是接受任务要百分之百地明确任务内容和要求；二是要百分之百执行接受的任务，不打半点折扣；三是执行任务中要百分之百检查落实情况，不能有半点隐瞒；四是对执行完毕的任务，要百分之百向主管领导汇报。“生产调度四步曲”和“四个百分之百”落实后，在总调系统取得显著效果，首钢管理系统进行了全面推广。

20 世纪 50 年代末，首钢炼铁厂只有一台铸铁机，铸铁能力有限成为制约生产的瓶颈。魏立仁深入炼铁厂调研，了解炼铁、运输、铸铁、调度等环节，走访技术人员和生产一线工人，和大家一起认真记录测算各个工序技术数据，提出了“铁水畅流一条龙”竞赛方案。实施后极大地调动了干部职工的积极性和创造力：一方面，大家将每块 50 公斤的铸铁，逐步改为每块 25 公斤、15 公斤的铸铁，缩短了铸铁冷却时间；另一方面，炼铁厂联合首钢设计院，将铸铁机前端铁水容器锅由浅槽式改为半圆形深锅式，还对铸造模具和流水线长度进行设备改造，提高了铸铁机的生产能力，解决了阻碍炼铁高产的难题。这一竞赛活动在《北京日报》进行了报道，苏联《红星报》也进行转载并发表了评论员文章，高度评价中国钢铁工人的聪明才智。

魏立仁 90 岁的老伴东方洁也是首钢人，20 世纪五六十年代，她在首钢动力厂当电机卷线工，不仅能独当一面修理大中型进口电机，还带出来一批徒弟，被誉为修电机的“能人”。老两口于 1949 年“五一”结婚，至今已经携手相伴走过了 70 年。

老两口虽然退休多年，却始终不忘初心，保持着共产党员的本色，始终关注着、支持着首钢的发展。2018 春节前夕，魏立仁为曾经工作过的首钢矿业公司捐献 5000 元，用以救助矿山困难职工。老人说：“习近平总书记有关‘不忘初心’的阐述，让我心明眼亮；作为一名老党员、一个老兵，要珍惜新时代，离休不离党，退休不褪色，尽可能地再为社会、为企业做点事。”

一名“老钢铁”的幸福梦

河钢集团唐钢公司

•郑连刚

无数次，当我看到鲜艳的五星红旗在湛蓝的天空下高高飘扬，听到庄严的国歌雄壮地响起时，都禁不住热泪盈眶。70载，一路风雨兼程，一路披荆斩棘，一路硕果累累，举世瞩目。当我看到伟大祖国的美丽故事，正春风化雨般融入人们的心中，不禁由衷地感到，与祖国母亲的心贴得这么近。如今，在“中国梦”的引领下，中国人的故事，中国钢铁人的故事，正在不断地书写，河钢唐钢无疑是这故事的主角之一，是实现“中国梦”的践行者。

家国情怀，是中国人赓续绵延的文化基因，是永不褪色的主题。不仅属于五千年的古老文明，也深深勾连着我们共同的过去、现在与未来。河钢唐钢，正在以自己的亲身经历，讲述着自身的“中国梦”。这些讲述或深长浑厚，或细水慢流，或扣人心弦，无一不将新时代钢城的英姿展现在世人面前。

1982年，我从技校毕业，来到河钢唐钢中型轧钢厂，在加工作业区从事型钢矫直工作，一干就是30多年。刚进厂时，企业生产用的是一台800型矫直机。那是生产于20世纪20年代的苏联产品。算起来，它当时的年龄已经有60岁了，磨损严重，破旧不堪。调量是用摇柄一圈一圈地摇，矫直机在正常运转时，调量装置会随着矫直机的颤动而滑动，从而造成型钢的弯曲、扭曲，矫直工不得不用钢筋和铁丝左拴右绑，那些纵横交错的铁丝像一个巨大的蜘蛛网，看上去似乎有些滑稽可笑。矫直辊被扣在这座箱式矫直机的外壳里，换一次辊要用7天，费时费力，效率极低。那时的班产量勉强只能维持100多吨。车间里还有一台德国20世纪三四十年代悬臂式650型矫直机，调量采用电动控制，很方便，但因为它只能矫直轻轨、9号和11号工字钢，所以应用不多。

“工欲善其事，必先利其器”。进入20世纪90年代，一台国产悬臂式800型矫直机取代了那两套老设备。祖国生产的新机器不仅摒弃了以前矫直机的各种缺陷，吸收了大量优点，而且电动操作和机械性能大幅提升。换辊时间缩短到了35分钟，在新机器的助力下，我们的班产钢量翻了十倍，突破了1000吨。那时的我们眼看着企业的生产效率和规模得到飞越式发展，内心无比为祖国而骄傲！

为抢抓市场机遇，河钢唐钢型材产品的品种新丁不断。仅以角钢为例，从100×7号到200×24号，涵盖了由小型到大型钢材的各个领域。为了提高大型材矫直质量，企业又再次添置一台悬臂式900型矫直机，辊径由800毫米增大到900毫米，矫直辊由8个增加到9个。

这段参与钢城设备变迁的亲身经历，让我这名老钢铁深刻地感受到了祖国壮大、富强的步伐铿锵。

钢城的变化还在生态、绿色上。11年前，我的钢城破旧立新、脱胎换骨，彻底告别了黑烟黄龙、杂乱无章。如今古典、隽永的贾家山；繁华、秀美的钢城园林；清新、剔透的“水立方”；清洁到能摆桌论茶的入云高炉，跨越公铁两路的英姿桥；曲径通幽的环廊、美妙的音乐喷泉……浦项、新日铁等国外名企慕名前来学习参观，在犹如浓墨重彩氤氲的钢铁画布上，在人们不肯轻易挪动的步履下，河钢唐钢的这帧巨幅油画，被定格成唯美的灿烂，被誉为“世界最清洁的钢铁企业”。

钢城的变化还体现在员工的获得感和幸福感。工作岗位上配备齐全的电热水箱、微波炉、饮水机、冰柜，纯净水、冰块充足；天车、操作室安装的空调器、暖风机；员工生日收到的企业祝福。企业发展的成果惠及每一名钢城普通职工，大家的幸福指数不断提升。

说一千，道一万，是祖国、是企业为我们传递、凝聚了促人向上、开拓未来的能量。这是一笔丰厚的财富，是蕴藏在我们心中的一种强大的力量。释放吧，没有什么能阻挡我们奔涌的情感，也没有什么能削弱我们喷薄而出的感恩。感恩，如添加在齿轮上的润滑油，在让机械更轻快地运转；感恩，像加在化学实验中的催化剂，让满意的结果逐步显现；感恩，似斑斓的鲜花，在钢铁的岗位尽情绽放。

新时代，繁荣富强的伟大祖国正在赢得世界更多的尊重。生逢盛世，我的钢铁梦日益温暖明亮。站在伟大时代的发展前沿，不忘初心，向着钢铁转型升级的新事业再跨鞍马，踏着时代的鼓点、心自澎湃，一往无前！

或许逝去的只是时间，积淀的却是财富。希望与梦想，就在钢花璀璨中薪火相传！

祖孙三代河钢邯钢情

河钢集团邯钢公司

• 刘泽光

河钢集团邯钢公司 1958 年建厂，我们祖孙三代都在河钢集团邯钢公司工作过，为此，我感到由衷的骄傲和自豪，更对河钢邯钢有一种浓得化不开的特殊情怀。

我的祖父是一名铁路工程师，最早在哈尔滨铁路局工作。在那个红色年代里，人们一切都听党的指挥，党让去哪儿就去哪儿，对待工作都是任劳任怨。祖父因为工作需要由哈尔滨铁路局调到了石家庄铁路局，又因为筹建邯钢，需要铁路的铺建，就又从石家庄铁路局调到当时的邯钢运输车间（现在河钢邯钢运输部前身）工作。当时的工作条件非常艰苦，不像现在科技这么发达，自动化程度这么高。但是那个年代的人都经历过解放战争的洗礼，身上有着一股能吃苦、讲奉献的精神，他们为了国家的建设甚至可以抛头颅洒热血。我祖父为了完成铁路的铺建工作，更好地设计铁路图纸，争取用最少的资源创造最大效益，他吃住在工地，与工人一起奋战在第一线，常常几天几夜不回一次家。我小时候问他：“您当时是设计图纸的工程师，用得着这样奋战在一线吗？”祖父淡淡地说道：“我也是工人，不比别人高一等，我只有亲身在一线，才能更好地设计铁路线。”我在祖父的身上看到了老一辈邯钢人的奉献精神。在当时筹建邯钢的各路健儿中有好多有绝活的人，比如土建预算的、装配找正的、测量勘探的等等。我就问祖父：“您身上有什么绝活呢？”祖父笑着给我说：“我有什么绝活，无非就是在铁路上工作时间长了，我坐在火车头上走一圈听声音就知道哪里有问题了而已，这算不上什么绝活。”可我知道这是祖父谦虚，因为我后来从好多人的嘴里听到他们赞扬祖父的这项绝活。祖父的谦虚不恃才自傲、吃苦耐劳也是让我很敬佩他的一个原因。我祖父退休以后因为当时的工作需要还被邯钢运输部返聘，直到他因病去世。从他身上我看到了他对邯钢的那种浓浓的奉献情怀。

我的父亲也在邯钢工作，他是在我祖父去世后进入邯钢的。父亲被分配到邯钢运输部机务段工作，他是一名钳工技师，负责火车机头的维修工作。我小的时候经常跟着父亲到他单位去玩，见到了邯钢早期的蒸汽机车头，那些车头都是用煤做动力燃料，一边发出呜呜的声音，还喷出一股股白色的蒸汽。到了20世纪90年代中后期，邯钢运输部引进了内燃机车头。父亲是学徒出来的，钳工技能很棒，可是理论知识就相对差了一些。父亲为了更好地工作，在每天工作之后，总爱捧着设备图纸翻翻看看，找些相关资料工具书阅读，在随身带的巴掌大小的小本子上写写画画。有不明白的地方，就向身边学历高的技术人员请教，直到把问题彻底弄明白。就这样父亲很快就掌握内燃机车头的相关维修技术。父亲为了更好地工作所做出的努力我看在眼里，他的敬业精神也对我触动很深。

也许是小时候深受祖父和父亲的影响，我从小就对这些工具还有机械设备比较感兴趣，很喜欢自己动手做一些小玩意。长大后，我选择学习钳工专业。1998年毕业后分配到当时的邯钢二轧钢维修机械车间的运转钳工班工作。1999年3月又因工作需要调到了当时新建的连铸连轧厂维修机械车间工作。当时的连铸连轧厂设备可以说是最先进的，这里的一切对我这个刚进厂半年的新职工来说都是陌生的，为了更早地能独立应对这些设备，我在设备安装调试阶段跟随安装师傅们认真观摩学习，向技术人员虚心请教，很快就掌握了一些进口设备的维护相关技术。当年12月10日连铸连轧厂第一卷成功下线，我的心里激动万分。我在20岁的年纪就成为了连铸连轧厂的建厂工人，我体会到了当年祖父他看到邯钢第一炉铁水出炉的心情。2018是邯钢建厂60周年，我也在邯钢工作了整整20个年头。在这20年里我有解决设备难题的喜悦，也有因公受伤的疼痛，有获得荣誉的开心，也有失误被罚的教训。在我每次感觉到累想放弃的时候，就想到了祖父当年建厂时的奉献、父亲的敬业，就觉得和他们比起来这些都不算事。也正是由于他们对我的影响，使我克服了一个又一个困难。在这短短的 20 年里，我通过自身的努力获得了高级装配钳工技师的职称，获得了公司以我名字命名的先进操作法，还有更多的公司级荣誉等。我也体会到了祖父和父亲对河钢邯钢那种深深的情怀。

河钢邯钢，我们把青春献给你！我们把热忱献给你！一代又一代河钢邯钢人默默无闻地奋战在艰苦的钢铁生产第一线上——基层的钢铁职工，如同飞溅的璀璨钢花、设备上不起眼的螺丝钉、千里铁道线上的一段钢轨、一根枕木，撑起大河钢邯钢事业的脊梁，用青春、用智慧、用汗水成就了大河钢邯钢建设的奇迹和发展的梦想。让我们为前赴后继、默默奉献的河钢邯钢人唱一首豪迈的赞歌。

父亲的钢铁史

陕钢集团韩城公司

•张耿泽

1949 年共和国成立后的第四个年头，我的父亲出生在汉中市勉县，这个拥有浓厚三国文化底蕴的小县城里。这一年世界历史上发生的大事件注定铭刻在新中国发展的历史长卷里，7 月 27 日朝鲜停战协定在板门店正式签字。至此，历时 3 年多的朝鲜战争宣告结束。抗美援朝的胜利不仅给予朝鲜人民以有力的支援，对于保卫新中国的安全具有十分重要的意义，并且对于中国恢复国民经济和开展各项建设事业直接起到了保障的作用，全国人民的思想情绪也在战争胜利后显得格外高涨。

在新中国急切需要发展制造行业和基础建设的大环境下，我国钢铁行业进入了首个“黄金时期”，“一五”时期的稳定高速增长以及良好的经济效益成为钢铁工业第一个“黄金时期”的重要标志。同时，“一五”期间国家做出的建设“三大、五中、十八小”等发展决策，为我国钢铁工业的规模和产业布局奠定了重要基础。在接下来的几个五年时间里中国钢铁工业的发展道路经历了曲折的过程，这是一个不断探索、曲折上升的历程。

我的父亲正是那个年代进入了陕西省汉江钢铁厂，有幸成为一名自豪的钢铁工人。几十年如一日的钢铁工作生活，在父亲那沧桑的脸上刻满了岁月的痕迹。亲身经历过现代钢铁行业变化的父亲，常给我提起他在工作中的事，从他那满是激情的话语中，我能体会到他对这份工作的意义。与父亲的对话里我了解到了中国钢铁行业的一部曲折奋进的现代史，近距离体会到父辈那一代人对钢铁的追求。

在他进入行业的前十几年中，随着改革开放的逐步深入，现有企业技术改造的不断推进，钢铁工业实现了持续、稳定、健康发展。“建设中国特色社会主义必须坚持全心全意依靠工人阶级的方针，这是由我们党和国家的性质、工人阶级的特点及其历史地位决定的。”正是印证了这个国家的政策方针，父亲当时的工资水平和社会地位还是不错的。

但接下来的十几年里钢铁业产生了巨大的变动，坚持以市场需求为导向，实施调整与优化结构两个重大转变。转变促进了中国钢铁工业生产力的发展，具体呈现在汉江钢铁厂这个小小的地方上企业时，它的命运发生了翻天覆地的改变，结构调整、体制转变、国企私有化改革。反映到每一位职工身上，其承受的困难是前所未有的，很多职工面临下岗的窘境，很多职工在窘境中奋力挣脱，这是我们必须经历的痛苦。像是茧中的蛹，必须经历阵痛，才能化蛹为蝶，飞向大地，飞向天边。但这一时期的阵痛包含着多少家庭的心酸与眼泪，其中的各种滋味满鬓斑白的父亲深有体会。

人生路可以停滞，但不可以不阔步前行。中国钢铁行业的发展依旧在崎岖的道路上中摸索着前行，在逆境中求生存是大中小钢铁企业所必须面对的问题。迈过转体制、三年脱困两大关口后，其前行的道路依旧不平坦。2008 年全球金融危机，致使钢铁价格若过山车这般，新的困难又摆在企业和职工面前。正是这个最困难的时候国家提出供给侧结构性改革，给钢铁行业自身的发展指明了方向。通过产品结构升级、产能优化、技术改造等，通过一次次的转型升级钢铁企业得到全面的复苏。

钢铁作为国家发展经济的支柱产业，其发展的道路虽然是坎坷艰辛的，但前进的步伐确没有改变，接过父辈们的接力棒，我们努力奋进着，同一代代钢铁人一起挥洒汗水和祖国一起书写着中国梦。

亲历开国大典的回忆

酒钢集团

•孙忠信

1949 年，我在东北农村小镇读小学五年级。我的家乡每年到 9 月就有些早熟的庄稼成熟了，家家户户要搞“小秋收”，学校就要放半个月的假，让学生回家帮忙。那年我家没有早熟的庄稼，家在北京的叔父就叫我去他家小住、逛城市。10 月 1 日上午 11 点钟，叔父急急忙忙从单位赶回家，让我赶快换上好看的衣服，带我去天安门。我愕然。叔父看我发愣的样子，就说:“算你小子运气好，这次来北京赶上大事了，可以开眼界、长见识了。”原来，一直保密的开国大典的时间，直到那天上午 10 时，才由北京新华广播电台，通过电波向全世界发出预告。这时，离下午开国大典正式开始只有 5 个小时了。叔父家住西直门，那时没有西直门通往天安门的公交车，我们就步行经过新街口赶往天安门。当我们经过 1 个多小时的奔波赶到时，天安门前已经聚集了很多群众。很多人手中拿着小红旗，提着小红灯笼，有的还拿着照相机。这种场面，让我一个从边远农村来的孩子，感到很新奇。特别是，那天我第一次看到了天安门。以前只是听说过，甚至连图片都没见过。叔父告诉我，大典的主席台设在天安门城楼上。于是，我举目向城楼望去。城楼檐下，八盏大红宫灯分挂两边，靠着城楼左右两边的石栏，八面红旗迎风招展。正午过后，广场上成了人的海洋，歌声起伏，红旗翻动，好像海上的波浪。

下午 3 点整，会场上爆发出一阵排山倒海的掌声，敬爱的领袖毛主席出现在主席台上。所有人目光一齐投向这位领导我们翻身解放的伟人。这也是我第一次亲眼看见毛主席，不是在图片上，不是在电影中，而是近在眼前的毛主席真人。有此机会，真是太幸运了，一种幸福感在我心中油然而生。和毛主席同时出现在台上的还有周恩来、朱德、刘少奇等各位革命老前辈、开国元老。这时，一位身着中山装的大典主持人以洪亮的声音宣布："中华人民共和国中央人民政府成立典礼开始！"叔父告诉我，他是中央人民政府委员会秘书长林伯渠，"延安五老"之一。这时，乐队奏起了中华人民共和国国歌《义勇军进行曲》。紧接着，毛泽东主席以几乎一字一顿、深沉而高亢的语调宣布："中华人民共和国中央人民政府今天成立了!"这雄伟的声音，这庄严的宣告，像一声开天辟地的巨雷，使全场30万人一齐欢呼起来，整个广场沸腾了。数十万只手挥舞着小红旗，有的把帽子抛向半空中。我，一个乡下来的孩子，兴奋的心情一点不亚于别人，喉咙都喊哑了。当时我想，这庄严的宣告，也一定会通过无线电传遍长城内外，传遍大江南北，全中国人民一定都在欢呼跳跃。我家乡的父老、我的老师和同学们也一定听到了。

紧接着，是升国旗。只见一面鲜艳的五星红旗，在蔚蓝的天空下，沿着旗杆徐徐上升(后来才听说这是一根电动旗杆，是毛主席亲自按下的按钮)。30万人庄严肃立，抬头仰望这鲜红的国旗。五星红旗升起来，昭示中国人民从此站起来了!升旗的时候，礼炮响起来，我数着，一共是28响。声声礼炮，宛如春雷，敲响了划时代的钟声。当时我想，这隆隆的炮声，必将传遍天涯海角，告诉全世界人民，东方"睡狮"已经猛醒，积贫积弱的时代已经一去不复返了。

接着，毛主席在群众一阵又一阵的掌声中宣读中央人民政府的公告。他用强有力的语调，向全世界发出新中国的声音。当他读到"选举毛泽东为中央人民政府主席"这句时，会场上再次爆发出暴风雨般、经久不息的掌声，表达了人民群众对领袖的无比热爱和敬仰。趁宣读公告的机会，我看清毛主席穿的是一套黄色的中山装，胸前挂着代表小条，显得特别精神振奋，气宇轩昂。然而，后来才听叔父说，据毛主席贴身卫士透露，那天他里面穿的是一套补了又补的内衣，上身的衬衫左右两个胳膊一边一个大洞，是用袜子头补上的，下身的衬裤，两个膝盖也是上了补钉的。我们的一国领袖毛主席那天竟是穿着这样一套内衣站在天安门城楼上宣告新中国成立的。这件事令我十分感动，我想，毛主席绝不是做不起一套内衣，而是他不贪图享受，处处以身作则，带领全国同胞走一条勤俭兴国之路。

毛主席宣读公告完毕，声势烜赫的阅兵式开始。受检部队在《中国人民解放军进行曲》的乐声中，由东往西，缓缓进场。各个兵种的方队，依次从天安门经过。战士们挺着胸膛，像钢铁巨人一样，充分体现了中国人民解放军威武雄师的风采。将近3个小时的检阅，广场上不断欢呼，不断鼓掌，一个高潮接着一个高潮。从北大荒偏僻农村来的我，和北京市民站在一起，人家欢呼，我也欢呼，人家鼓掌，我也鼓掌，一点儿都不逊色。

阅兵式完毕，已是傍晚时分。广场上，人们点起了灯笼，燃起了火把，顿时成了一片红的海洋。无数支礼花陆续射入天空，五颜六色的花朵竞相开放，装点着蓝天。正如一位革命老前辈当场即兴所作的两句诗："火树银花不夜天，良宵美景盛空前。"就在这个时候，群众游行开始了。游行队伍像两条长龙，向东西两个方向出发。经过天安门时，高举灯笼、火把，欢呼"中国共产党万岁！""新中国万岁！""毛主席万岁！"毛主席站在城楼主席台前沿，向前探着身子，不断向群众挥手致意，不断高呼"人民万岁！""同志们万岁！"晚上10点钟左右，游行队伍才完全走出会场，与城里欢庆的人群融汇一起，整个北京城充满了光明。

屈指一挥间，如今，共和国已走过了70个年头。70年风雨兼程，70年顽强拼搏，一轮初升的太阳，如今已日照中天，祖国像一位顶天立地的巨人，屹立在世界东方。天安门城楼上的红灯犹在，红旗犹在，只是不见了当年站在主席台上的开国元老们，给人们留下了无尽的思念。岁月已经逝去，回首相望，往事如烟，氤氲而缥缈，唯有10月1日那一天，在时光的隧道上闪耀着永远不灭的光芒，成为我记忆中一个难忘的光点。

我和铁山的故事

鞍钢集团鞍千矿业公司

•关振学

我于1962年出生在鞍千矿附近的胡家庙村，后来在我六七岁的时候，全家搬到齐大山铁矿。童年的时光嬉戏在铁山宽敞的臂弯里，山上的矿石就是我手里的画笔。清晨的第一缕阳光从高高的铁山峰峦直射下来，我站在院子中央，用稚嫩的目光久久仰望着铁山，就像仰望母亲美丽的面容，就像仰望父亲高大的身影。听惯了响炮前的警笛和随后的轰鸣声，看惯了电铲在矿段里尽情挖掘的景象。钻机在高傲耸立，汽车在山路上盘旋，我穿过一幢幢小红房，去寻找父亲上班路的尽头，猜想那是怎样一个广袤而五彩缤纷的世界。

父亲是1958年从老家盖州来到齐大山铁矿（当时叫樱桃园铁矿）工作的，他是王家堡负63米井下矿的一名凿岩工。当时这里（现在的鞍千矿）还是一片荒原，我能猜想得到父亲每天从胡家庙村步行到王家堡井下矿的艰辛，那时没有公路，父亲只能徒步穿行在羊肠小道上，为年轻的共和国钢铁事业的发展而不懈拼搏，父亲也是齐大山铁矿由井下开采转到露天开采后第一批电铲司机。我经常会拉着小伙伴指着山上黄颜色的“庞然大物”自豪地说，看！那就是我爸爸开的电铲。从后来父亲的讲述中我能真切感受得到，共和国钢铁事业从弱到强的艰难发展历程，从父亲的眉宇间我更能体会得到，老一辈钢铁工人兢兢业业朴实肯干的赤热情怀。后来，父亲曾被派遣到贵州水城支援那里的钢铁建设，这是父亲一辈子走得最远的地方，他还在武汉长江大桥留过影呢。多少年后，父亲依然怀念那里的风土人情，怀念那里亲如兄弟的工友，怀念那里醇香的闻名遐迩的茅台酒。在那个物质条件极其匮乏的年代，有多少像父亲一样的钢铁工人，脚踏荒原，一腔热血，舍小家为大家，任劳任怨为多出钢出好钢而流淌着汗水，甚至献出宝贵的生命，他们对钢铁的那份执着精神可歌可泣。

1969年，因父亲工伤，我远离了黝黑的铁山，睡梦中多少次攀登在铁山的峰顶，脑海里的铁山始终巍峨挺拔，像年轻时的父亲。我想念儿时的玩伴，想念那些玩伴在小红房的胡同里歪歪扭扭轱辘着铁圈，想伸手抚摸那黑褐色沉甸甸的矿石，想那一车车矿石运送的方向，想那笛声唤醒铁山绚丽的黎明，想那耀眼的阳光在钢轨上飞翔，想那繁忙铁山的灯火融入夜晚天边的星海，想那铁山小巷里掌鞋的老大爷那铁锤与铁钉的碰撞声。

1980年，当我穿上肥大的工作服，成为一名铁山工人，我是多么荣耀。我在父亲殷殷的嘱托中，怀揣青春的梦想，迈向已不再挺拔的铁山，铁山就像我身旁弯下腰身的父亲。铁山的怀抱多么温暖，就像儿时母亲的胸怀，我慢慢读懂了铁山，就像慢慢读懂了父亲。我懂得坚硬的钢铁，就是来自铁山矿石的冶炼。钢铁铺就铁路，钢铁架设桥梁，钢铁建造高楼大厦，钢铁的身影无处不在，钢铁站立或躺下，或弯曲或埋入泥土，都是响当当的汉子。而这些呈现各种面孔与姿态的钢铁，就是来自眼前熟悉的铁山。铁山是钢铁的摇篮，铁山是它们的祖籍，是喊出名字就会怦然落泪的故乡。

此时的铁山远比父亲那时的规模扩大了好多倍，拥有先进的电铲钻机和电机车等大型矿山设备，矿石产量连年攀升。长大的我对矿山和钢铁有了更深的理解，我渐渐靠近钢铁，也读懂钢铁，矿石走出铁山的羁绊，经过破碎选矿和冶炼，锤炼成有棱有角闪闪发亮的一块好钢，去铺设中国的高铁速度，去挺拔中国航母的尊严，我的生命是多么辉煌。我的铁山是一幅流光溢彩的缤纷画卷，我的铁山是一首激昂雄壮的钢铁交响曲，我的铁山是一部意境深邃的抒情诗集。我的文字里跳跃着矿石的种子，流淌着铁山的柔情，律动着钢铁的音符，铁山是我的灵感与诗魂，是我永远的骄傲。

我庆幸自己是铁山的儿子，从矿山一名设备维修工到选厂一名普通岗位工，我走过近40年的风风雨雨，真真切切感受到铁山日新月异的变化。

昔日铁山脚下一幢幢小红房不见了，取而代之的是宽敞明亮的楼房，职工们开着小轿车上班下班，小轿车早已不算什么稀罕事，他们的子女走进清华北大不再是梦想；昔日父亲开的4立电铲不见了，取而代之的是154吨、190吨电动轮汽车，和16立大型电铲；昔日靠电机车运输矿石，如今在沸腾的铁山里，已遍布着多条远距离运矿皮带，运输效率成倍增加，一座座大型现代化数字化绿色矿山的美好愿景展现在眼前；职工们享受着双休日和旅游假的温馨，享受免费午餐的甜美。更可喜的是，他们不断向身边的榜样郭明义、李超学习，加强自身修养，加入精湛技艺和无私奉献的队伍，矿山职工有着崭新的风貌，内心有着更加崇高的精神追求，郭明义无疑就是新时代矿业工人的突出典范。

半个世纪过去了，当年的那个总爱仰望铁山的小孩，如今已在这里的选矿厂岗位工作着。我惊讶于历史的机缘巧合，儿时的我与现在的我仿佛重叠在一起，伫望铁山，我总是热血沸腾，对这座铁山有着一种特殊的感情。儿时的那片荒原，如今已经依山而建一座集采、运、选为一体的大型现代化矿山，我可以告慰埋在铁山脚下像父亲一样的老一辈矿山人，今天的矿山已然发生了翻天覆地的变化。我爱铁山，是一种融入血液深入骨髓与生命的爱，尽管我的双腿布满了矿石划破的伤痕，尽管我的脸颊沾满矿石遗落的尘埃，尽管我被毫无遮挡的铁山晒黑了脸庞，轰鸣声时常划过梦境，尽管我的大半辈子的生命都交给了铁山，但我依然如醉如痴般地爱着铁山，就像爱着我鬓角花白的妻子，就像爱着我已过知天命的生命，就像爱着我已埋在铁山脚下的父亲。

尽管我童年仰望的铁山，如今已然变成一道道沟壑，消瘦的铁山增加了这座城市的高度，而我的情感变得也越来越成熟和深邃。我因厮守于铁山之间而快慰，因排除铁山设备故障而欣慰，我的汗水让矿石变成钢花，我的辛劳染红出炉的铁水。铁山就像土地一样，滋养着我的生命，支撑我的精神力量，给我醒悟，或者给我依靠，让我的骨骼渐渐硬朗起来，让我的性格里不缺乏钢铁的元素，铁山人的胸膛里生长着诗的种子，说出来铿锵的话语都是掷地有声，像钢铁发出清脆的声响。

翻阅铁山昔日的沧桑与彷徨，也读懂铁山曾经有过的梦想与辉煌，铁山人尽管心情也会随着钢铁的价格潮落潮涨，钢铁的荣耀像铅印在纸上的文字被冷落过，但钢铁的光芒深入骨髓，父辈们的身影耸立成记忆中的雕像，岁月不会锈蚀，就像铁山每天的炮声，铁山人一辈一辈传承着如钢的信念、如铁的忠诚。当一列列运载精矿粉的机车缓缓从身旁驶过，驶入黄昏，就像目送长大的孩子去远方闯荡，心中满是默默的祝福。我的性格因为铁山而棱角分明，我的四季因为铁山而五彩缤纷，我的人生因为铁山追求至善至美。

我与铁山的普通故事，见证了一座矿山半个多世纪历尽沧桑发生的巨变，我相信矿山的明天会更好，我坚信鞍钢的明天一定会更好，坚信共和国的明天一定会更好。

我们家的钢铁情怀

河钢集团邯钢公司

•何倬君

周末早上二舅打来电话，说中秋节的团聚家宴定在14日晚上了，三舅中秋节当天要上夜班，提前一天，正好所有人都休息，全家人都能到齐。这个约定家庭聚会的传统有我们家的特色，因为我们家19口人有10个在河钢邯钢工作，每个人的班制还不一样，有白班、四班三运转，还有四班两运转的，每到节日前，大家都要算一算自己的班，找一个所有人都休息的日子聚一下。

我们家的家庭聚会还有一个特色，用姥姥的话就是："咱这家庭聚会都成了河钢邯钢的职代会啦！"每到大家聚在一起，讨论最多的就是工作中的各种见闻、感受。大家从大舅单位轧制的汽车板都用在哪些个品牌的汽车上了，说到二舅单位里生产的稀有气体多么的紧俏畅销，客户争相订货，还能扯到鸟巢的钢架子都是咱河钢邯钢生产的……自豪的心情溢于言表、豪情万丈！每到这时候姥姥这个老河钢邯钢人就会给大家忆苦思甜，不厌其烦地讲起刚建厂时的事来，她不能忘怀的是一群邯钢人在一无所有的艰苦环境下，冒着冬天的严寒、夏天的酷暑、缺吃少穿依然将邯钢的第一炉铁水炼了出来。姥姥的怀旧，从她去年跟随河钢邯钢组织的老干部参观团，参观了现在的厂区后，变成了无限感慨！她后来的每次家庭聚会都会不停地夸赞厂区的新变化，用她的话说就是：厂房外边像花园一样美丽，厂房里边是电视里看到的外国工厂一样先进和整洁……总之，这次参观对姥姥的转变是"巨大"的，老太太的话题从追忆过去变成了感慨企业的飞速发展！

姥姥是建厂初期的工人，她经历了企业几十年的变化和发展，退休后，虽然远离工厂，但是我们家这么多人在河钢邯钢，家里的变化她能感受到。我们的家庭聚会，大家凑到一起来做一大桌子菜，以前大都是普通食材，鸡鸭鱼肉之类也就十几个菜，现在，只要聚在一起弄出个二三十个菜还嫌少，什么大闸蟹、大龙虾的，只要大家想尝鲜，舅舅们都会弄到餐桌上。

餐桌上大家的话题也从你们厂今年这个月完成了多少产量，变化成了厂里又开发出了几种新产品、厂里的产品卖到了哪个知名企业、用在了哪个国家重点工程上……

二舅他们厂生产的“航天氙”，打破了我国航天领域氙气40年依赖进口的历史。氙气是稀有气体本身在空气中含量就少，现代氙气被广泛应用于工业、医学、尖端科学技术以及日常生活当中，经济价值高。氙气被称作“黄金气体”，1瓶40升标态的氙气市场售价高达20~30万元还供不应求。

舅妈所在的现代城市服务公司都快把厂区建设成花园了：道路两旁树木错落有致、鲜花竞相开放，让职工上下班都成了一种享受。河钢邯钢现在是国家级的“绿色工厂”，厂区绿化覆盖率达到60%，比一般的住宅小区绿化率都高出许多。表弟他们开发新产品的部门一直都在科技攻关，展开无限的创新活力研发高端产品、开拓高端客户，从他们手中，制造出了管线钢、石油套管用钢等许多填补河北省空白的高端产品，还能为不同的客户定制高端钢材，利润可观。他们研发的产品已经直供到国内外10多家知名汽车制造企业，与国内多家汽车制造企业开展了整车汽车用钢应用合作。

在这热热闹闹的饭桌上，除了亲情，河钢邯钢的点点滴滴都是我们永恒的话题。我们是一个平凡的家庭，三代人工作在河钢邯钢，因为相同的职业，有了更多的理解和支持。

河钢邯钢兴旺发达我们的生活会更好，河钢邯钢步履维艰的时候我们也忧心忡忡，我们和许许多多职工一样、和许许多多家庭一样心系企业，为河钢邯钢的飞速发展自豪、为河钢邯钢的每一个进步而骄傲，用自己的一份热情为河钢邯钢发展和强大贡献力量，为河钢邯钢更美好的未来添砖加瓦。

春风徐来　钢城花开

陕钢集团韩城公司

•靳　斌

金秋十月，我们将迎来人民共和国70周年华诞。70年披荆斩棘，70年风雨兼程。回顾中华人民共和国走过的光辉历程，我们感慨万千。一路走来，中国人民自力更生、艰苦奋斗，创造了举世瞩目的中国奇迹。

我们党带领人民把马克思主义基本原理同中国实际和时代特征相结合，以众志成城的决心、敢为人先的勇气、壮士断腕的毅力、百折不挠的意志，谱写了中华民族惊天地、泣鬼神的壮丽史诗。

中华人民共和国70年的历史，就是一部党和人民自力更生、艰苦奋斗，不怕压、不信邪，勠力同心、发愤图强的历史；是一部党和人民经历磨难、经受考验，大胆探索、敢于实践，善于学习、勇于革命的历史；是一部党和人民改革创新、砥砺奋进，对外开放、走向世界，创造奇迹、铸造辉煌的历史。70年风雨同舟，70年砥砺奋进，我们党引领全中国各族人民绘就了一幅波澜壮阔、气势恢宏的历史画卷，谱写了一曲感天动地、气壮山河的奋斗赞歌。

在这个伟大的日子，作为一名党员，必须认真履职尽责，严格遵守党纪国法，不断提升工作能力，主动担当作为，成为爱岗敬业、勤奋好学、行动坚决的表率。

还记得2011年8月刚毕业的我进入了陕钢集团汉中钢铁有限责任公司。初到单位的我，面对一片荒地、满地荆棘的厂房，我一脸的错愕。这就是我即将工作的单位吗？我毕业后的第一份工作难道就要在这样的环境下进行？我甚至一度产生了辞职的想法。在汉钢公司报道一个礼拜后，我们这一批刚毕业的大学生踏上了从汉钢到韩城龙钢实习的路程。在龙钢实习的3个月，我感受得到了钢铁工人的辛苦，体会到了钢铁工人的艰辛，也感觉到了钢厂工作环境的恶劣。

2011年12月2日我们踏上了返回汉钢的路程，我们经历了“白加黑，五加二”的工作时间，终于在2011年12月29日顺利投产了。当钢坯从火热的输送辊道出来的时候，我们的内心是开心的、激动的。对于我个人来说，我完成了从学生到工作的第一次转变。

依稀记得，刚工作时，厂区工作环境甚是恶劣。公司开启了美丽钢铁建设的步伐。公司的植被面积，厂区道路环境、厂房道路环境逐渐得到了改观。春风徐来，钢城花儿次第开。汉钢公司多种花卉竞相绽放，处处春意盎然。有些花儿开得正盛，有些仍是含苞待放，有些都已孕育出小小的果实。

这一晃就是7年，在汉钢公司工作的这7年，公司全方位的改善和个人的改变，都是随着伟大祖国的变化而不断变化的。我们每个单位及每个人也都是在不断自我革命中成长成熟起来的。

2018年9月26日我正式挂职到韩城公司，经过学习与培训，10月8日分配到环韩城片区，真正开始接触营销工作。经过半年多的努力，我深切地感受到“只有不断学习才会有所得”。销售工作是一项综合知识非常全面的工作，要求对数据非常敏感。更要通过天气的变化、期货的变化、市场的变化、终端工程的变化、客户资金的变化、国家政策宏观调控、综合市场预期等意想不到的变化总结出规律，提供合理的营销方案，解决客户合理的诉求。同时还要深入工地，了解工地的需求、摸排工地的供货渠道。在掌握这些技能的前提下，还必须对当月、当日主业公司的生产情况了如指掌。还要和物流、客户等反复进行沟通，达到双方共赢的目的。

小事做多了就不是小事，平凡的事做多了就不平凡。作为一名党员要本着负责的态度正视问题，查找短板。深挖细凿，破解难题，做到共性个性同时发力，治标治本协同推进。

70 年来，我们从无到有，从有到富，从富到强，共和国伴我们走过了一代又一代人，影响着一代又一代的生活。过去的 70 年，未来的 70 年，还有无数个 70 年，我们一代又一代人，必将与共和国一同砥砺前行、携手共进。

镌刻在铁“黑板”上的红色记忆

山钢集团

•褚慧娟

济钢厂史馆里，有一块小黑板大小的铁板，它被悬吊在一个铁制的架子上，板面镌刻着双喜字，以及“一号255立方米高炉第一炉铁水铸 济南钢铁厂”的字样，架子顶端，还镶嵌着两只白鸽的造型。这块铁板是由济钢的第一炉铁铸成，它凝聚着当年建设者的心血和汗水，是济钢建成投产的见证，堪称济钢厂史馆的“镇馆之宝”。

济钢是新中国缔造的第一批地方骨干钢铁企业。1958年3月，中共山东省委决定由济南市委第一书记王路宾主持济钢铁厂筹备处工作。根据冶金工业部的统一安排，在黑龙江省齐齐哈尔市的冶金部第七冶金建设总公司第二工程公司、在山东省淄博市的建工部华北直属工程公司第二工程处土建队以及山东省冶金安装工程处机电安装队等单位奉命于1958年6月底前进入济南钢铁厂施工现场，担负济钢的基建工程。

1958年7月1日，六千余名建设者冒雨在施工现场举行了隆重的开工典礼。参加开工典礼的有时任山东省委书记处书记白如冰和济南市市长刘乃殿及省市机关团体负责人与农业社代表。

白如冰在开工典礼上号召全体职工，要以当家做主人的姿态，发扬苦干、巧干的精神，尽最大努力降低消耗，严格保证工程质量，加快工程进度，争取济钢早日建成投产。刘乃殿在会上表示，济南市人民将对钢铁厂的兴建尽最大努力给予支援。白如冰开工剪彩后和刘乃殿一起为济钢建设竖起了奠基石。

在兄弟单位的支援和广大职工的拼搏下，建设进度异常迅速：一号255立方米高炉从开工到出铁共176天，绝对工期仅为96天，比计划提前3个月投产，创全国同类型高炉建设时间最短纪录。

济钢厂史馆还保留了刚刚建厂时用于高炉值班工长、热风炉操作人员在高炉休风时联系用的工具——一口厚重的钟。如今拿起小小的钟锤去敲击钟体，那口钟仍然发出洪亮悠长的声音，仿佛把人带们到了当年那个艰苦、火热的年代。济钢厂史馆还保留了当时制造沙口大闸板的木制模具，它的作用是挡住铁水以免流进渣沟。这些简陋、朴素的工具，无声地诉说着艰苦的创业史，让人们更加怀念、敬佩当年的建设者。

正是靠着一代又一代建设者们的接力，济钢走上了逐步发展壮大的道路，从小炉子到大高炉，工艺装备不断升级，2006年钢产量高达1200万吨，跻身全国十大钢厂行列，成为全国最大的中厚板生产基地。在循环经济方面，济钢也走在了国内钢铁企业的前列，成为国家首批循环经济试点单位。2017年，在国家“去产能、调结构”和济南市着力治理大气污染的背景下，济钢实施产能调整，钢铁产线全线停产。59年的生产历程中，济钢累计生产钢铁过亿吨。

面对主业关停，济钢人抓住国家新旧动能转换的历史机遇，发扬“一团火”“自我加压，争创一流”的精神，迈开了转型发展的步伐。目前，已形成环保矿产、智慧物流、文创城服等“稳健型”，园区运营等“创新型”，联合钢铁等“继承型”共三大类型、五大产业集群的多维度产业生态体系。虽然走上了转型发展的道路，但59年钢铁生产形成的精神和作风已经如同基因，深深印在济钢人心中。

我的钢铁情缘

南钢股份第三炼钢厂

•康　健

1993 年高中毕业后，我听从父亲的建议选择了到南钢工作。父亲在南钢干了一辈子，即将退休，希望我能接过他的班，继续选择钢铁事业。对于钢铁我并不陌生，因为父亲的言传身教，因为家里的钢铁元素，我到父亲的单位去过，作为一个男孩子对铁水奔流、钢花飞溅、行车吊物都很感兴趣，我认为作为一个男人到钢厂里锻炼才算男子汉。20 世纪 90 年代初，建筑业蓬勃兴起，钢材的需求很大，到高线厂买线材的大货车每天都排到厂房外面，那时南钢的效益很好，实习生都能拿到几百元奖金，这更促使我坚定地留在南钢。

进厂没多久，我便被分配到当时的二炼钢实习，最初的激情很快就被现实所取代，高温、灰尘、噪声，一天工作下来，整个人几乎累瘫了。因为很多工作都需要用体力去完成，一根测温枪就重几十斤，一个班要取样几十次，最考验人的是每天要面对上千度高温的炙烤，这对刚走出校门的我是一种极大的挑战，能过这道关才能完成从学生到工人的蜕变。

晚上回到家中，累得躺在床上不想动，现实与理想之间的距离太大了。父亲走进我的房间，脱下上衣，露出身上被钢花灼伤的点点伤痕，他说："这是我的钢铁回忆！"他坐下来给我讲长江大桥的故事，1958 年南京长江大桥开工建设，南钢也才建设投产，没有能力支援大桥建设，那时的钢铁工业基础很薄弱，大部分钢铁都要靠进口。我对那时的钢铁匮乏也很有感触，因为小时候在家劳动的工具都姓"洋"，铁锹叫"洋锹"，铁钉叫"洋钉"，连小小的铁钉都要进口，可见当时的钢铁业是何等落后。苏联专家撤走之后，大桥建设在遇到“文化大革命”后几度中断，中国人民从不向任何外界势力所屈服，没有钢铁自己生产，举全国之力来支援长江大桥的建设。经过漫长的十年奋斗终于建设成中国人的第一座“争气桥”，这座桥梁给了父亲这一代钢铁人太多的记忆，钢铁是立国之本，钢铁是一个国家走向强大的基础。听完父亲的大桥故事，我伸出手，父子两代钢铁人的手紧紧地握在一起。

时间如白驹过隙，转眼我已在南钢工作了近30年。30年间南钢发生天翻地覆的变化，从最初只能生产简单的建筑材料、角钢的粗钢厂，发展成为现代化特钢厂，从最初年产几百吨钢到现在年产千万吨钢，主要应用于核电、海工、桥梁、能源、工程机械、汽车、船舶、军工等领域，产品涉及各种高精尖技术行业。开采“可燃冰”的全球最先进超深水双塔半潜式钻井平台“蓝鲸一号”，中国拥有自主知识产权的世界最先进第三代核电全球首堆示范工程“华龙一号”，中国首座耐候免涂装藏木特大桥都有南钢产品的身影。我深深为自己生在这个时代而骄傲，我深深为南钢现在的成就而自豪。

现在南钢走的是“绿色智能”发展之路，环境优雅，厂中有园，园中有湖，湖中有景，生产与自然和谐发展。美丽的九龙湖绿波荡漾，孔雀起舞，吸引了来自社会各行各业的人来参观，获得了参观者的交口称赞。南钢新中棒作为南钢最先进工厂，迎接着五湖四海的来宾参观。走进新中棒生产线，设备先进，技术一流，操控全部智能化，现场很难看到操作的工人，整个生产线都是自动化操作，没有灰尘，没有油污，没有乱飞乱舞的氧化铁皮，参观者耳濡目染，直观感受到现代化的钢铁是怎样炼出来的。

弹指一挥间，我在钢铁厂度过了人生最辉煌的年代，目睹了南钢所发生的新变化。我坐在窗明几净的主控室里，手摁电钮操控机器人测温取样，钢水样通过快速分析系统出现在面前的电脑上，再也不用派人送样子到化验室去了。主控室四季恒温，有鲜花，有绿色植物，让人心情舒畅，面对此情此景，怎不让人感慨万分。在钢铁厂的生活，既炼钢更炼人，锻炼了我的意志，把我锻炼为一个有责任感有担当的人，这是我一生最宝贵的财富。

五星红旗耀钢城

河钢集团唐钢公司

•刘　珊

金秋十月，硕果累累；金秋十月，钢城如画。十月是丰收的季节，十月是新中国腾飞的起点，十月的欢歌声声不断，十月的江河澎湃壮观。2019年的十月，我们将迎来伟大祖国七十华诞。七十年披荆斩棘，七十年风雨兼程，七十年后的今天，我们的祖国以强国之势在世界舞台巍然屹立！

七十年来，新中国以令世界惊叹的速度从雨后初生，发展到如今的枝繁叶茂。那飘扬的五星红旗，见证了祖国从“站起来”到“富起来”，再到“强起来”的风风雨雨。经历了时间的洗礼，黄色的星星，变得更加耀眼，还有那片深邃的红，积淀了一份深沉，继续盛开，绽放。

七十年来，中华民族前赴后继、顽强拼搏，以永不言败的力量将耀眼的红旗高高擎举，从第一颗原子弹爆炸成功，到第一颗人造卫星发射升空，再到载人航天飞船九天揽月，我们的祖国用速度与实力创造了一次又一次奇迹！今天，五星红旗迎风招展，那鲜艳而饱满的颜色晕染了每一寸神圣的土地，照耀着祖国的大好河山，也映衬着钢城的每一个角落。

今天，我们站在天安门广场上，庄严地注视着五星红旗冉冉升起；今天举国欢腾、大地飞歌，金灿灿的朝阳照亮了每一位中国人的内心。我们举目凝望，我们信念坚定，永远跟党走，不论未来是坦途还是坎坷，因为我们坚信，中国共产党终将会带领我们走向辉煌。

仰望着高高飞扬的五星红旗，我们的内心无比激动，这鲜红的颜色蕴含了多少代人的热血啊！作为锐意进取、敢为人先的钢城人，我们怎么能不为之动容呢！在党和国家的正确领导下，我们怀着无限的热情与执着，为建设最具竞争力钢铁企业不懈奋斗，五星红旗在我们心中早已凝成一面指引我们前行的旗帜。在五星红旗的指引下，我们坚持不懈，我们矢志不渝，用我们的聪明才智奋斗在生产的最前沿，用我们的赤胆忠心为振兴中华挥洒更多的热血！我们把个人的梦想融进钢城的改革创新之中，汇聚到国家的繁荣发展之中。

五星红旗在金色的十月飘扬，指引着我们前进的方向。那猎猎的风响就是嘹亮的集合号，召集祖国的钢铁人前赴后继，奋力拼搏。看！在五星红旗的辉映里，钢花变得越发璀璨。转炉前，钢铁工人怀揣着崇高的信仰与无穷的勇气，肩挑重担，守护着每一炉钢水，他们热情高涨，仿佛炉膛里炽热的火焰都变得略逊一筹。

看！在五星红旗的照耀下，一根根钢坯在轧机间飞驰，犹如巨龙腾飞。轧机旁，是精神饱满钢城工人，他们是技术进步的突击队，他们是产品质量的守护者，他们是营销战线的排头兵，他们将青春融入钢城发展，他们用一片赤诚为祖国建设贡献力量。

钢铁印象

陕钢集团韩城公司

•高士棋

新中国成立以来，特别是改革开放40年来，中国取得举世瞩目的成就，钢铁企业也像一张张油画一样有着鲜明的时代印记。

我进入钢铁企业的时间比较短，没有经历过大炼钢铁那个红红火火的激情岁月，没有经历民营钢铁企业如雨后春笋般冒出来的时代，处于现在风景如画的钢铁之城，倾听着那遥远的传说，感受着时代的脉搏。

仔细留意我国的钢铁企业，我发现许许多多的钢厂在1958年建厂成立，这个时代与我父亲同龄，在那个时代全国上下激情昂扬，提出来15年内钢铁产量赶英超美、以钢为纲等等，因此大部分的钢铁企业便在这个时期萌芽。那个时代钢铁产品属于稀缺产品，建造楼房需要钢材，加工机器设备需要钢铁，那个时代的工人基本都是来自农民，自建小高炉，土法炼铁炼钢，技术落后，设备简陋，产量极低，基本的市场尚未形成，还是停留在统购统销，计划分配的年代。

20世纪80年代之后，市场逐步放开，效益不好，生产效率低下，人员冗余的企业，主要是国有企业，实行转制裁员，一大批国有企业员工下岗再就业。在这期间一部分濒临倒闭或者经营不善持续亏损的钢铁企业被迫停产或者被私人企业收购承包，涌现出一批风云人物。由于刚从计划经济这个大锅饭走出来，一部分民营企业由于体制机制灵活，工人福利待遇好，一段时间冒出许多百万、千万身价的私人老板，许多企业实现了当年承包，当年盈利，甚至当年收购，当年回本的景象。巨大的利益诱惑，刺激着千千万万的人们，那时候嗅觉灵敏、思想开放、敢于冒险的人们基本上是在那个时代攫取了人生的第一桶金。回过头来看这段历史，在整个改革开放初期，如果追求四平八稳，追求不出纰漏，不鼓励冒险，谁来搅动这潭死水，我想更应该看到这批探险者为中国经济走出一条康庄大道，他们也在经济困难时期承受着巨大的精神压力与生活压力，残酷的竞争环境促使他们不断地改进技术、引进设备。由于我们村里也有在钢铁企业上班的员工，他们也是正常时间上班，休假回家务农，可以说是企业效益时好时坏，每月的工资有时高有时低，相比在家务农的农民来说，收入也高不了多少，唯一的不同可能是钢铁工人有份固定的工作，可以常年四季有稳定的收入，钢铁工人可以在工作之余跳舞唱歌、看电影、旅游。这个时代的人才比较紧缺，钢铁工人的学历普遍较低，钢铁企业对于来到公司的大学生比较重视，给岗位给平台让锻炼，因此这个时代的大学生成才率较高，后来几乎都成为公司的技术骨干或者经营管理者。

自从2000年之后，伴随着中国经济的高速发展，煤炭、钢铁迎来了10年黄金发展扩张时期，中国的钢铁企业在这段时间疯狂扩张，产能翻倍扩增，钢铁产品由资源紧俏变为产能过剩，企业由可观的效益转入全面亏损。在这段时间内公司改制、资产重组、转型发展、调整结构、报团取暖等等成为高频词，在这个时期钢铁企业才真正感受到市场的力量、资本的力量，钢铁企业才把视角从国内延伸到国外。进入新千年之后，钢铁企业也就逐步添上了彩色，厂区的颜色不再是灰白两个颜色，钢铁工人的衣服颜色和样式也呈现多姿多彩。各行各业市场化程度都比较高，人才流动性增强，特别是年轻人入职时间短，并未与企业建立深厚的情怀，可选择的空间较大，在这个企业干得不舒畅，可以另寻企业，甚至可以自己创业谋生。

度过了漫长的市场寒冬，时间来到2016年，在国家化解产能过剩、清退地条钢、加大环保督查、严控新增产能等措施下，钢铁行业迎来了效益好转，特别是钢厂的超低排放，原来钢铁企业也可以是森林式的工厂，经过市场寒冬的考验之后，大部分的钢铁企业已经觉醒，不再盲目扩大产能，不断优化产品结构，引进新的技术设备，为下一次经济危机的到来提前做好准备工作。走进如今的钢铁企业车间，可以说是一尘不染，窗明几净，高度智能化、自动化，工人们的脸上洋溢着幸福的笑容。

纵观钢铁企业不同时代的不同色彩，可以发现，一个企业必须契合国家的需要，必须跟上时代潮流，必须满足人们对美好时代的向往，才能长治久安，才能建成百年企业。如今人们深恶痛绝空气污染、水污染、土壤污染，哪个企业还存在侥幸心理哪个企业必将得到严惩，人们渴望享受到优质的钢铁产品，那些低劣档次的产品将失去市场。作为企业的管理者必须具有企业家精神，做企业就要做良心企业，心无旁骛地做好产品，怀着感情干事创业，那么就没有做不好的企业。

突然发现，原来钢铁可以更美好。

房子的变迁

九冶建设有限公司

● 罗拱北

1996年，我大学毕业后在陕西勉县找到一份工作。当时苦于房源紧张，成家多年的职工都只能拖家带口住在筒子楼，更别说我们这些刚到单位的新员工了。为了缓解住房困难，1999年单位决定集资建一栋家属楼，但是僧多粥少，一共只有40套房，怎么办？单位便想出依据职务、工龄折算分数确定排名顺序的办法。很多老员工明知购房无望，但是为了改善居住条件，还是使尽了浑身解数。面对同事们汹涌澎湃的购房热情，当时刚刚20岁出头的我在想，在40岁之前能有自己的房子就好了！

没有想到的是2003年我便有了第一次购房的机会，而且这次购房经历让我终生难忘。那时住房商品化已经在全国推行，单位决定利用闲置土地与社会上的房地产公司联合开发三栋砖混住宅。听到这个消息，我和妻子在买与不买之间犹豫了很久，当时我们的存款仅仅只有9000元钱，我们老家都在贫困的农村，根本不可能对我们施以援手。买，剩余的房款从哪里来；不买，我们的孩子已经4岁，住在筒子楼很不方便。斗争了很久，终于决定还是买，没钱可以向银行贷款。这个首要问题确定后，第二个问题又来了：挑选房号要按照交款顺序确定。一般人都想个买好楼层，而我们却想买顶楼，明知这是最差的楼层，夏热冬冷，而且有渗漏的风险，但是价格便宜，我们可以少贷些款。交款前一天，为了买到顶楼，我凌晨三点便赶到交款地点，期待能够排到前面，没想到等我赶到那里，前面已经排了长长的队伍，很多人从头一天下班就来排队。我在冬天的寒风里站了十几个小时，为了防止别人插队，自己紧张得连厕所都不能上，幸运的是，我终于如愿挑到了顶楼靠中间的一个房号。2004 年年底，当搬进新家那一刻，那种提前圆梦的成就感，连我自己都不敢相信，虽然连房款带装修花去七万余元。但是站在窗户前，真的是窗明几净，心旷神怡，感觉一切都是那么美好。

更没想到的是，2006 年因为工作关系，我和妻子一前一后从勉县调到咸阳，单位在咸阳又开始建设住房，房款可以分三次交清。经过和妻子商量，赶紧报名登记，把勉县的房子卖掉交上了第一笔房款。我们一边自己攒钱，一边向亲戚朋友借钱、向银行贷款，购买了一套 140 平方米的房子。这套房子比第一套房子整整多了 50 平方米，我专门布置了一间书房。下班后回到家里，那感觉又不一样了。

在这里住了不长时间，一些问题便暴露出来。由于这里地处郊区，交通很不方便，孩子上学成了问题。更主要的是我们单位所在地处于政府规划的化工区域内，周围的甲醇厂、炼油厂、玻璃厂、烟叶复烤厂等企业造成的污染让小区员工忧心忡忡，员工纷纷在市内买房。我和妻子也决定尽快转移。单位给我们交着“五险一金”，国家政策规定可用住房公积金按揭贷款，从而解了我们的后顾之忧。2012 年，我们自己筹钱交了首付，其余的办了按揭，在市中心买了一套 90 余平方米的房子，一个月还款两千余元也没有太大压力。2014 年 9 月，秋季开学之前，我们搬进新家。最高兴的莫过于孩子和妻子，孩子上学有多路公交，再也不用担心迟到；妻子喜欢逛街，楼下便是大型超市和商场。我们一家要出行，公交、地铁、机场、自驾任由选择。

因为居住场所的变化，不仅给我们生活方式带来了极大方便，而且给我们的生活理念带来了巨大改变。我通过自己的努力，不仅在 30 岁就提前实现了自己有房的梦想，而且住房面积由小到大、由居有住所向居住舒适不断转变。最近，我和妻子又着手筹划，准备把现在居住的这套小房子置换出去，添些费用再置换一套面积更大的房子，让一家人住得更方便、更舒适。20 余年时间里，我家就换了 4 次房，并非我喜欢折腾，而是经过 70 年发展，国家富强了、人民富裕了，繁荣安定的社会环境、改革开放释放的巨大红利让普通老百姓在追求美好未来的道路上越来越有底气、越来越有信心。我们有充分的理由相信，我们的国家会越来越强大，人民会越来越幸福！

青春作伴好还乡

九冶建设有限公司

•罗拱北

“宝巴高速通车，千年蜀道将再添一条大动脉！”听到这个消息，我像三伏天喝了凉水一样畅快。想着千年前诗仙李白拊膺长叹“蜀道难，难于上青天”的秦关蜀道，即将朝辞长安、午至巴州，这是多么伟大的时代壮举！

作为一个在陕西讨生活的四川人来说，我对“蜀道难”的感受特别深切。要说祖国这些年来日新月异的巨大变化对个人的影响，我觉得莫过于交通的发展。

我的老家四川巴中，过去由于山大沟深，交通不便，被城里人视为绿色环保的农林特产无法运到山外，父老乡亲眼睁睁地看着那些飘香的瓜果蔬菜烂掉却无可奈何，所以很多年来一直没得到大的发展。摆在村民面前的就几条路：要么外出打工，要么升学或当兵。我下定决心要离开家乡外出找一处交通便利的地方生活，因为我小学五年级便开始近视，打工、当兵都不行，只剩读书升学一条路可走。

20世纪90年代初，我考上了一所北方大学。四川广元当时号称为“川北门户”，离我们老家虽然只有一百多公里，但是要经过几次倒车。离家上学那天，母亲凌晨两点多就起来为我准备早饭。吃完早饭，父亲背着行李摸黑把我送到20余公里外的镇上，我必须得赶上早晨第一班开往广元的汽车（当时一天只有两班车），以便赶上连夜开往西安的火车。虽然这是第一次出远门，但是我的内心却充满欣喜，觉得自己终于不用成天行走在羊肠小道上。到达广元火车站，我第一次知道了什么叫人山人海。偌大的广场上，到处都是焦灼不安的人，有的人好几天都买不到车票，只好在广场上用一张草席打地铺。我费尽周折挤到窗口，售票员看完我的录取通知书，卖给了我一张无座票。但是等火车到站后，我才发现根本挤不到跟前，车站工作人员先是用喇叭呼喊“遵守秩序”，见无人理会便开始叫喊辱骂，好不容易给买了票的人清理出一条缝隙，上了车后又发现车厢里早已人满为患，根本没有落脚的地方，更不要说什么座位。就这样被紧紧夹在人群中，一路颠颠簸簸十几个小时到了西安，下车之后，我的双腿早已失去了知觉，脚踝肿得碗口粗细……虽然对乘车心有余悸，但是当年除了经广元乘火车到西安，我别无选择。

大学毕业后，我在陕西汉中找到一份工作。虽然环境比家乡的地形好了很多，但是通往家乡的108国道基本是沿古蜀道走势修修补补，多年都未见大的起色。棋盘关、五丁关、金牛峡、明月峡……在文人墨客笔下是诗情画意，但是在现实当中却步步惊心，尤其是寒冬腊月稍有闪失就会坠入万丈深渊。我在汉中工作期间，每隔两三年才回家一次，不是不想回家，而是不敢拿生命作赌注。

川陕交通得到较大改善当数2007年9月西汉高速正式通车，从西安到汉中，由原来翻越秦岭需要七八个小时一下子缩短为两个半小时，我工作的单位也由汉中搬到了长安脚下。当时四川境内高速已经修到川陕边境，虽然两省之间尚未全线贯通，但是毕竟比原来方便了很多。让我刻骨铭心的是，西汉高速通车不到8个月时间，四川便发生了举世震惊的“5·12”汶川地震。当我看到满载救灾物资的滚滚车流沿着西汉高速昼夜兼程把全国人民的爱心送往四川时，我禁不住热泪盈眶：在这条连接南北的交通动脉上，我们的国家和人民正举全国之力帮助受灾地区重建家园，这些钢铁长龙为四川带去的不仅是颗颗爱心，也是综合实力的充分展现——试想要是自己的温饱都成问题，哪里有能力去帮助别人！

自西汉高速开通以后，在秦巴山区困顿得太久的人民仿佛受到了“五丁开山”的鼓舞，川陕两省毗邻的地方交通建设进入了高速发展期。我回家的必经之路修起了广（元）巴（中）高速，汉中除了西汉高速，还修起了过境的十（堰）天（水）高速、宝（鸡）巴（中）高速，西安、成都、重庆之间建起了四小时经济圈。除了高速公路，铁路、机场都竞相发力，秦巴山区的几个地级市还相继恢复或建起了支线机场。而这一切，没有今天强大的国力支持，是不可能把千难万险的秦巴山区变为坦途的。国家的富强让普通百姓有了更多的获得感、幸福感。我自己在西安买了房、买了车，有了一份稳定的工作，如果周末或节假日想来一场说走就走的旅行，飞机、高铁或自驾随便选择，而这一切和20年前的出行真是天壤之别。

2019年春节期间，我驾车带着一家三口从西安出发，一路走走停停，风光无限，中午一点多便已到广元，我们一家专门停车去游览了以前只能遥望而无缘亲近的皇泽寺。站在高高的山梁上，面对奔腾而过的嘉陵江，我油然生起一种“白日放歌须纵酒，青春作伴好还乡”的无比轻快之感。想那不远处的剑门关，八百多年前一位伟大诗人陆游从陕西南郑踽踽而来，“衣上染尘杂酒痕，远游无处不消魂。此身合是诗人未，细雨骑驴入剑门”。要是他能活到现在该有多好，面对天堑变通途的壮美河山，不知可以写下多少千古绝唱！

我家三代女性的世事变迁

陕钢集团龙钢公司

•段玲琴

社会日新月异的发展，女性的经济地位、社会地位和家庭地位也得到空前提高。现在的女性已从闺房走入社会，进入职场，对内生儿育女，照顾家庭；对外，追逐人生梦想，实现自我价值，获得家庭和社会的认同。作为新时代的女性，我庆幸自己生活在美好的年代，而养我的奶奶和生我的妈妈却难以逾越那个年代落后思想的禁锢和艰苦岁月的磨难，她们的人生布满荆棘，满目疮痍。

奶奶无奈的苦难岁月

奶奶出生在20世纪30年代，那个年代的人们封建思想根深蒂固，男女不平等，信奉“女子无才便是德”，女性不需读书写字，就是要多生娃，围着炕头和厨房转，相夫教子是她们的生活标签。

作为一个面朝黄土背朝天的农村妇女，奶奶性格很要强，拥有开朗的性格、不服输的性子，但因当时社会的现实情况，她几乎没有上过学，大字不识几个。听奶奶讲，爷爷应征当兵出门在外，几年都回不来而且杳无音信，她一个人含辛茹苦领着5个孩子白天在田间辛苦劳作，经常晚上还将活儿带回家来干，为的就是能多挣些工分，尽可能地让孩子们的生活能好一点。当时的她受尽困苦磨难，以至于风湿等不适症状也是那时埋下了病根。虽然生活困苦艰难，但是奶奶有着很高的思想觉悟，因为她始终坚信“学习是唯一跳出农门的途径”，所以再苦再难，她还是将5个孩子送去学校读书。

妈妈艰难的创业历程

妈妈出生的年代，家庭和社会对女性的认同度有较大改变，女性地位逐渐提高。因为外婆的支持，妈妈上完了初中和高中，这在当时极为少见。但最终还是因为外公身体不好、兄弟姐妹多、家徒四壁，贫困成为她再读书无法翻转的大山，妈妈的求学梦至此也被扼杀。

和爸爸结婚后，怀着对好日子的憧憬，妈妈跟随爸爸一起做起了生意。依稀记得，以前妈妈和爸爸跟随大卡车出门进货，一出门就是几天几夜，他们走街串巷卖过葱、西瓜，赶集卖过辣椒、白菜……经过几年的摸爬滚打，在我13岁那年，他们终于在镇上开起了自家的门面，做起了五金交化的生意。条件好了，爸爸妈妈再也不用风吹日晒地赶时间了。后来，因为爸爸和妈妈肯吃苦耐劳、对顾客又和气，再加上经营货品种类齐全，生意被他们经营得红红火火，我家的生活水平也是蒸蒸日上。以前妈妈经常跟我说：早起的鸟儿有虫吃，要好好学习，考上大学找一份好工作，做自己命运的主人。我特别感谢我的母亲，是她的言传身教使我领会很多艰苦创业的精神，让我学会了善解人意和冷静处理很多事情，也给我的人生指明了方向。

我幸福的工作情结

2004年7月12日，我加入了龙钢，成为一名实实在在的国企工人。忘不了我把就业协议给妈妈看时，她脸上的热泪，更忘不了奶奶脸上的激动表情。在她们眼里，有了正式工作，就等于拥有了真正意义的“铁饭碗”，拥有了自强自立，我因此不用像奶奶和妈妈一样太过辛苦，单位里的各项工作早已是机械化和信息化。如今，我在龙钢工作已有15年，期间公司经历了太多的发展奇迹。干净笔直的柏油路放眼望去，心情很是敞亮，职工各项福利待遇不断提高，我们每天坐在崭新舒适的通勤车上，在岗位和家的幸福驿站来回穿梭，满满的都是幸福感。现在我终于明白爸妈当年让我们好好上学走出去的初衷，是读书改变了我们这一辈人的命运，也改变了我们的人生轨迹，在父母眼里，我们这些“鲤鱼”终于跃过“龙门”了。

三个时代，三种选择，三种人生。通过奶奶、妈妈和自己生活轨迹的鲜明对比，不言而喻，女性的社会地位在逐步提升，中国的进步和发展也在奔腾向前、势不可挡。家是最小国，国是千万家，普通老百姓可喜的生活变化，是伟大祖国 70 年变迁的真实写照，是伟大祖国蒸蒸日上的幸福缩影。

幸福　感动　自豪

南钢股份特钢事业部

•莫精忠

孔子说：逝者如斯夫！人的一生对于这个时代，真的是沧海一粟。而我与共和国同成长，见证了改革开放到走入新时代的变迁奇迹，这是我的幸运，更是我的骄傲。我从一个小伙子如今已步入中年，回忆我身边点点滴滴的变化，忽然发现白驹过隙的短暂载负如此丰满的人生，共和国千千万万的劳动者用智慧和双手构建起的辉煌和骄傲的中国梦。

回想起我刚踏入钢厂之初，正是20世纪90年代末，那时改革开放的春风已经刮了20年，就钢厂来说是上大项目、出高产量。我明显感觉到无论是社会还是钢厂，都在追求效益。钢厂的指标就是出钢产量再创新高，我作为一名青年员工被红红火火的时代激励着、点燃着，自觉地奋斗着、努力着。回到自己的宿舍楼，面对着14寸电视，烧着厂里提供的煤气，我感觉自己很满足、很幸福。

走在街上，都是忙忙碌碌的四处奔波的人群，街道设施虽有所改善，但是依然很陈旧，公交车、巴士、路灯似乎是某个时代定格的回忆。但远景错落的楼盘群在施工，像魔术师一样不断改变着四面八方的视线高度。共和国正在经历一场前所未有的追赶和奔跑。

我就在这样的喧嚣的动感中生存着，成长着，感受着。不觉我有了家，有了妻子女儿。城市的道路、建筑、设施、交通，悄然如雨后春笋般的集群式出现，似乎很自然，但却又让人惊喜。来不及细想他已经矗立在你眼前，出现在你的生活中。崭新而气派的高楼，宽敞而平坦的道路，富有时代气息的商场，就连路灯忽然已变得明亮和华贵起来。再看看街道上川流不息的人群，他们和我一样，穿着崭新华丽的各式服装，用手机联系业务。信息化、科技化的迅猛发展，给我们的生活带来翻天覆地的变化。物质极大丰富，但无论是家庭还是工厂面对激烈的竞争，压力山大。即便如此，我们一家搬进了新居，虽然生活有点拮据，有了自己宽敞明亮的三居室，有了现代时尚的家用电器，那时是痛并快乐着。

高铁飞驰，周边建起国际机场。我忽然感觉人与人之间的空间距离极速的缩短，人与人的交流变得更加快捷方便，手机功能多元化，而且已经有了自己的国货品牌，更让人惊喜的是消费已经变得更加便捷。带着一部手机就可以满足自己消费的所有需求，微信扫码，淘宝支付，网上购物，不再是时髦的事情，而是成为普通老百姓生活的一部分。大数据，互联网+，不再是高大陌生的专业术语，而是实实在在与我们生活生产联系起来。钢厂不再单纯追求产量，而是更注重质量，不再单纯追求效益，而是更加注重环境保护。小区是绿色花园式的，钢厂外表现代，内涵科学，天蓝了水绿了，空气更清新了，一个新时代已经和我不期而遇。

是的，我们真的进入了新时代，我们正在一点一滴地实现属于我们的中国梦。我幸福，我感动，我自豪。我的人生忽然就变得积极乐观起来，我看到我的祖国和我一样，奋发的姿态，美好的未来。

感恩祖国 报效祖国

陕钢集团韩城公司

• 师 辉

1949年10月1日，全世界的焦点都定格在了北京天安门城楼，毛泽东主席庄严地宣布："中华人民共和国中央人民政府今天成立了！"霎时间，举国同庆，万众欢腾。自那时起，中国，这个有着上下五千年璀璨文明的国家又一次跨过了历史的长河，结束了内忧外患的境遇，熬过了生死存亡的考验，以昂首挺胸的新姿态屹立在了世界的东方。也是从那时起，全世界就再也无法忽视这道来自东方的耀眼光芒。从1949年到2019年，整整70年的时间，风云变幻，跌宕起伏，几代人坚持不懈的努力奋斗使今日的中国有了翻天覆地的变化，走上了一条富强民主文明和谐的社会主义道路。

还记得小时候我特别喜欢听长辈们讲过去的事情。新中国成立后不久，以美国为首的帝国主义势力到处围堵中国，企图将刚刚诞生的新中国扼杀在摇篮之中。1950年朝鲜战争爆发，我的太爷应召入伍奔赴前线，留下太奶和爷爷孤儿寡母在家日夜祈盼，这场战争陆续打了3年时间，最终中国人民志愿军打败了美国帝国主义不可战胜的神话，为国家的发展赢得了相对稳定的和平环境，但是我的太爷却永远留在了抗美援朝的战场上。

每当讲起这段往事，我爷爷总是热泪盈眶，感慨万千。爷爷说，身为烈士子孙应当比别人更爱祖国，因为这是先辈们刻在骨子里的信仰，这是流淌在我们血液里的基因，如今，我们要好好珍惜这来之不易的幸福生活。

爷爷说他年轻的时候流传最广的一句话就是"点灯不用油、耕地不用牛、楼上楼下电灯电话”，这就是当时大家心目中的理想社会。现在，住在高层楼上的爷爷每次按电梯出门的时候还是会感慨一下社会变化的迅速。

父亲经常说他小的时候家里根本没有玩具，衣服也都是老大穿小了给老二，老二穿小了给老三，因为稀缺，每个人的衣服上都打了一堆补丁。父亲还说上学的时候学校冬天根本没有暖气，每个学生都要从自己家拿点柴火来生炉子，经常冻得满手是疮，写不了字。母亲说她小的时候最期盼的就是过年，因为只有过年才能吃上几颗南糖和一碗滴了几滴香油的鸡蛋羹。

到我小的时候明显能够感觉到生活富裕了，每逢过年，父母都会给我买新衣服穿，我也经常和小朋友们一起分享我的玩具，上学的时候学校里有了微机室、实验室、音乐礼堂等一系列设施。母亲说感恩祖国的发展，让我们这一代有了一个相当好的生长环境，衣食无忧，顺风顺水。记得2002年第一次和父母一起去北京，那是我第一次看见鳞次栉比的高楼大厦，第一次乘坐透明玻璃的升降电梯，第一次接触台式电脑，第一次逛极地海洋公园，太多的第一次让我大开眼界，终生难忘。

现在到了我女儿这一代，科技的发展可谓是日新月异，才3岁的女儿就已经坐过飞机、高铁、轮船、游艇等交通工具，也去过了很多地方，甚至已经可以自己用手机来播放动画片自娱自乐，这是科技发展时代新人类的共有特征。

70年的时光转瞬即逝，中国的发展变化有目共睹，我相信在未来的时间里，这种发展的速度只会越来越快。这头沉睡的雄狮已经觉醒，正昂首阔步地走向新的时代，踏上新的征程，作为一名亲身经历和感受到了这些变化的普通人我内心无比自豪，我也愿意为祖国的发展贡献自己的一份力量。此生无悔入华夏，来世还做中国人！

感恩，一座城的温暖力量

河钢集团唐钢公司

·王　宇

一座城的历史，犹如一个人的记忆，总有一些事情注定要留下印迹，正如我的家乡——唐山。因震而名，因钢而兴，地震和钢铁是唐山的两大标志。或许世间缘分千百种，我和这座城却是因震而来，因钢而爱。

感恩，从消失地球的预言到美丽新城

唐山是座历史悠久的城市，几万年以前就有人类在此劳作生息。唐山是座具有百年历史的沿海重工业城市，是中国近代工业发祥地之一。中国第一座近代煤井、第一条标准轨距铁路、第一台蒸汽机车、第一袋水泥、第一件卫生瓷均诞生在这里。唐山被誉为“中国近代工业的摇篮”和“北方瓷都”。

1976 年唐山大地震，让唐山震惊全世界。“迄今为止四百多年世界地震史上最悲惨的一页”“二十世纪全球十大灾难”之一。有资料记载，24 万城乡居民殁于瓦砾，16 万人顿成伤残，7000 多个家庭断门绝烟。住宅、办公楼、学校、医院等民用建筑物 95.5% 遭到严重破坏，近 80% 的工业建筑被摧毁，百年城市毁于一旦。

大灾面前，举国上下紧密团结，众志成城，彰显出同舟共济的中国力量。震后，党中央先后两次派慰问团飞抵唐山，视察灾情，现场指挥。10 万余名中国人民解放军、3 万多名医疗队员、2 万余名各条战线上的干部

职工星夜兼程赶到唐山，投入抢险救灾。为重建新唐山，国家拨款43亿元，从全国调集了3000多名专家学者、7万建筑大军和省内20万建筑工人，展开了一场前所未有的重建新唐山的大会战。

这是一组带着极暖温度，每次都会带给人心灵感动的历史记录和数字。我的父辈就是震后援建唐山的那拨人，爸爸来自天津，妈妈来自东北。在党中央、国务院“一定要把唐山建设得比震前更好”的指示下，他们与众多的援建青年凭着“公而忘私、患难与共、百折不挠、勇往直前”的伟大抗震精神，齐心努力苦干奋战。震后一年，唐山工业生产全面恢复；震后第二年，工业产值超过震前水平……1978年1月，《人民日报》刊文称：“唐山抗震救灾取得决定胜利……大灾之下复产之快，堪称世界抗灾史上的奇迹！”

就是迎着这篇报道的激励与振奋，我出生在了这座当时曾被国外专家预言将在地球上消失，却又迅速昂起头的英雄城市。最困难时的温暖，总会是人印象深刻的记忆和感恩，也一定会焕发人们最持久的奋斗激情。作为成长在新时代的新唐山建设者，记忆中，这座城市里的英雄人民矢志不渝、奋发图强的脚步从未停歇。

1989年进入全国25个生产总值超百亿城市行列，2001年生产总值突破1000亿元大关。联合国“人居荣誉奖”“迪拜国际改善居住环境最佳范例奖”“中国人居环境范例奖”“中国优秀旅游城市”“全国双拥模范城市”“全国文明城市”……世界园艺博览会、第三次中国—中东欧国家地方领导人会议先后在唐山成功举办，这座不平凡的伟大城市一次又一次吸引着全世界的目光。

“饮水思源，知恩图报。”经历劫难、浴火重生的凤凰城，对感恩与责任理解更加深刻，2008年5月的汶川地震，强烈地震撼着唐山人的心，许多人眼含热泪自发捐款捐物，甚至在捐款名单上只写下“感恩”“回报”这样的称谓口号，唐山不仅成为全国地级市中捐款最多的一座城市，而且组织专业人员连夜编写《唐山抗震救灾经验小册子》、成立抗震救灾专家顾问组，第一支到达成都的外地医疗队和抢险队；第一支由心理专家和地震孤儿组成的心理咨询志愿服务队。那时参加工作不久的我，目睹着身边同事冒着余震前往灾区救灾，而且单位一对80后小夫妻在蜜月途中临时变更路线，将灾区救援作为了蜜月主题。

怀揣感恩之心，用爱心回馈祖国和家乡。如今，这份爱的力量薪火相传，源源不断地释放着强大的正能量，在《中国城市竞争力第15次报告》中，唐山综合经济竞争力、宜居竞争力均位列河北省第一。在纪念抗震40周年之际，习近平总书记来唐山称赞这里是座“英雄的城市”，称赞唐山人是“英雄的人民”。

感恩，从抗震志气钢到时代楷模

在我的抗震故事中，另一个因钢而爱的企业就河钢唐钢。43年前的大地震，顷刻间将她夷为废墟，1788位职工、8602位家属遇难。但幸存的钢城人擦去眼泪，迅速赶回岗位，头上包着纱布，腿上缠着绷带，带着伤痛和悲痛，在余震中恢复生产。仅在震后28天，就冶炼出第一炉“抗震志气钢”，凭借着对祖国的感恩和自强精神，1976年11月底，受损极其严重的唐钢奇迹般全面恢复生产。亲眼目睹这一切后，邓小平同志由衷称赞：“唐钢工人阶级是地震震不垮的、困难吓不倒的队伍！”

后来，我从父辈手中接过钢铁的接力棒，骄傲地成为了这个光荣集体中的一员。经过多年的快速发展，河钢唐钢早已跻身千万吨级大钢厂行列。然而2008年，在我成为钢铁战士的第十年，国际金融危机爆发。面对严峻考验，我挚爱的钢城以超前的眼界和气魄，破旧革新，实现了脱胎换骨的绿色蝶变。

提前拆除当时尚不属于国家淘汰范围的3座450立方米高炉，腾出的土地占厂区1/5，全部进行绿化，坚守“环境是企业生命线”的理念，斥资31.8亿元实施32项节能减排项目。建成华北地区最大的污水处理厂，让企业实现了“工业新水零采集、废水零排放”，每年节水量相当于1.5个西湖。厂区绿化覆盖率提高到50%。一尘不染的厂房掩映在蓊郁的丛林中，不时有野鸡、野兔出没。从传统钢铁企业的“灰头土脸”到“世界上最清洁的钢厂”，慕名前来“取经”的国内外钢铁冶金同行络绎不绝，河钢唐钢成为了绿色发展的样板。

2016 年 4 月，河钢集团与塞尔维亚政府正式签署协议，正式接手该国唯一一家国有大型支柱型企业——斯梅代雷沃钢厂的管理。签约过后，这项国家“一带一路”样板工程的运营权被交到了河钢唐钢手中。同年 6 月，国家主席习近平到河钢塞钢参观考察，并提出打造“中国—中东欧国际产能合作样板，建设‘一带一路’标志性工程”的重要指示。国家领导人的殷殷嘱托和谆谆教诲让流淌着英雄血脉的钢城人充满干劲和力量。面对连续 7 年亏损、生产经营陷入困境，被美钢联以 1 美元抛售的百年老厂，河钢唐钢派出的 9 名“钢铁侠”发挥管理优势，克服重重困难，接手后仅用不到半年时间就实现扭亏为盈。2017 年产钢 147.3 万吨，实现销售收入 7.4 亿美元，创出历史最高水平；2018 年产钢 176.9 万吨，实现销售收入 10.6 亿美元；2019 年一季度，河钢塞钢产钢 46.17 万吨，全年产量有望创历年来的新纪录。

2019 年 4 月 27 日，在第二届“一带一路”国际合作高峰论坛召开的重要时刻，河钢塞钢 9 人管理团队被中共中央宣传部授予“时代楷模”称号。不论是在中央台的发布现场，还是在自家的电视机前，“时代楷模”的称号瞬间燃爆了钢城人的集体荣誉感，成为每一名河钢唐钢人的骄傲。这些曾经的工友，背井离乡远赴海外，克服语言、生活习惯等障碍，怀揣着一颗感恩的心，始终坚持体面和合规的方式行事，得到了当地员工的信服，而且成为员工的座上宾、家中客，赢得了塞尔维亚元首、政府官员以及中国大使馆的认可。

人，本应如钢铁，坚韧执着，不服输，不惧难，默默付出奉献终绘出壮丽诗篇。凤凰涅槃，浴火重生。一座城市的坚强，在于将所有的恩情铭记于心，面对祖国新时代跨越发展的冲锋号角，我们仍将努力奔跑，仍将拼搏奋斗，在实现中华民族伟大复兴的征程中笃定前行！

从寒冬走向暖春

陕钢集团龙钢公司

•吴　洁

作为一个典型的80后，看着现在小孩吃的、玩的、穿的，还会装作倚老卖老地感叹一句：“哪像我们小时候，什么好吃、好玩的都没有，一毛钱都是巨款。”虽然是戏言，但是放眼望去现在农村都是小洋楼搭配天然气，祖国的日新月异和强大发展为人们提供了更好的物质生活，那些色彩单一的年代在变迁中早已远去。

在我小的时候，总记得冬天冷得出奇，放在院子里的水会结厚厚的冰，整个冬天都不化。按照母亲所说从冬至开始要忍耐九九八十一天的寒冷，被称为“苦寒”。过去的年代御寒方式单一、简陋，数九寒天对于人们都是自然界严酷的考验。今年是共和国成立70周年，在这漫长的岁月里，中国大步从寒冬岁月走向温暖春天。

我出生那一年，1988年，改革开放已经开始10个年头，我所有对当时的记忆全部来源于父亲母亲的讲述，父亲最常笑着说：“我娃两岁，从炕上滚下去，一个人爬到土炕坑里，弄成黑包公被拽出来。”大家哄笑的时候，父亲则意味深长地说那时候家里冬天取暖全靠烧土炕，一把玉米秆、半截枯木，一烧着了，空气中弥漫着黑色絮状物，却是整个冬天所有的御寒方式，因为屋后的玉米秆也是牲口的口粮，舍不得放开烧，要等天擦黑了才舍得烧炕，烧暖了赶紧钻进被窝，后半夜全靠被子微薄取暖，有时候睡一晚都是冰凉的。

再后来，我上小学了，数九后天寒地冻，学校没有取暖设施，那时候最幸福的事就是谁家生病打吊瓶过后的玻璃药瓶子，洗干净、开水烫过，早晨去学校出门前灌上开水捂在怀里，哎呀真是美！好像世界上最暖和的手炉就是药瓶灌开水了。等到快小学毕业的时候，家里、学校都用上了煤泥炉子，舍不得用纯煤泥，家里人将煤泥和红土加水搅拌，固定成型。这种煤块烧起来的时候，灰尘一波接过一波。教室里，值日生将大家从家里背来的碳码成一排，早晨烧起来的时候，空荡的教室里至少是不冻手的，那些朴素简单的岁月好像还在眼前游走，时代却飞快向前发展。

上初中的时候，暖被窝的暖水袋也被各家各户见怪不怪的电热毯取代。农村没有锅炉烧暖气，但是生火炉子也烧起了块状硬炭，干净、暖和，那些昏暗、飘着絮状物、一波多过一波的灰尘也都消失了，伴随着炉火的光芒，艰苦的日子好像越来越远。学校的教室里，热乎乎的暖气管上排列着各式早餐、午餐，锅炉房里的大锅炉热气腾腾地翻滚着，好像冬天都变得越来越短了，也不那么难挨了。

再后来，暖手宝、充电暖手宝、电烤扇、空调、越来越多的取暖方式铺天盖地地应运而生，条件好点的家里还可以买个小锅炉，一冬天家里也温暖舒展；学校里，宿舍、教室，轻薄发热快的暖气片替代了老式暖气管，冻手冻脚好像已经成为一个遥远的故事。

中国快速向前滚动的车轮碾碎了冬天的寒冰，现在的中国，城镇农村家家户户通上了天然气。节能、清洁、安全，能效高的天然气为冬天添上一把不灭的柴火。田里收割后的玉米秆直接粉碎归肥、煤炭炉子少之又少，大锅炉拆了一座又一座，天然气管道四通八达，家里做饭、取暖，一步到位。每年的 11 月 15 日开始供暖，整个冬天里，大到商场，小到公交车，到处都是暖洋洋。那个记忆里的数九寒天好像离我们越来越远。

共和国成立 70 周年，不只是一个庆典，不只是一个标识，更应该是一道深刻的历史丰碑，标志着那些让人望而生畏的九九八十一天的“苦寒”年代一去不返，这个时代正带领着我们走向越来越温暖的春天，未来让我们在伟大祖国明媚广袤的土地上尽情享受。

相册里的温暖回忆

河钢集团唐钢公司

•赵东利

周末闲暇时，我翻起了相册。一幅幅照片勾起了往日的回忆。我在河钢唐钢工作已有 20 多年，期间从事过轧制操作、备件管理以及信息化系统运维等工作。这些照片记录下了我工作和生活的美好瞬间。

一张工友给我拍摄的操纵剪钢机的照片，上面的我还很年轻，身体虽然瘦弱，但很干练，照片的右下角显示 1996 年 9 月 1 日。这张构图不好、色彩也不好的旧照片边缘变成了黄色，而且有些卷曲。但这些都无关紧要，因为那是我第一次独自在岗位上操作的照片。它是如此的生动，以至于当我的目光滑过它时，内心激动不已，思绪也一下被拉回到 20 年前火热的生产现场：隆隆的轧机连续吐出了一条条通红的螺纹钢，再依次整齐地滚下冷床，自南向北欢快地在辊道上奔跑，很快就到了剪钢机前面。我戴着白色安全帽、身着卡其色工装，站在两米高的工作台上，操作着庞大的剪切机器：刹辊道、抬挡板、落剪刃……“咔嚓、咔嚓！”很快一排排螺纹钢就被切成了齐刷刷的几段。那是我第一次操作大型设备，尽管腿还有点发抖，但是我特别认真，眼睛一眨不眨地盯着辊道上的钢材，双手轻点一排或红或黄的按钮，顺利地将整齐的钢材送到了下一道工序。

相册中间有一幅我给岗位工人讲课的照片。我正站在讲台上，右手指着黑板上的管理流程图耐心细致地为员工们讲解。讲台下的 40 多名员工全神专注地听着。这张照片我印象特别深刻，是新闻记者拍的。那是在 2018 年 8 月，我参与了公司采供系统信息化建设，与团队成员一起搭建了备件管理平台，编写了40多个采购流程，撰写了几万多字的操作手册，培训岗位员工1000多人次，为公司发展提供了技术和人才支撑。看到这幅照片，我的内心感到无比自豪。

最近一组是2018年河钢十周年生日的之际，我去生产现场拍摄的照片。有的是现代化生产线，敞亮的厂房里的一组组机列、一条条管道井然有序，旁边却看不见操作人员，只有各种自动化设备在满负荷生产；有的拍摄的是厂区，那一丛丛火一样热烈的美人蕉、一片片娇艳的月季和绿茵茵的草坪，让人觉得仿佛走进了大花园。还有智慧物流、精美的钢材……这些照片俨然就是企业高质量发展的缩影。

在200多幅的照片中，除了生产工作照片外，还有很多家庭生活和风景照。乔迁新居、驾车出游、节日欢聚……它们浓缩了生活的变化。企业发展越来越好了，我家的生活也日新月异，“蜗居”换成了大房子，私家车开进了自家车库里，智能手机和平板电脑成了寻常物件。我们还把年迈的父母从农村接到了市区居住。

这每一张照片背后都有一个感人的故事，或感动、或幸福、或励志，记录了我的激情、抱负和理想，也见证了钢铁行业稳步向前的历程。企业发展越来越好、员工的生活越来越富足，这些变化不就是改革开放以来祖国发展的一个缩影吗？这70年，中国经济飞速向前发展！这70年，钢铁人勇立潮头，凝心聚力地调整产品结构、客户结构，全力以赴加快前进步伐，生产出的精品钢材建起了高楼、铁路、跨海大桥。不怕苦不怕累的“钢铁大侠”们用不懈的奋斗支撑起中国钢铁工业的崛起、强大，为国强民富立下了汗马功劳！

合上相册，我抬起头：窗外春风在笑意中荡漾，春意在憧憬中萌发，一群白鸽在蔚蓝的天空自由自在地展翅飞翔；室内，米兰悄悄低语，三角梅和栀子花热烈开放……生活在这个美好的新时代，我们是多么幸福！

东方地平线那缕阳光

陕钢集团韩城公司

•钟瑞麟

清晨，当东方的地平线映射第一缕阳光，我仿佛听见花开的声音；雨季，当薄雾拨开云日吹动第一片树叶，我仿佛听见大海的声音；而今天，当你在我眼前一次又一次地变高变强，我清晰地听见，生命的力量。

从1949年到2019年，这70年来，从任人宰割到独立自主；这70年来，从蒸汽机车、绿皮车到时速350千米每小时的复兴号动车组；这70年来，从百废待兴到百业昌盛。这70年来，在中国共产党的领导下，在全国各族人民的不懈努力下，我们迎来了新时代；中国有了翻天覆地的变化，我们的生活在悄无声息中发生了改变。而我们这批处在20世纪尾巴的90后，生活在这时代大变局之中，见证了中国全新的变化。

从小就生活在这座城市，自然就多了些对这座城市的认识。长大后，坐在夜归的公交车上，望着窗外风光旖旎的城市风光、熙熙攘攘的夜归人群，不禁回想起过去的时光。

小时候的时光总是那么的漫长，夏天的阳光没有现在这样热烈，趁闲暇，去外婆家玩耍。外婆的家在西安的北郊，我家在南郊，最便捷的就是顺着长安路一直走到未央路，那时的长安路和未央路车流稀少，道路两侧的树高大挺拔。每次去都要在电视塔坐私人中巴车即俗称的招手停，再倒公交车。行驶在坑洼的道路上车子晃得厉害，遇见高低不平的路面，坐在压合板材质的座椅上震得屁股一疼，好一会儿才缓过来，那玻璃窗户好像要跳出来一样，也当当作响。阴雨天尤其厌烦，那铁皮车的锈蚀处滴答滴答地漏水，车里也湿漉漉的，让人心神烦躁。之后便有了600路这条贯穿西安市南北的双层公交车，每次都迫不及待地跑上公交车的二层最前排坐好，笨拙地模仿着司机师傅开车的样子，十分开心，但最让人难受的便是将近两个多小时的路程，走走停停，郁郁闷闷。时光荏苒，如今西安开通了4条地铁线路，而最早开通的地铁2号线便在这千年古都的中轴线下延伸运行，现在去外婆家不再像以前那样费劲了，家门口的地铁站让出行变得轻松，搭乘地铁40分钟便到了目的地，车厢里，明亮宽敞的空间从不会让人觉得拥挤，良好的通风系统不再觉得车厢闷热，鲜明的爱心座椅让这个城市有了温度。

从前的我们穿着开裆裤在院子里乱跑；用着爷爷在单位获得的写着大大“奖”字的搪瓷缸；坐在二八自行车后面傻嘻嘻地笑着，每天下午6点准时蹲在电视跟前等待大风车节目的开始。现在的我们穿着不同风格的衣服展现不同的自己；用着或简约或新奇的生活用品，坐在高铁车厢里一日千里；每天必做的事情是拿起手机看看微博、抖音。从前生活简单充实，现在的生活新奇充满惊喜。

时间总是在不经意间溜走。随着改革开放的深入，我国进入了新时代，生产力的大发展大繁荣造就了物质生活的丰富。大学时代，总会抽空和同学寻觅新鲜事物，体验最新的VR技术，感受VR技术带来的乐趣；拍摄一段抖音，发布自己的乐趣；乘坐高铁来一场说走就走的旅行，感受祖国大好河山的壮丽。周末去小寨、钟楼或约电影或约饭，兴致足了来一场5个人的征战，徜徉在英雄联盟的峡谷里，感受着电子竞技的魅力，或紧张或失落。走进熙熙攘攘的人群，我追着你，你又追着他，嬉笑怒骂、无所不说。看一场3D电影，感受视觉和音效的冲击，结束后便谈论吃什么，吃川菜、吃日料、吃海鲜……每次觉得口味不错的店家，便默默记住店名，日后带家人共同来品尝。放学回家，路上遇到了好吃的东西总会买给家人品尝。然而老人们总会因为贵而说不好吃，下次别买了。老人们生活的年代或许只是普普通通的食物，依稀记得儿时的生活除了家里的家常便饭外便是路边的传统食物。

冬天总是来得那么快，每到入冬时节，奶奶总给全家添置毛裤，奶奶“制造”精致耐穿，质量一点也不比外面的差。而外婆也用她精细的针线活为我和弟弟缝制棉袄，穿在身上也暖暖的。快过年了，妈妈会带着我去康复路买新衣服，那时觉得康复路就是整个西安的潮流中心。如今是网络发达的年代，购物的方式也发生了翻天覆地的变化，康复路渐渐淡出我的视野，开元、赛格成了时下网红。慵懒时，拿起手机打开淘宝自由挑选，网购成了当下最流行的购物方式，从衣服到食物，从国内物品到海外潮牌，衣食住行各类物品都能买到，现在的生活因网络变得便利。网购、外卖、滴滴打车等，这些在那个年代里根本不可能有的东西在如今成为现实，这些都是科技带给我们的便利。

那时大白兔奶糖都是稀奇的东西，自己不舍得吃要留给孩子们吃，如今的大白兔奶糖已经不是什么稀奇东西，在孩童看来未必是最好吃的，但它已成为一种回忆，是我国从贫穷到温饱再到富足的见证物之一，是时代的进步和发展才有了如今的琳琅满目的物质生活。

顺着大街漫步，车水马龙，川流不息。一个挨着一个的商业集群挤满了追逐梦想和实现梦想的人们。约上三五好友，打趣时光，便是最好的我们。

五千年前，我们和埃及人一样，直面洪水；四千年前，我们和古巴比伦一样，铸造青铜器；三千年前，我们和希腊人一样，思考哲学；两千年前，我们和罗马人一样，英勇征战；一千年前，我们和阿拉伯人一样，无比富有；而现在，我们和美利坚人一较长短。五千年来，我们在世界的牌桌上注视着一个又一个的对手崛起与消亡，唯有我中华民族，坚强无比，负重前行。时间的指针已经指向 2019 年，民族复兴的脚步也在持续向前。

今日之中国，高铁走出国门，成为“国家名片”；今日之中国，核电打破垄断彰显中国力量；今日之中国，一桥飞架南北，天堑变通途；今日之中国，神舟的征途是星辰大海；今日之中国，前所未有地走近世界舞台的中心，前所未有地接近实现中华民族伟大复兴的梦想。

青年兴则国兴，青年强则国强。而今，国之名，青年之大幸，我们受到的更多的是来自“中国”这两个字给我们的庇护，以及“中国力量”带给我们的铿锵。

不忘初心，牢记使命，以青春之名，做新时代中华追梦人。以中国之名，孕育中华少年之雄起！浩渺行无极，扬帆但信风。为这个国家，为这个时代，骄傲、自豪！

满满的获得感

安钢集团

•若　水

前几日，与我家一路之隔的公园正式开放。

晚饭后，到公园散步，走在新建的园林道上倍感惬意。满怀喜悦的心情，感受着小道、曲径、花木、草坪、石阶、小山、LED路灯给游人带来的美好。一晚上，在新奇的驱动下，我走遍了那里所有的路径，沿着石阶铺就的曲径走了几个来回，在铺满绿草的土山高处，遥望万家灯火，听过往的游人不住地赞叹——这个公园真的不错，是我们居民健身、散步、游园的好去处，政府又给我们办了一件大实事……避免了在路边锻炼、散步的不安全……在园中散步的居民，脸上流露着由衷的笑和满意的神情。

是啊，这个设施完好的小公园，离家仅有一路之隔，早晨、晚上随时可来，心里顿感美美的，装满了可以触摸到的幸福，这便是满满的获得感。

边散步边想，离岗后，精神彻底放松，没有了工作的重压，没有快节奏的督促，开始了自己随心所欲的生活，真是无比享受：眼前的日子真的很好，建国70年来，特别是改革开放40年来，国家强大、经济发展、技术进步、人民安宁、生活富足……没有战争、没有灾难、没有饥荒。虽然收入不高，但很有保障，不用起早贪黑、不用四处求职、不用为生计奔波，不用再去苦斗打拼……生活在这个和平安宁的年代，亲历了祖国日新月异的巨大变化，衣食无忧地徜徉在公园里、花海中，甜蜜、幸福和满足溢满心间，欢快在血液中汩汩流淌。

我把随手拍的照片，发到微信朋友圈内，起名为“我家公园已开放”，顿时引来朋友的热议和羡慕，家的旁边能有一个充满绿色的公园，在土地金贵的城市、在林立的钢筋混凝土中，很是难得，这也是政府务实为民的举措。我之所以取名“我家的公园”，主要是因为距离近，一抬腿就到，随时可来，极为方便，真和自家的差不多，还不用付管理维护费用，这样一想，真比是自己家的还好。这个公园的开放，让我一直沉浸在甜蜜满意之中，有一种满满的获得感。

晚上回来后，看着电视、听着音乐，品尝着孩子买回来的波尔多葡萄酒。晶莹剔透、红宝石般的葡萄酒，看着是甜的、喝着是甜的，流淌到心里是甜甜的。满满的酒杯，装满了甜蜜、装满了幸福。

还有，一个小小的手机，也让我有了满满的获得感。手机的智能化、普及化、大众化，是经济发展和技术进步的缩影，惠及每个国人，它给人们的生活带来了巨大的方便，改变着人们的日常生活。

在手机上看新闻、看电视、看电影、视频、听音乐、读书、导航、搜索、聊天等等，自然不必多说。智能手机的快速普及，正在快速改变和影响着我们的生活，已成为我们日常生活的重要组成。现在我们进入了“一部手机走天下”的时代。就连上街买菜，也会用手机扫一扫。

手机支付方便快捷，可谓无所不能。早上买菜、吃早点，微信支付；乘坐公交车，微信扫一扫；买车票、机票、门票、电影票、订旅馆、饭店、购物、订餐、打车等等，一律由手机代劳，简单快捷、安全方便。手机的支付功能替代了厚厚的钱包，替代了传统的银行卡。

改革开放之初，人们收入不高，外出时带上瘪瘪的钱包，尚觉得不甚安全；后来收入高了，出门要带上厚厚票子。为了防止意外，还要缝到内衣里；之后银行卡、信用卡的问世，解决了带钱币不方便的问题；现在出门旅游，连银行卡也不用带了，一部手机就解决了所有问题。这是怎样的一种变化呀，这个变化，让我们有了巨大的获得感、满足感。

建国 70 年来，从没钱到有钱，从带钱到不带钱，手机里装着老百姓的日子，更体现着一个技术突飞猛进、发展日新月异的中国。据说，手机支付被誉为“中国新四大发明”之一呢。还有网上购物、共享单车、高铁这些发明，都在方便着百姓的生活，让百姓有了更大更多的获得感。

这次携妻子到东南沿海旅游，身上只带了600元现金，旅游回来后，还剩300多元，近万元的支付，都是通过手机来完成的，比如网上订旅馆，比在服务台前订旅馆优惠很多，在火车上、在宾馆里，就可完成所需要的预定和支付。更为方便的是，在网上预定的前往鼓浪屿的船票，不需取票，刷身份证即可登船，很是方便。

还有，微信单车到处都是，手机扫一扫即可使用，方便到随时随地使用和停放。

时代的进步、技术的进步、经济的进步，也让我们普通百姓有了满满的获得感。我喜欢旅游，对买票、坐车很有感触。以前，买票要到车站、要排队，排了好几个小时，结果是没票，这样的情况，我就遇到过很多次。一次在桂林、一次在苏州、一次在郑州，不但没当天的票，而且好几天之后的票都没有了。现在好了，网上订票，选择座别、手机支付，半分钟搞定，就连改签、退票也很方便。购票实名制的实施，即使车票丢了，也不影响继续乘车，那个铺位还是你的，你可再把丢失的车票买回来，到站后经车长签字，全额退款。现在买票还会很挑剔，非下铺不坐、非软卧不买。想想以前，即使勉强买得上票，也是没有座位的，一上车就在车厢连接处挤个地儿，连舒服地站着都是一件很奢侈的事。那年从桂林往衡山，车站人山人海，根本挤不上去，我们6个人不得不分头上车，相约车上汇合。结果上车后，谁也没有见到谁，车厢内水泄不通，根本走不动，别说坐了，连站的地儿都没有，卧铺更是连想也不敢想的。经过几十年的发展，人们的腰包鼓了，外出旅游的多了，更重要的是铁路飞速发展，车次多了，人们出行选取的交通工具也多了，飞机、火车、轮船、电车、轻轨、汽车、地铁，都极为方便，仅火车就有快速、直达、特快、动车、高铁供人们选择，真是极大地方便了人们的出行。这是技术进步、经济发展带来的巨大变化，每个人都在享受着这种变化。

不用出门，就能买到自己想要的东西；不用出门，想吃的美食就会送到家中。生活在这个经济飞速发展、科学技术日新月异的大时代，让人们有了更多更大的实实在在的获得感。

建国初期，我国重工业几乎为零，轻工业只有少数纺织业。毛泽东主席曾经感慨：我们除了能造桌子椅子，能造茶壶茶碗，连一辆汽车、一架飞机、一辆坦克、一辆拖拉机都不能制造。现在的中国，已经成了世界第二大经济大国，建成了较为完善的工业化体系，有了世界上最长的高速铁路、有了自己的空客、有了自己的空间站，高端技术层出不穷。

记得建国初期，粮票、油票、布票、肉票、副食本、工业券都是老百姓的生活必需品，甚至买糖果糕点、火柴肥皂都需要票证；几代人同居一室，平房、土坯房、茅草房、筒子楼、大杂院是城乡居民的深刻印记；自行车、手表、缝纫机、收音机“三转一响”是人们渴望的奢侈品。

现在，我们已经远离了计划经济时代，远离了吃饭靠粮票、穿衣靠布票、肉蛋糖茶靠票证、一切生活用品都要靠票证控制的年代。生活用品、工业产品、农副产品由极其匮乏到极大丰富，人们的衣食住行由单一、奇缺、简陋到极大满足、方便、舒适，菜篮子日渐丰盛，原来人们设计的小康标准，即肉类、奶类、蛋类、酒类已经提前来到了人们的餐桌上，小康社会正在全面建成，人们在各个方面都有了较大的获得感，这些获得感是真实地存在于我们的生活中。有的已经感觉到了，化作了百姓的幸福感。普通百姓通过生活的变化由衷地感觉到，厉害了，我的国。

民心聚　国力强

中国宝武鄂城钢铁

•金良凡

小时候暑假里，父亲骑着“永久”牌自行车，载着我和弟弟到矿山。一路上经过很多乡村，妇女们起得早，水塘边一字排开洗衣服。广播里传来《东方红》《回娘家》等那个时代流行的歌曲，和着马棰拍打衣服的声音，欢快有力。

到了矿区，很多人和父亲打招呼，热情和善。父亲带着我和弟弟到食堂，买了包子和稀饭。稀饭是用饭票打的，二两一大盆；包子很大一个，我和弟弟都吃不完。食堂的墙上写满了“庆祝中华人民共和国成立35周年”的标语。

吃罢早饭，父亲去上班，叫我和弟弟到活动室看电视。黑白电视正现场直播女子排球赛。乡下没有电视，更不要说排球，自然是看不懂。但一些人非常亢奋，中国队每赢一分，他们就大声叫好，用力鼓掌，情绪空前高涨。长大后才知道，那是中国女排在为国争光，展现力量，中国正日益走向强大。

1995年父亲内退，我来城里上班，分到锭坯车间当了一名吊运工，用钢丝绳和链条筐吊钢锭钢坯到各个轧材分厂煅烧轧制。露天作业，夏天奇热冬天极冷，非常辛苦。车间门口一个大保温桶，白天有人将烧开的水灌到里面，渴了的人拿个大杯子去接水。小小的班组20来人，就一个吊扇，开会容不下身，有两位老师傅就站在门口。

20年来一梦间，鄂钢飞速发展，长足进步。旧厂拆，新厂立，落后的污染严重的产能有计划地淘汰，科技的环保的项目引进来。锭坯车间解散，光荣地完成了从粗笨到轻巧的过渡。

如今我依然在炉后管理坯料，但大多是在室内指挥协调。天车磁盘吸钢，人不用靠近，安全有相当的保障，不像过去，常有砸脚伤手的事发生。工作间宽敞明亮，防盗门塑钢窗隔音，风吹不着雨打不到。喝的是桶装纯净水，配有饮水机。室内有立式柜机，夏天制冷，冬天制热，舒适宜人。

桌上一台电脑，连接打印机，开卡片鼠标一点，所有的坯料规格都呈现出来，轻松快捷。宝信新程序，从加热炉到轧机冷床，轧钢全过程自动追踪，数字智能，高新科技。这在20多年前，是想都不敢想的事，如今都真真切切呈现在眼前。

厂区的环境越来越好，绿树浓荫，奇花异草，空气清新，赏心悦目，像花园一样。烟囱不再冒黑烟，煤区建有大棚架，道路宽阔，四通八达，彻底告别“晴天一身灰，雨天一脚泥”的“光辉（灰）”模式。

一切都预示着将来的生活会越来越好。

但是有些人坐不住了，有些国家眼红了。他们看到中国“一带一路”连接了亚洲和欧洲，看到华为“5G”通信独树一帜卓然领先，心生嫉妒，害怕被超越，出尔反尔，不讲信用，单边加关税。以“国家安全受到威胁”为借口，妄图釜底抽薪孤立架空华为，让中国先进企业破产倒闭。

但是他们想错了，中国已经不是过去的中国，中华民族已经不是过去的中华民族，是昂首屹立在世界东方的中华民族。

打铁还须自身硬，求人不如求已。

落后就要挨打，贫穷难免受欺。如今的中国早已不再是任由列强欺侮，胆小怕事的软骨头。我们向往和平，珍惜和平，但不会乞讨和平，迁就和平。

我们的民族，有着五千年丰厚的文化底蕴；我们的国家，有着不同寻常的刚强韧劲。从来都不会被困难吓退，被苦难磨倒。相反，每一个面临抉择的关口，坚强的英雄儿女，一定会自发站起来，团结一心，同仇敌忾，自强不息。

35年前的矿山食堂墙壁上，黑白电视里女排姑娘们拼搏的汗水，在我脑海里初次植入国家的概念。35年后中美贸易战让人明白，人民有信仰，国家有力量，民族有希望！

回首来时路

河钢集团唐钢公司

•张　磊

“富强、民主、文明、和谐……”上小学一年级的女儿坐在书桌前一遍遍地背诵着，看着她认真的样子，止不住的微笑挂在我的嘴角眉梢，一股自豪感竟油然而生！听着由12组词语凝练而成的社会主义核心价值观，回首看着工装上那枚闪耀的党徽，让我觉得这一刻，我和我的祖国是这样的血脉相连。

其实说到我们每个人与祖国的关系，可以牵出若干的话题，但我最想说的却是在过去的岁月中所度过每一个难忘的日子，取得的每一点进步，这一切都让我觉得我是和我的祖国一起在成长。

回首来时路，时间真的像从指缝间溜走那样的不经而逝。2008年，我大学毕业走上了工作岗位，那时从长春坐特快列车到唐山要12个小时，要排长队在窗口购票，零钱整钱揣满兜。11年来，生活发生了翻天覆地的变化，长春到唐山的高铁将时间缩短了2/3，网上购物、快捷支付让普通百姓体验到了社会的发展、科技的进步。而我也在这样日新月异的日子里经历了各种考验逐渐走向成熟，记事的本子攒了满满一个小柜子，我感谢着这样的日子、感谢着与祖国共同走过的4000多个日夜。于是在这样的一个午后，我翻出了多年前的记录本，没想到却收获了一个又一个的惊喜。那一行行摘抄的语句，一次次触动我的心灵；那一张张剪下收藏的新闻稿件，虽因胶水年久失效而脱落，但却让我回忆起了初入唐钢时想学想成长的渴望劲头；那一个个留下名字的作者，虽大多已经退休，但却让我仿佛又回到了那段他们传道授业的岁月。

在祖国日渐强盛的壮大洪潮中，我所在的公司也不断发展壮大，更加重视人才培养，越来越多的年轻人逐渐成长起来，走上了管理岗位。一个企业能否留住青年人才在我看来，有 3 个要点，即认同感、归属感、安全感。这 3 个词说起来容易，实现难度非常大。为此，公司出台了一系列举措，其中让新毕业大学生下基层锻炼，就是一项非常好的措施。青年人从一线成长起来，会获得宝贵的工作经验，只有看到一线职工每日工作的不易才能产生认同感；只有与大伙一起流汗奋斗才能有归属感；只有看到明晰的成长成才计划和企业发展规划才会获得安全感。记得 2008 年时，我为了写一篇食堂炊事员的报道，到公司中心服务区食堂实地采访，每天与大师傅们同岗同劳动，在日常的一点一滴中对炊事员这个岗位有了全新的认识，也发现了许多新的报道视角。公司车场第一次投入使用时，我冒雪与工作人员一起连续几个昼夜疏导秩序，在雪地里冻得来回跑圈；下雨时一起扫水、下雪后一起铲冰，这样的经历让我下笔的每一个文字都满含温度。如今 11 个年头过去了，我仍对这个集体充满了热爱与感激。这样的感情，让我愿意始终与公司风雨同舟，并最终迎来了逆境中的华丽蜕变。

继续翻看笔记本，我看到了自己在 2010 年时写的一段话："我们懂得塌心工作的重要，也明白拥有梦想是多么美妙；我们懂得虚心求教的重要，也明白每个人都该拥有属于自己的骄傲；我们懂得适时转变思路的重要，也明白有些理念需要坚守不动摇！"

回首来时路，我想，我就是这样的一个人，虽为沧海一粟，却在摔摔打打、磕磕绊绊中始终坚定地跟随着祖国的脚步执着前行，盼望着看到更大的世界、走到更远的未来！

传唱70年的幸福

河钢集团唐钢公司

•董　斯

起来！

不愿做奴隶的人们，

把我们的血肉，

筑成我们新的长城……

这是我国的国歌，在战火纷飞的岁月中响起，雄壮高亢的旋律，呈现了中华民族实现了从站起来、富起来到强起来的步履铿锵。七十载经久不息，新征程斗志昂扬，我们时刻将这首歌传唱于口，铭记在心。

我1979年出生在河北唐山。这是一座震后重生的英雄城市，这座城市的血脉就是一座钢铁的长城。我不知从何时学会这首歌，就知道这个旋律伴着我蹒跚学步、牙牙学语，一路走来，直到参加工作。

从小我就是一个足球迷，也是体育迷，喜欢的运动很多。2008年，我29岁，奥运年。这一年，我一共买了13张奥运门票，从足球、篮球、排球，到垒球、网球、曲棍球，都看了一个遍，亲眼见证了奥运会上女足的胜利、女网双姝的绝地逆袭，以及女曲第一次站上了奥运决赛的竞技场。在北京鸟巢、天津水滴、秦皇岛奥体中心，当国歌响起的时候，全场高唱这首《义勇军进行曲》，我将右手按在自己的胸口，感受一名中国人的心潮澎湃，感受华夏儿女的生命脉动。

2008年下半年，一场世界性的金融危机，使钢铁行业形势面临着进入21世纪以来最严峻的考验。在这场风雨中，我作为河钢唐钢的一名员工，感受到了这座钢铁长城的智慧和力量。这里的人们没有迟疑、没有观望，而是将更多的责任扛在肩上。用钢铁般意志打造全新唐钢，一道道难题被破解，一项项攻关获得成功，无数过去不敢想象的技经指标成为手中的现实。在困难面前，河钢唐钢人化危为机，开启了自身跨越发展的新征程，催生了实现打造最具竞争力钢铁企业“中国梦、钢铁梦”的最强动力和永续活力。逐梦七十载，圆梦成百年，钢铁长城永不倒！这里的人们始终相信，我们的明天一定会更加美好。

作为中国人，每当听到《义勇军进行曲》奏响，每当唱起《义勇军进行曲》，都能感受到催人奋进的力量，前进、前进、前进进……在河钢唐钢，这种时不我待向前进的使命感，在一代一代钢铁人中发扬传承。曾经新中国转炉的故乡，在唐山大地震后28天，就炼出了第一炉“抗震志气钢”。新征程、新发展、新理念，河钢唐钢加速前行的路是一条解放思想、开放超越的路，从技术问题的破解到理念思想的变化，从渤海之滨、燕山脚下，走向了全国，走向了世界。不仅突破了行业领域的局限，更突破了传统思维定式的篱笆，更多的外籍员工走进了这里，更多的国际因素融入了自身。与世界最大的钢铁贸易商携手，全面对标国际最具竞争力的钢铁企业，借船出海，逐鹿世界。用全球化的事业去谋求自身的发展定位，河钢唐钢人就是敢想别人不敢想的事，敢做别人不敢做的事，敢干成别人干不成的事！

河钢集团积极响应“一带一路”倡议，全面推进国际产能合作，加快实施全球战略布局，于2016年收购了塞尔维亚斯梅代雷沃钢厂。同年6月，国家主席习近平亲临河钢塞尔维亚公司考察，希望河钢打造中塞务实合作、中国和中东欧国际产能合作以及“一带一路”建设的样板。河钢集团以习近平总书记视察河钢塞尔维亚公司为动力，仅用短短半年时间，就使这个百年企业从长达7年的亏损中走出来，在同年底实现了全面盈利。

在2017年5月16日，塞尔维亚总理、当选总统武契奇先生参观河钢唐钢厂区，我当时在欢迎人群中，双手举着中塞两国国旗，心情无比激动。作为一名河钢人，我深刻地感受自己的企业，正在以钢铁报国的伟大情怀，

“代表民族工业、担当国家角色”、在“一带一路”建设中打造“世界河钢”的使命光荣。这一刻，我们不仅代表着河钢，更代表着中国。

晚上，我将欢迎活动中的中塞两面小国旗带回了家，跟家里人激动地分享起今天的经历。说着说着，电视里面正好响起了国歌，我一回头，我家那个小家伙，正坐在床上不停地挥舞着我带回那面小五星红旗，嘴里还在奶声奶气地跟唱着“前进，前进，前进进……”

70 年，我们的幸福源自中国的繁荣富强，这是幸福的根源所在。中国富裕了，中国强大了。中国人的钢铁梦、飞天梦、航空梦、量子计算梦，都在一步步地实现，“两弹一星”“人工合成牛胰岛素”“杂交水稻”“青蒿素治疟疾”等一大批高水平科技成果让梦想变为现实。

还有 C919 首飞、国产航母下水、嫦娥探月、蛟龙潜水，原本遥不可及的宇宙太空和深邃海底，已被中国人用智慧和汗水化为现实。国歌声响、高亢嘹亮，前进、前进、前进进……现在的中国人正在向着梦想前进，这是中国人主旋律，已经融入我们的灵魂，镌刻在我们的生命。

中国人的梦想从未止步，我们的梦想将向着更深、更远、更高、更广的领域迈进。国歌，传唱 70 年，逐梦无极限！

春运记忆

安钢集团

•李　耘

在中国，“过年”是一年中最大的事情，相当于宗教民族的“朝圣”；而“春运”可以说是“过年”里最大的事情。过年要的是团聚，团聚就需要“春运”。

春运，即春节运输，是我国在春节前后发生的一种大规模的交通运输现象。以春节为中心，从每年农历腊月十五到次年正月廿五的40天时间里，有30多亿人次的人口在流动，占世界人口（约70亿人）的3/7，相当于全国人民进行了两次大迁移，相当于让非洲、欧洲、美洲、大洋洲的总人口搬了一次家。中国春运入选世界纪录协会世界上最大的周期性运输高峰，创造了多项世界之最。“春运”被誉为人类历史上规模最大的、周期性的人类大迁徙。在这40天里，各级政府最重视的头等大事就是“春运”。“春运”在每天的新闻联播里占据着重要的位置。

过年期间，在朋友圈里看到一篇《这才是春节最“残忍”的照片》的文章，竟让我看得不寒而栗、有了想哭的感觉。

这篇文章用一系列照片回忆了前些年春运中人们狼狈不堪和焦急难耐的情景。我的眼前不由得闪现出一幕幕前些年我春节回家路上的情景，不由得产生一种“后怕”和“往事不堪回首”的情绪。

那是一种痛定思痛的情绪，当时并没有这种感觉，也许是因为当时年轻，身强力壮、血气方刚，但更多的是因为回家心切，心思都用在回家上了，把一切艰难险阻都置之度外了。

“上车像公子，车上像孙子，下车像兔子，回家像驴子。”这是20世纪八九十年代流行的几句描写出差坐火车的顺口溜。这只是对平时出差办事坐火车的一个描写，描写那时车难坐，春节坐车的情形就更加严重了。

首先是一票难求，不是卧铺票，也不是座位票，有个无座票就谢天谢地了。买票需要去排队，不像现在可以用手机在网上购票。连夜去排队买票，车站几个窗口挤满了人，队伍排得很长，尾巴甩在车站广场上。好不容易排到窗口跟前了，又是这个票没有、那个票不卖。有了票也不是就进了保险箱了，上车还是个问题，站台上站满了人，车厢里面塞满了人，想上的上不去，想下的也不好下来。没有拉家带口时，凭着年轻力壮去硬扛硬挤还行，有了孩子就不好办了，我和媳妇就一个人先挤上去，找一个窗口给人家说尽好话，开开窗户，把孩子和行李递进去，另一个人再挤上来。进了车厢，有座位和没座位差不了太多，大家都得在一起拥挤着，两个人的座位要挤3个人，3个人的座位要挤4个或5个人，坐不舒服，走道还站了那么多人，你也不好意思一直坐着，还要来回替换着坐坐。坐夜车座位底下都是睡的人，车上有厕所但没法上，挤不过去，所以要少吃东西少喝水。

我春节回老家常坐一趟见站就停的慢车，其实快慢对我是无所谓的，因为正好是坐一夜车。我的儿子最有意思，不坐车不睡觉，活蹦乱跳地，一上车就大睡，掐都掐不醒，那就只好抱着，她抱累了我抱，我抱累了她抱，胳膊都抱肿了。那时候也奇怪了，回家的路那么艰辛，可是从来没有产生过怯场放弃的念头。

车厢是拥挤的，车厢里充斥着各种极其难闻的气味，有的腥臭、有的恶臭，但是车上的人谁也没有绝望，都在坚强地忍耐着、硬扛着。

还有更难堪的。有一次过完年从信阳放假坐车回安阳，车上依旧人挤人，不要说坐了，有立足之地就不错了。在车门口厕所旁边，有一个女人靠在一个男人身上，男人抱着女人，女人有三四十岁，男人是四十岁左右。女人脸色蜡黄，一看就是晕车了。我感觉他们应该是夫妻，就试探着问他们的情况：“你媳妇晕车了？你们去哪里？干啥？”等等，女人病恹恹地没有精力说话，男人也爱答不理的。我也有意识往后挤着，尽量给他们稍稍大一点空间，出门在外都不容易，应该互相关照。时间一长，慢慢就熟悉了、有好感了。那个男人告诉我，他在北京一个国家机关工作，女人是他弟媳妇，他给她在北京找了一个保姆的打工差事，这是他们一起回京上班。我听后心里矛盾地不知说什么好。

近几年，随着我国的高速公路、高速铁路、航空运输的高速发展，私家轿车的普及，春运状况已经今非昔比、大为改观，过去春运里那些难堪情形逐渐成为过去、成为历史。这些成绩的取得，得益于党的正确领导，得益于我们国家40年坚持不懈的改革开放。

所以，春运的变化是国家变化的真实写照，我们只要跟党走，坚持发展和建设我们的国家，我们就能过上更加幸福和有尊严的生活。

车轮滚滚 跑出普通一家的“幸福线路”

中国宝武韶钢公司

•何 郁

我出生在20世纪80年代，对于衣食住行的变化是历历在目。衣食住行之变，也彰显出人们物质生活发生的巨大变化，今天我要讲的就是伴随我家庭一路的“车”变化。

我人生中的第一辆车我已经完全不记得它的样子，只是偶尔从父母的口中才能搜寻残余的那点记忆，我出生在一个湖南贫困小乡村，物质极其匮乏。那是改革开放的第三个年头，在我10个月大的时候父亲给我做了我人生的第一辆车，纯木结构、纯手工打造，和如今的学步车有几分相似，还配有圆形的木轮，无疑这辆车对我的人生的意义是巨大的，贫穷并没有阻挡我前进的脚步，就是从这部车上我迈开了我人生坚实的步伐，学会了人生至关重要的一件事。

1986年，我6岁了，收获了我真正意义上的第一辆车，姑父是个手艺精湛的好木匠，送了辆敲弄了几天的车给我。一块正方形的木板下钉有两根原木轴，轴的两端分别装有4个铁的活塞轮子，里面有铁珠的那种，可别看他结构简单，机动性能却是相当强。那个年代可没有丰富多彩的玩具，但自从有了这辆车我在村里同龄伙伴的地位明显提升。我威风凛凛坐在车上指挥着小伙伴拖着我飞驰，那感觉就像指挥千军万马的将军，妙不可言呀！伙伴们为了都能坐坐这“全驱SUV敞篷豪车”，拉的那是相当卖力，那个时候的我们经常摔到脸红鼻青却依然那么快乐，这辆车让我的童年时代变得光彩四溢、五彩斑斓。我一直都小心翼翼地保护着这辆车，无奈还是在第一次搬家时弄丢了，记得当时我躲在被窝里哭了好久好久，现在想想也觉得很可惜，但愿它的丢失是给得到它的小朋友带来更多的欢乐吧！

1990 年，我读小学 3 年级，哥哥要去离家较远的中学读书了，父亲买回了辆永久牌自行车，作为哥哥上学的交通工具，对于 20 世纪 90 年代初期来说，这可是家里的大件呀！全家都拿它当宝贝似地看着，恐怕丢了、坏了。哥哥很快就学会了骑车，对这辆车尤为珍惜，并一再警告我别碰它。在某个星期六的下午趁哥哥做作业的时候，偷偷骑上“永久”出去疯玩了半天，回来后迎接我的是理所当然的一顿“李小龙式的中国功夫”，那是我唯一一次被哥哥“修理”时还带着浅浅笑容，现在想想可能是骑上“永久”的那份满足已经超越所有了吧！那个自行车年代的记忆，相信很多家庭都倍感珍惜。

1997 年，香港回归祖国的怀抱，那年我 17 岁，离开家乡踏上了去塞北的从军之路，是车陪伴着我的整个军旅生涯。我所在的部队是华野的一个炮兵团，连队的战车是 130 火箭炮战车，第二年，部队装备升级战车，也改成了 122 火箭炮，东风柴油车的动力牵引相当越野、相当给力，后座由 30 管的 130 火箭炮升级成 40 管的 122 火箭炮，杀伤威力不容小觑。从下连队第一天起我就和连队的 6 号车结下了不解之缘，是他陪伴着我从炮手到瞄准手到炮班长的一路成长，是他让我在实弹射击场上找到了自信。每次营里组织的炮车装备维护保养比赛，我对“6 哥”可谓是挖空心思，无微不至，当然每次的装备维护评比也无一例外都是“6 哥”冠军。退伍前的一晚我彻夜未眠，一直待在车上和它说话，那份不舍很难用言语去表达，回家后它的照片贴满了我的房间，真的怀念这位曾经和我并肩战斗的“无言战友”。最近，从战友口中得知部队的战车越来越先进，军事硬件的实力提升，才能让国家的腰杆子挺得更直。

2005 年我 25 岁，来到韶钢这个大熔炉，由于上下班路程比较远的缘故，将买摩托车的事情提上日程。在一家不起眼的小店一个不起眼的角落里看到了它，从老板口中得知它叫“三雅”，出生地是中国宝岛台湾，从名字上就毫无理由地喜欢，绿色搭银色机身，车身线条硬朗不拖沓，没有任何犹豫就将它带回了家。它真的很给力，一直卖力地送我上下班，休息的时候它带着我领略韶钢周边风光美景。就是骑着它将我如今的娇妻娶进门，结束了我的单身生活。“小三”一直在为这个家默默地付出，它陪伴了我整整7年，从踩单车到动力摩托车的转型，我家的生活半径加大，生活品质提升。

2009年，武广客运高铁专线正式运营，列车最高时速可到394千米，第二故乡韶关至老家长沙站的运行时间由约10小时缩短为2小时40分左右。“绿皮车”还停留在父亲的记忆里，第一次带父母坐高铁的经历还历历在目，坐上车后父母一直念叨着：快，太快。看到车厢内显示牌上显示的每小时303公里，跳跃的数字令我兴奋，这是质的飞跃，令我感慨万千，时代飞速发展，不止一次地听到——“高铁是中国最好的旅游出行方式。”一次乘坐高铁的体验，让喜欢蜗居在家的我对回老家、出行旅游有了新的期盼，地域之间的距离不算什么，高铁缩短了空间距离，高铁正在为中国人提供着实实在在的便利。

2012年1月，历时一年多我终于结束学车的血泪史拿到了驾照。拿到驾照的我心里总是痒痒的，梦境中也时常会有汽车的影子驶过。因为有近一年时间的汽车之家论坛的经历，对各品牌的汽车知识了如指掌，从一个人看车到和兄弟一起试驾、杀价、下定、买车的整个过程，那种焦虑、纠结、困惑、兴奋、懊恼反复纠缠在一起，最终将视线牢牢锁定在宝来身上，德系车的安全性让我感到放心，对“VW”车标很有亲切感，宝来极具昭示意义的广告词“向上人生路”更是让我情有独钟，最终使我下定了决心要娶“小宝”回家。就这样“小宝”载着我开始了全新的生活，带上父母、家人自驾游，便利、舒适、快节奏，汽车带给我们家的变化太大了。现在，哥哥家也买了两台汽车，从双休日到节假日，都会携家带口，到周边的景区去休闲度假，去感受大自然的秀丽风光。随着活动范围的扩大，视野也随之开阔，以前不敢想或不敢做的事情，现在却变得非常有自信，因为随着汽车的普及，空间的距离变得越来越近，眼光却变得越来越远。站在城市的高处，当看到滚滚车流如同彩色的河流向前奔腾的时候，想到的不是流彩的汽车，而是共和国强盛的展现。

30 多年来我和家庭的“车”的变迁，是由贫穷到温饱到安康再到小资生活的转变，让我深刻感觉到是国家富强让人民幸福。一代人有一代人的标签，一个时代有一个时代的精神，20 世纪 40 年代前是前辈们浴血奋战的一代，50 年代是翻身当家做主的一代，60 年代是艰苦奋斗的一代，70 年代是改革起步的一代，80 年代是贫穷到富足过渡的一代，90 年代是慢慢走上富裕的一代，如今，正是科技飞速发展的一代。有人说，“一滴水能反射出太阳的光辉”，我们交通工具的变化不正是国家发展、经济繁荣的一个缩影吗？我庆幸我们生在这个时代，赶上了好年头。

这是变化，也是巨变；这是历史，也是进程。我坚信：不久的未来，将会更加美好。

酒钢赞歌

酒钢集团

•刘汉新

远望市区灿如星河，流光溢彩，这就是今天，戈壁钢城的魅力美景夜色。

还是孩童时代，十岁我和爸爸就来过酒钢，印象中的酒钢地无三尺平，高高低低的沙石路即为人行道。绿色在这里十分稀缺，树木全像是做了矮化手术，一人多高，枝枯叶疏。爸爸告诉我说，别看树木不高大，有年头了，全是老龄树。俗话说根深才能叶茂，戈壁滩全是沙石，又少水，根扎不深，树如何能长大，能有树活下来已经很不错了。那时的酒钢，厂房灰暗破旧，空中烟尘缭绕。

酒钢技校毕业后我来酒钢，几十年来，酒钢有了天翻地覆的变化。酒钢所在的嘉峪关城市面积大了好几倍，街道宽阔笔直，街道树木繁茂，湿地湖泊遍布市区，很大的雄关广场气势不凡，北有雄关之光，刺破蓝天，南有全国旅游城市标志马踏飞燕。绿色草坪展开美景图画，音乐喷泉，犹如仙境一般，各种雕塑栩栩如生，活灵活现。曲径长廊，小桥流水潺潺。翠竹园，奇花异草争奇斗艳，宛如红楼梦大观园，各种标志建筑衬托出戈壁钢城的繁华壮美。更让人赞叹的是在嘉市的马路上你看不到电线杆高举起的电力通信线缆，而平展的市区道路宛如数不清的一条条、一块块集雨场，雨天时雨水轻松流向路两边，然后又顺着路边道牙下的小孔流进绿化带，既提高雨水利用率，又便于人车行走，各种机动车在路上穿行，喜看今日嘉峪关市你会发现电动车特别多，不分男女老少，服装穿着越来越花俏，年轻人穿着品牌时尚，粮油蔬菜蛋市场应有尽有，天天在过年。居室装修简直和宾馆相媲美，手机电视电脑很普遍。这些年来，酒钢的生产经营稳步向前迈进，效益显著增长，职工的生活明显改善。职工的住宅楼不断更新换代，漂亮的高层建筑像雨后春笋般拔地而起，楼下崭新的私家小轿车越停越多。这些变化都体现了钢城人和酒钢人，在平凡的工作岗位上付出了辛勤的汗水，我无不感到自豪与骄傲。酒钢厂区，绿化美化像个花园，机器轰鸣，钢花飞溅，酒钢工人用勤劳双手绘出发展新篇章。笑意写在每个钢城人的脸上，成为时尚的新名片。

当我参观完嘉峪关市城市展览馆之后，我断定这是全省城市最好的展览馆之一，它真实详尽细致，全面展示了嘉峪关市和酒钢开拓奋斗成功的历程。从初创到现在，几十年风雨征程，几代人无悔奉献，他们硬是把戈壁钢城像烙饼一样翻了个儿，当他们翻过来的时候，他们自己开怀笑了。这原是一片寸草难生飞沙走石的戈壁荒漠啊，有一组数字足以说明问题，目前，嘉峪关市绿地湖海面积占到全市的1/3，降雨量由过去几十毫米上升到300多毫米，这是难以想象的，这也是科学发展之光的奇迹，现在嘉峪关市被评为全国十佳宜居城市。

嘉峪关市的繁荣离不开酒钢的发展，一个企业辉煌了一座城市。20世纪80年代，酒钢在为炼出第一炉钢水而欢呼时，前进道路上就布满了荆棘和险阻。90年代，在步入市场经济轨道后，钢铁行业率先成为竞争行业，并逐步与国际接轨，钢铁企业在国内也是遍地开花。东部领风气之先，中部占接续之优，各种好的都不偏向西部，在遥远的西部边陲发展钢铁业，从技术成本原材料到市场都没有免费的午餐，面对此，靠的就是酒钢的铁山精神。

酒钢矿脉镜铁山，铁矿石开采难度大，品位低，远不是发展大型钢铁企业的资源圣地。但酒钢人在巍峨祁连山脚下铸造了铁山精神，铸就了艰苦奋斗顽强拼搏的精神高地，就是凭着这种精神，酒钢的钢铁大业一步步走向辉煌。现在展现在眼前的酒钢，是一片占地30平方千米的工业区，从炼铁炼钢到不锈钢，冷轧带钢，成功进入有色领域，能源产业不断壮大，多元产业发展格局形成，企业资源保障能力提升，绿色发展理念深入人心，进入中国企业500强、中国制造业500强，并且不断追赶钢铁科技前沿，2018年产钢材量达到633万吨，实现营业收入930亿元，工业总产值570亿元，利润盈亏持平，职工人均收入增长5%以上。

酒钢在我国五百强企业中位居114位，较上年进步了16个位次，在全国企业中名列前茅。酒钢工业产值占全省1/10，对甘肃省的贡献举足轻重。这就是顽强拼搏创新发展的铁山精神结出的胜利之果。铁山精神也就是甘肃精神的集中体现。面对激烈竞争的市场经济环境，没有别的路可走，只能抓住机遇迎接挑战，杀出一条血路，才能到达胜利的彼岸。酒钢做到了，但酒钢丝毫不松懈，继续拼搏，继续前进。

甘肃提出工业强省的战略目标，是摆脱贫困，实现现代化的唯一正确道路，酒钢的实践证明了这一点，酒钢工业的沃土结出的嘉峪关巨变之花也证明了这一点。酒钢是甘肃工业的一面旗帜，30万钢城儿女，精神振奋斗志昂扬，聚精会神搞建设，一心一意谋发展，用勤劳智慧的双手建设雄关钢城这片美丽的家园。酒钢会在改革开放发展的道路上继续飞驰下去，让我们的未来越来越美好，职工生活更加幸福美满，开心快乐每一天。

我为祖国点个赞

陕钢集团韩城公司

•于江涛

此时此刻我的心跳已开始加速，我非常荣幸我是中国人，我生在这个不断强大的国家，为了人民的幸福不断奋斗的国家。江河万里总有源，树高千尺也有根。祖国一路走来，历尽艰难困苦，炎黄子孙总是以百折不挠、艰苦奋斗的精神挑战一次又一次的不可能。近代以来中国受尽了屈辱、战争与痛苦，最后都以新中国的成立而宣告结束。

今年是祖国成立70周年。70年前，毛泽东同志在西柏坡将赴京建立新中国比喻成“进京赶考”，体现了党在巨大的胜利面前仍保持着清醒的头脑、忧患的意识及强烈的自信。1949年与2019年，同样是在新的征程上面对新机遇新挑战。此刻，不由得哼唱出了对祖国母亲的赞美“我和我的祖国，一刻也不能分割，无论我走到哪里，都留下一首赞歌……”就是这首歌，用激昂飞越的曲调。唱出了全中华人民的心声。是啊！我和我的祖国，一刻也不能分割，我用一颗挚诚热烈的心声唱出了对浴血奋战、披荆斩棘的祖国母亲的赞歌。

“中国，我亲爱的祖国”，我总是这样轻声地呼唤您，每次都会用庄严的神情看您，想那飘扬的五星红旗，想那国歌、想那长江、黄河……

想想在这70年里祖国发生翻天覆地的变化，就从我记事起来说吧。最大的改变就是乡镇公路的修起，小时候只是一条条又窄又颠簸的土路，每到下雨天，泥泞积水到处都是，很难行走。现在取而代之的是村子里修好的条条宽阔的柏油马路，下雨天再也不担心泥泞滑倒。这种改变发生在全国各地，白墙柏油路加上修好的冲水式厕所，已成为中国新农村一张靓丽的名片。农村交通变得方便开阔，我要为祖国点个赞。再说说教育方面，记得小时候不是家家户户的孩子都能上起学，一个原因是家长对教育的不重视，另一个原因是学费学杂费对当时的家庭是一个无法承受的负担。现在再看看，义务教育早已成为免费，而且“再穷不能穷教育”观念深入人心，一座座爱心学校在社会爱心人士的捐助下拔地而起，越来越多的孩子可以开心地安心地去上学。这种转变，是根本上的提升，是思想上的进步，我要为祖国点个赞。科技方面的成就更是令人振奋，中国科技有很多灿烂的高光时刻。我们看到了“天鲲”试航、“嫦娥”奔月、“北斗”棋布、“鲲龙”出水、“松科”钻地；迎来了港珠澳大桥通车、中国南极“第五站”选址奠基；做出了世界首个体细胞克隆猴，实现了量子霍尔效应从二维到三维的突破等梦想，中国探索永无止境，我要为中国科技点赞。

“中国，我亲爱的祖国”，因为您，我更热爱春夏秋冬，因为您，我更加热爱自己的生命，我就像百花园里的一棵小树，为了您的繁荣似锦，我愿支撑起一片蓝天。我更愿做社会主义建设中的一块基石，深深地埋下，为了您在狂风暴雨中，冲而不垮。

雄关漫道真如铁，而今迈步从头越。我们总说，不忘初心，牢记使命，我们是跨世纪的青年人，我们会勇敢地担起祖国的重任，用自己的智慧与才华，打扮这重新崛起的“东方巨人”。我热爱您，我赞美您，我不会用更多的言语来表达，在我心中，那激情不息的波浪早已变成千千阙歌，抒发着我内心深情的独白。多少热血，多少豪情，此刻，我只想用一句话来表达自己的内在心情“中国，中国，鲜红的太阳永远不会落”。

中国一次次的震撼世界，我为祖国点个赞。都说国很大，其实一个家，一心装满国，一手撑起家。家是最小国，国是千万家。有了强的国，才有富的家，国的家住在心里，家的国以和矗立。我爱我的国，我爱我的家！愿我伟大的祖国，繁荣昌盛，国泰民安！

我和我的祖国

陕钢集团龙钢公司

•李康柱

我出生在20世纪70年代的陕西高陵农村。在我8岁那年，村子里发生一件“惊天动地”的大事：村里买回来了一台12寸的黑白电视机，队长立刻把这个特大新闻用部队的大喇叭（大功率扬声器）给社员播放了十几次。可能是由于激动的缘故吧，这声音听起来怎么都不像队长本人的。正在地里干活的社员们都听得真真的，大家边议论边干活，手上的活比平时明显快了好多。

第一天晚上，大伙收工后，像赶集一样高高兴兴奔到场畔（关中农村集体碾打、晾晒粮食等从事农产品粗加工的大型场地），都来看这个新奇玩意儿：这是个方方正正的箱子，顶上还有两根能转动还可以伸缩的明晃晃的铁杆，队长说这叫天线，电视机右边有两个大旋钮，下边还有两个小旋钮。打开开关，屏幕上就有雪花状的亮点闪动。只见队长转了转旋钮，动了动天线，就有人影出来了，人影还会说话会唱戏啊，真是太神奇了！

我们村的饲养员老张头是个五保户，新中国成立前闹饥荒，他从河南逃荒来到本地，老婆生孩子时饿死了，孩子也没有活下来，后来就一直一个人过。几年前，他在一次劳动中，右手被小麦脱粒机夹断，队长就安排他当了村里的饲养员，他一只手给牲口拌料、担水，一个壮小伙都不如他，于是大家都叫他“一把手”。

“一把手”来到电视机前，好奇地东瞧瞧西瞅瞅，从前面看到后面，又眯着眼，从后面仔仔细细往里看，嘴里用家乡话喃喃地说：“社会变了，社会变了！前面明明看见有人，咋就看不见人在哪里呢？这么个小箱子，不怕把人夹死了嘛……”逗得大伙笑得前仰后合。

那段时光，村里人都改变了延续多年的生活习惯。以前家家户户收工后吃完饭，东家串门西家唠嗑，要么就坐到村东头那棵不知年岁的大槐树下，女人们纳鞋底，东家长西家短，就有了没完没了的话题；男人们泡壶浓浓的茉莉花茶，抽着自己卷的旱烟，云里雾里，天南地北地停不下来。我们这群孩子就像一群麻雀，叽叽喳喳，一会飞到这儿，一会飞到那儿，到处都是我们欢快的叫声。可自从有了那个电视，全村 40 多户人都集中到了场畔看电视，天天都跟过年一样热热闹闹的，边看电视边议论电视剧情："看，好人出来了……""看，那个是坏人……"大家都根据自己的看法发表自己的意见，这情景一点也不比看电影差。

到了 1980 年，农村实行了生产责任制，土地被包干到户了，村里的牲口也分到了各家各户，家家都忙了起来。就这样"一把手"失业了，好在还有公社（现在的乡镇政府、街道办）发的低保，生活还勉强能过去。村西头王家开了砖场，正好需要人看大门，他成了最好的人选。"一把手"感慨道："社会变了，社会变了，我一个逃荒的，现在都跟国家干部一样能领工资了。"

人们都改变了吃大锅饭时的慵懒，走路脚下都带了风，浑身有了使不完的劲。大家好像都商量好似的，早出晚归，把自己家责任田打理得井井有条。田间地头的草不见了，地里的砖头瓦块也不见了，只能看见人们忙碌的身影。大人们白天忙完地里的活，晚上还要加班把收获完的麦子堆到场院，给明天碾打和晾晒做准备。这个时间段能陪"一把手"的，就只剩下我们这些孩子了。他不知何时拄上了拐棍，看电视人少的时候，就把拐棍在地上墩得当当响，"社会变了，社会变了"。

突然有一天，小伙伴跑来告诉我，说村西头开砖窑的王家买了台 14 寸彩色电视，跟电影一样好看。我们一阵风跑了去，已经有不少人在那了。真的好看，电视里的人都不再穿一样颜色的衣服了，五颜六色，比黑白电视好看多了。王叔还给我们发了饼干吃呢，甜甜脆脆的真好吃。

后来我们家也买了台17寸的黑白电视，虽然没有彩色，但比生产队的电视大多了，全家人终于可以坐在坑上看电视了，不用再挤来挤去，也不怕谁挡住了我。不想看这个频道，就能自己去拧旋钮，调到别的频道去看自己喜欢的节目。

再后来，我们家换成了平面直角彩电。现在是54寸的大液晶电视，能挂在墙上看，可是看电视的时间越来越少。孩子有自己的电脑，我们有自己的手机，电视几乎成了摆设，一年到头来开的次数都能数得清。

以前人们买电视，都首选合资品牌的，如东芝、日立、飞利浦等，只要手头宽裕，都去买这些品牌。随着我国改革开放的不断深入，我国的经济发展引起全世界瞩目，随着中国制造的不断强大，自主品牌的电视早已打入国际市场。我们自己的品牌质量一点也不比外资的差，性价比高的国产电视成为人们选购的首选。

随着国产智能手机的飞速发展，越来越多的人用手机来看电视、购物、收付款了。随着5G时代的到来，谁知道电视机会不会越来越少，最后会慢慢淡出人们的生活呢？

那时旅游

安钢集团

•若　水

我和我的祖国，一刻也不能分割，
无论我走到哪里，都流出一首赞歌。
我歌唱每一座高山，我歌唱每一条河……
我最亲爱的祖国，我永远紧依着你的心窝，
你用你那母亲的温情和我诉说，
我的祖国和我像海和浪花一朵。

每当我唱起这首歌曲，心中就充满了对祖国的无比爱恋和深情厚谊。

细细想来，我们所拥有的一切，都来自亲爱的祖国。我们每一个个体，都和祖国的发展息息相关，祖国好，人民才好；祖国富强了，人民才能有幸福美满的生活。

70年的和平发展、40年的改革开放，国强民富令我们尽享太平盛世的福祉。祖国的繁荣富强体现在方方面面，我只想从我所熟悉的旅游的一个侧面写起，来反映祖国的巨大变化，就像从大海中捧出一朵小小的浪花，奉献给热心的读者。

那时旅游，是特指20世纪八九十年代的旅游。

那时，经济还不太发达，国人收入偏低，填饱肚子是第一要务，旅游是一件非常奢侈的事，常常被一些人视为“不务正业”。

那时，由于没有电脑、没有网络、没有智能手机，交通也不发达，外出旅游是件非常不方便的事。

查资料

那时没有遍地开花的旅行社，也得不到更多的旅游信息，主要的资料来源于不多的图书。旅游前，要收集图书、要设计路线、要手绘地图，要做足功课。为此，先后购买了《中国主要旅游景点介绍》《中国地图册》《中国铁路地图册》《旅客列车时刻表》《中国公路运营里程图》等书籍，通过查阅资料，设计出行路线，抄录主要景点介绍，绘制旅游简图。

1984 年那次旅游，进行了长达半年的准备，设计了安阳—武汉—九江—庐山—景德镇—徽州—黄山—杭州—上海—苏州—南京—安阳的旅游路线。手绘了景点地图，标出了主要的旅游景点，并编制了正本和副本。正本为旅游线路总图和景点区域图，副本为主要景点介绍，做到有计划、有针对性的旅游，提前预知主要景点的自然风光、风景名胜、人文景观、历史文化、气温地貌、交通住宿、风土人情、传说典故、风味小吃等，保证把主要名胜一网打尽。为了应对途中购票难、不能按计划行动的问题，一般会设计两三套行动方案，适时选择铁路、公路、水路，确保万无一失。为了有目的旅游，有针对性的参观，获取必要的旅游知识，做到不虚此行，会对主要景点进行标注，如，武汉的黄鹤楼、东湖、龟山、蛇山、长江大桥、伯牙琴台、归元寺等。

1988 年，又策划了中南四省旅游，即河南、湖北、湖南、广西，设计了安阳—襄樊—宜昌—葛洲坝—长江三峡—白帝城—鸦鹊岭—张家界—三江—桂林—衡山—长沙—武汉的旅游线路，并进行了预算，路费全程按特快计，依据列车时刻表、公路运营里程计算，总路费为 107 元，实际支出不足百元。

《旅客列车时刻表》就是当时重要的旅行工具，车次的相关信息均来源于该书。不像现在，网络非常发达，智能手机普及，外出旅游的信息资料，如车次、票价、景点介绍、热点景区、门票价格、食宿接站、跟团游、自助游等应有尽有，甚至旅游攻略也比比皆是，极大地方便了游客的出行。

建国70年来，特别是改革开放40年来，科技高速发展，形成了“互联网+”模式，在网络高度发达的今天，已形成了“一部手机走天下”的局面，人们外出旅游再也不用四处找资料，再也不用自己手绘地图了，刷刷手机，应有尽有。

借相机

那时，人们外出旅游，大都要拍些旅游纪念照片回来，颇有“到此一游”之意味，回来好向家人、同事、朋友炫耀一番。只是那时人们收入偏低，不是人人都能买得起相机的，因此，旅游前非常重要的一件事就是借相机。

那时，拥有相机的人非常少，借相机也是件非常不容易的事，往往是人托人，才能借到一部简易的相机，想借到单反相机，门都没有。不过那时期望值不高，能借到一架普通的相机已经相当满足了。外出旅游时，先后借到过“幸福”120、“海鸥”120、东方135、长城135、红梅135、华蓥135等相机。为了节约几个银子，还要提前在本地买好胶卷，因为景点的胶卷要贵一些。

不是每次外出都能借到相机，记得去青岛、登泰山那次，就没有借到相机，在青岛栈桥、在泰山南天门，都是在照相摊点花钱拍照的。由于相机不普及，景点拍照摊点生意兴隆。即使没有相机，游人也想拍照留念。

那时，彩卷也很金贵，外出时买上一卷就算很奢侈了，主要是用来拍人和景点的合照，拍风光片还是很不舍得的。

改革开放以来，商品极大丰富，相机到处都是，单反也不离左右，加之智能手机的普及和手机拍照功能的强大，人们再也不用为借相机发愁了。

换粮票

粮票是20世纪50年代至90年代初中国在特定经济时期发放的一种购粮凭证，吃饭必须凭粮票才能买到粮食。因此，没有粮票，也是万万不能出行的。

那时，由于物资匮乏，商品包括粮食均采用凭票式计划分配，人们吃饭还需要定量的粮票，没有粮票，就意味着吃不到饭。因此，外出旅游一项最重要的事情就是要换取全国粮票。因为在本地可用本省、本市的粮票，出省必须要用全国粮票。

那时，餐饮业都是国营的，粮食是国家控制的特殊商品，到食堂吃饭要先交粮票，没有粮票，即使有钱，也吃不到饭。不像现在，饭店、餐馆到处都是。

记得每次出行前，要把自己节省下来的地方粮票，拿到单位食堂，找到会计，赔上笑脸，递上香烟，说明理由，换取全国粮票。

每每拿到印有“中华人民共和国粮食部全国通用粮票”的票证时，内心是异常的激动，认真仔细地包好，放在安全保险的地方——那是一路有饭吃、不挨饿的保证。

改革开放以来，随着经济的快速发展，物质的极大丰富，粮油商品敞开供应，粮票于1993年退出了流通领域。现在粮票早已淡出了人们的视线，成为那个时代的记忆，并进入了收藏领域。可粮票对那个时期的重要性还是记忆犹新。现在，长达近40年的“票证经济”已于25年前落幕，人们再也不用为吃饭发愁了，外出旅游也不用再找人换取全国粮票了。这是社会进步、经济发展的写照。解决了全国人民的吃饭问题，并提前进入小康社会，这是改革开放的巨大成就。

那时旅游，出门必须先到单位开介绍信，没有介绍信，旅馆是不敢接待的。还有，买票难、坐车难、住宿难等都在制约着人们的旅游热情。想想那时旅游，真是一件浪漫与艰难交织在一起的事。

弹指一挥间，几十年过去了，我国经济得到高速发展，物质得到极大丰富，中国一举成为世界经济大国、生产大国、旅游大国。旅游资源极大开发，旅行社如雨后春笋涌现，高铁成为世界第一，绿皮火车成为历史记忆，查资料绘地图、借相机、换粮票、开介绍信以及买票难、坐车难、住宿难等等都“俱往矣”，并成为那个年代的历史记忆。

如今，坐在飞速行驶的高速列车上出门旅游，看着窗外日新月异的发展变化，由衷地感受到：自豪吧，中国人！厉害了，我的国！

国家越富强　我们越幸福

陕钢集团韩城公司

•陈建波

相信像许多80后一样，对祖国这些年的发展深有感触，真真切切地感受到祖国越来越富裕了、越来越强大了。

先从几个发生在身边的小故事说起。

上小学的时候，国家电力供应还很紧张，部分农村学校都还没有通电，上学的路上都是摸着黑爬沟翻山，天还没亮就来到学校，点燃自己带的蜡烛开始了一天的学习，微弱的光亮需要眼睛靠近书本才能够看清书本上的字，就是在这样的环境下，郎朗的读书声响彻整个校园和村庄。而现在教室不仅使用上了明亮的灯，就连村里的小路上都安装上了路灯，光亮直达每家每户。

小时候农村没有硬化公路，最好的也就是在上面铺了一层石子的路，天气晴朗倒还好，一旦下了雨便没法走路，双脚沾满泥土，甚至连整个脚都陷进泥巴里拔都拔不出来，而现在农村"村村通"公路通达村里的每个角落。

小时候农民家里都比较贫穷，家里的大人只有在过年的时候才会给小孩买身新衣服（一般都是老二穿老大穿过的旧衣服），这时候最高兴的就是小孩子了，不但有新衣服穿，还有肉、糖、瓜子等各种期待已久的美食，而现在这些已经成为日常生活必需的，大人、小孩一年四季每个季节都换好几身新衣服，日常各种水果、零食更是琳琅满目。

在外工作的我们思念家人了，可以通过手机视频和家里老人小孩聊天，可以通过网上选择自己喜欢的物品直接邮寄到家里，给老人和小孩送去关爱和关心。

在外工作的我们想回家了，即使在距离百里千里的远方，乘坐高铁在一天之内就能够到达家里，和家人团聚。

在外工作的我们想散散心了，可以在最近的地方找个公园或是商场，邀约几个好友或是同事一起欢度美好时光。

在短短的十几年时间里，我们的身边一切都在发生翻天覆地的变化，今天的美好生活来之不易。这一切都离不开中国共产党的坚强领导，都是革命先辈们和科技工作者夜以继日、无私奉献换来的，今日的美好生活需要我们倍加珍惜。

家是最小国，国是千万家，我们每个人的生命都与国家紧密相连，让我们团结一致，紧紧围绕在以习近平同志为核心的党中央周围，牢记中华民族伟大复兴的历史使命，坚定不移听党话、跟党走，实现中华民族的伟大复兴。

我的铁路情

陕钢集团韩城公司

•侯刚朋

小时候，铁路是奶奶口里讲不完的故事。1970 年万人火热劳动的西韩铁路韩城段工地上，爷爷奶奶和公社的年轻人们，积极响应政府动员，用架子车、铁锨、扁担将铁轨的长度不断向前推伸，终于在毛主席诞辰日前将铁轨铺至韩城禹门口。西韩铁路龙亭站就在奶奶的隔壁村，第一次看到长长的拉煤车在铁轨上蜿蜒行驶，心里既好奇又惊喜。奶奶一辈子并没有坐过火车，自然就讲不出坐火车的感受。那时候，火车对我来讲，是梦想。

上学后，火车是韩城人杜鹏程笔下的《夜走灵官峡》，是地理课本中的四纵三横。每到暑期，母亲和巷子里的婶婶们都会出门帮别人摘花椒，每次出去就是十多天。听说可以坐火车，我便缠着她带我一起出门，母亲每次虽然都答应我，但到了跟前总是会跟我讲，出门是受苦遭罪，学生的任务就是上好学、念好书。那时候，火车对我来讲，是远方。

上大学那年，父亲坚持要送我报到，提前一天跟父亲在车站旁的旅馆住下，第二天一大早便登上火车。一路上窗外变换的风景让我新奇，经过走走停停 7 个多小时后火车才到西安站。剩下的路程，尽管自己也心虚害怕，但还是坚决不同意父亲再送。到校当天晚上给家里打电话，电话那头母亲讲父亲因为担心，从回来后就坐卧不安。那一晚大脑里全是平时埋怨父母太爱操心。那时候，火车对我来讲，是羞愧。

妹妹出嫁时，和父母一起坐火车去参加婚礼。第一次与他们对面而坐 4 个多小时，一路上谈到了我的工作、我的孩子和家庭。父母没有太好的口才，他们更多的还是让我要好好工作，家里他们都能照应的老生常谈话题。参加完婚礼返程时，母亲显得很失落，想到妹妹嫁到远方竟忍不住流泪。那时候，火车对我来讲，是牵挂。

2016年起，因为工作地发生变化，乘坐火车往返家里和单位就成为一种常态。每次动身前，父母和妻子都会千万叮咛“天黑得早就不要回来”“路上不要着急”，直到我报平安后，他们才终于安下心来。这时候，火车对我来讲，是幸福。

如今，我国铁路运营里程已突破13万公里，高铁总里程占世界2/3，火车已经成为人们出行的主要交通工具之一，成为我国对外展示强劲国力最靓丽的一张名片。每当看到一列列货车、客车奔驰而过，我知道，火车连接的不止是由血缘、亲缘、地缘所形成的友情亲情，更象征着新时代中国自信前进的坚定步伐。

祖国是母亲我是娃

酒钢集团

•孙忠信

祖国是轮金太阳，
我是天边一抹霞。
祖国是棵长青藤，
我是藤上一嫩芽。
祖国好比汪洋大海，
我是海上一浪花。
浪花是大海的殷殷赤子，
祖国是母亲我是娃。
血脉相通不可分，
祖国就是我的家。
这个家很温暖，
母亲爱我我爱她。
母亲的恩情比海深，
教我如何来报答？
愿做一粒葵花籽，
开出一朵向阳花。
我与母亲同命运，
抚今追昔感慨多。
70年前一弱国，

"东亚病夫"受人辖。
忽如一夜春风来，
五星红旗昭天下。
"中华人民共和国成立了！"
霹雳一声震天涯。
睡狮猛醒惊天地，
华夏大地遍春花。
奋楫不息图强志，
祖国胸怀比天大。
白手起家建家园，
70 年创业跨骏马。
改革开放换新天，
初心不忘兴中华。
70 年圆梦五千年，
万里长河一步跨。
顶天立地一巨人，
祖国强大我心里乐开花。
笑望明朝旭日升，
一曲颂歌寄天涯。

共和国的七十年

陕钢集团韩城公司

•付志怀

一九四九年十月，
共和国您成立了，
给亿万中华儿女带来了光明和希望，
那时候我还未曾出生，
未能听到那响彻天地的五十四枚礼炮的震隆，
未能看到天安门前几十万人民和举国上下的欢呼，
也未能目睹五星红旗冉冉升起的雄伟壮丽。

不知不觉中，
今年就是您七十岁的诞辰了，
在您的怀抱里，
我也已来到了而立之年，
虽未曾完全见到您一路走来的辛酸，
但透过历史的年轮，
我依旧能够清晰地看到您留下的足迹。

看您，
在您幼学前，
您完成了社会主义改造，
恢复了国民经济；
颁布了《中华人民共和国宪法》，
确定社会主义基本制度；
取得了抗美援朝战争的胜利，
完成了祖国大陆的统一，
为国家建设创造了良好环境。

看您，
在您弱冠前，
建成了大庆胜利油田，
摘掉了“贫油国”的帽子；
工业布局有了改善，
工业生产能力大大增长；
原子弹氢弹研制成功，
打破了大国核垄断，
增强了国防实力。

看您，
在您而立之年前，
第一颗人造地球卫星“东方红1号”成功发射，
成为世界上第五个自主发射人造卫星的国家；
恢复了联合国的合法席位，
国际地位得到了极大提升；
成功召开了十一届三中全会，
把全党工作重点转移到社会主义现代化建设上来，
使国家进入了改革开放和社会主义现代化建设的新时期。

看您，
在您不惑之年前，
中美正式建交，
两国关系走向正常化；
改革开放全面展开，
建设有中国特色的社会主义道路踏上历史舞台；
十三大上，
做出了分三步走的战略部署，
确立了社会主义初级阶段的基本路线。

看您，
在您知命之年前，
经历百年沧桑的香港澳门回归祖国怀抱，
“一国两制”使得国家领土更加完整；
全国人民团结一心抗洪救灾，
取得了伟大胜利；
科教兴国战略全面实施，
全国人民的科技文化素质不断提高，
教育为本助力国家加快实现繁荣强盛步伐。

看您，
在您花甲之年前，
正式加入世界贸易组织，
完善了社会主义市场经济并使之国际化；
神舟五号载人航天飞行获得圆满成功，
祖国成为第三个有能力独自将人送上太空的国家；
北京奥运会成功举办，
体现了中国的国际地位和威望日益提升，
也是对国家综合实力的一次综合检阅。

看您，
在您从心之年前，
反腐风暴让全国人民震撼，
纠“四风”抓作风提效率成为政治新生态；
抓民生重民意已大见成效，
人民群众幸福感、获得感前所未有；
共建“一带一路”倡议，
让中国国际地位提高前所未有，
改革全面发力、多点突破、纵深推进，
国家治理体系和治理能力现代化水平不断提高；
经济保持中高速增长，
在世界各国中名列前茅，
综合国力迈上了一个新的台阶。

七十年，
在滚滚的历史长河中只是弹指一挥，
您却创造了流芳千古的壮丽诗篇，
七十年的风雨沧桑，
七十年的卓绝探索，
如今五洲风发，
豪迈的东方之龙，
更加青春焕发，
搏击长空，
行走在伟大复兴之路上，
亿万中华儿女，
正信心满怀、扬帆进击，
为伟大的“中国梦”奋进，
高歌迈向更加繁荣昌盛的明天。

我和我的祖国

河钢集团唐钢公司

•刘振国

念奴娇　登高望远

百花齐放，送眸处、红绿云行飘掠。
广道中途，曾昨见、尘涌沙飞土壑。
目睹今朝，虹桥拱起，两畔桃花踱。
江山如画，是谁挥笔描却？

谁起开放东风？暖中华沃土，方升春幕。
废罢皇粮，犹税勉、呼醒潜龙飞跃。
再嘱全民，浓妆自宅院，创收丰获。
牵襟联袂，小康同享同乐。

七律　祖国

曾有坚船打破门，铁蹄践踏骨留痕。
大河怒涌炎黄血，沃土哀嚎烈士魂。
今日五洋留舰迹，国民四海受人尊。
方闻万里他乡变，早揽孩儿入暖温。

西江月　逢盛世

四季花开红艳，八方物产丰收。
莺声燕语竞歌喉，似饮瑶池美酒。

男比青山帅气，女如碧水风流。
吉祥理在小儿头，人与黄花比瘦。

满江红　祖国

万里江山，蓝天下、红凝绿叠。
尘未涌、纵横广道，走车飞列。
乍起长虹遮望眼，忽惊拱路冲高铁。
不稀奇、北斗定乾坤，犹登月。

从改革，贫穷灭；因开放，民心悦。
为强军、航母浪中挥盾。
偏有小人生妒恨，岂容历史翻先页。
敞心扉、携手众文明，同开掘。

每一块钢铁，都支撑着祖国的强大

陕钢集团龙钢公司

• 苏利明

对我来讲
每一块钢
如此坚不可摧
灰色的骨骼
流淌着钢铁人的血与汗
从地下
到地上
面对同样的高温
只是改变了容颜
却从未退缩
却被钢铁人所打造
钢铁人
你用坚实的身体，在冶炼
你用强硬的臂膀，在冶炼
你用所有的心思，在冶炼
你燃烧着的青春，在冶炼
冶炼一炉钢水
足以撑起祖国梦
大国工业的暗喻本体

尽情地冶炼
足以抚慰
国旗上血染的红与星
钢铁人的笔下
字字含铁
句句含火
篇篇含有大幅热爱
地下的铁矿
地上的钢铁
都在书写着一个中国梦

祝福祖国

首钢集团通钢公司

•王 妍

站在高山之巅
侧耳 听天风浩荡
诉说历史的沧桑
张开双臂 指尖
仿佛掠过五千年的
起伏跌宕
置身大海之滨
俯身 看波涛澎湃
极目远望 目光
仿佛穿越古往今来的
起承转合

徜徉茂密森林
满眼 绿色葱茏
一碧万顷
我醉在林海松涛
仰望蓝天白云
高远 广袤无边
大气磅礴
我迷恋云卷云舒

我喜欢逆风而行
因为这样才能
聆听风的诉说
把祖国悠久的历史讲述
我喜欢赤脚临海
因为这样才能
放眼海的博大
把母亲宽广的胸怀贴紧
我喜欢松风竹韵
因为这样才是
铮铮中华风骨
我喜欢天空高远
因为这样才是
泱泱中华精神

风的遒劲 是坚强
每历风雨
都终迎彩虹
海的壮阔 是包容
多少文明
都在这里融合共生
大树参天 是执着
守护家园
何惧列强侵略
天空浩渺 是信念
日升日落
不忘初心
矢志前行

生长在文明的国度
宽广的土地
生机勃勃
生活在崭新的国度
发展的力量
催人向前

亲爱的祖国啊
我是您的女儿
此刻，请让我满怀深情
表达对您的挚爱
爱您的四季
春雨绵润 夏花灿烂
秋赏明月 冬舞雪花
爱您的江河
一路向东 奔流不息
无惧无畏 百折不挠
爱您的诗篇
楚辞汉赋 唐诗宋词
豪迈大气 温婉清丽

爱您的塞北大漠
爱您的江南细雨
爱您的山峦奇秀
爱您的海阔无边

骄傲于中华的文明
自信于中华的文化

骄傲于中国的速度
自信于中国的创造
骄傲于困境中的不放弃
自信于选择的正确方向
骄傲于祖国的日新月异
自信于祖国的日益强盛

阳光路上 携手同行
皓月当空 家家天伦
春风化雨 百花正妍
秋高气爽 硕果累累
这就是我生长的祖国
山河壮丽 四季祥和
这就是我深爱的祖国
人们淳朴善良智慧

七十年的风雨洗礼
我的祖国更见精神
七十年的披荆斩棘
我的祖国更显气度

此刻我们祝福祖国
我们会守护祖国
我们要建设祖国
我们要强大祖国
愿为长风
吹开万紫千红
愿为瀚海

浪花奔涌向前
愿为绿树
扎根沃土参天
愿为雄鹰
全力振翅翱翔
五千年铸就辉煌
九万里风雷阵阵
愿美丽的祖国歌甜花香
祝伟大的祖国强盛康宁

不朽的红船

河钢集团唐钢公司

•董　斯

在二十世纪之初，
一道曙光在我们面前展现，
南湖畔起锚的小船，
忽而搏击于浪峰之间，
忽而乘风破浪，勇往直前，
永远的罗盘锁定着不变的航线，
风雨中，走了九十八年。

依稀南昌起义的枪响，
也曾急行于赤水两岸。
有驱除鞑虏的赤诚肝胆，
更有“地覆天翻”的壮志豪言。

广场前，
“中国人民站起来了！”的声音响彻霄汉。
蓝图上，
总设计师已为我们描绘了改革开放的美丽春天。

伟大复兴的中国梦，
点燃了昂首奋进的航图灯塔，
今日的神州大地，
无处不在舒展着逐梦前行的壮丽画卷。

他，是一位旅者，
踏过了不可逾越的雪山之巅，
他，更是一位战士，
穿越了枪林弹雨的生死前线。

他，是一种力量，
在关系到中华民族成败兴亡的时刻，
主宰着命运的关键，
他，更是一种希望，
为我们插上了腾飞的翅膀，
去尽情地拥抱更加美好的明天。

曾有多少风雨飘摇，
曾有多少苦难艰险。
共产党人时刻用行动，
兑现着“一心为祖国、为人民”的诺言，
载着中国命运的红船，
永远锁定着自己的航线，
稳着舵，扬着帆。
朝着属于光辉与梦想的彼岸，
向前，向前，向前……

钢铁铸就的时代

陕钢集团龙钢公司

•苏　洁

其实我是 Fe
曾经惯看春花秋月
或裸露锈红的彩
或深埋地底旷原
沉睡着默读岁月的幽远
孕育了亘古的等待

其实我是 Fe
也许是天生我材必有用
也许是天火练就坚硬的到来
淘汰了原本锋利的石器
代替了笨拙的陶肽
呈现一个属于我的时代

其实我是 Fe
后来山崩地裂的剥离
让原本属于另类的光明
临来了钎凿镐采
不起眼的石头
承载了属于我的未来

其实我是 Fe
后来有了更多的解读
谁掌控我的属性
无限多的组合添加
送我一个崛起
斑斓了属于我的情怀

其实我是 Fe
山崩地裂的喧娱
颠簸辗转的挪移
真火炽烈的高炉不是炼狱
却锻炼了我的新奇
奔腾的熔流焕然了生机

其实我是 Fe
现在筑成了时代的梦想
驾驭着五洋探海
伴嫦娥飞仙天外
楼厦林立我夙愿你的匠才
跨海长虹笑迎马龙车水来

其实我是 Fe
一种品质是坚韧
一种性格叫承受
夯实的根基到凌空的脊梁
秉性悄然炫耀钢花盛开
稳稳地奠下欣荣的气派

其实我是 Fe
从涅槃中走向绽开
与家国天下同在
与新纪元同写豪迈
铸成了雄关
铺就了“一带一路”

江山少年志

陕钢集团汉钢公司

·邓　锐

一百年风雨历程
三万五千日夜星辰
韶华易逝，俊逸绝卓
风云跌宕，岁月蹉跎
铭记五四，案卷沉思
把握今日，演绎春华

念川山，踞天下
岱宗凌绝顶，一览众山小
奇险第一峰，唯华以为豪
锦绣飞泉湍南岳，春花秋云暮冬雪
千山万仞岭独秀，缥缈衡山如飞绝
筱卧嵩峻极于天，万法归一皆少林
雄奇幽奥行北恒，十八胜景竞相迎
峨眉五台普九华，武当龙虎齐青城
佛道儒仙秉虔诚，传承一脉精气神
望大河，长江水
唐古拉山，斑斓春潮
黄河离岸，惊虹奔涛

沧澜横断，汉水秦淮
雅鲁藏布，松花江畔
钱塘观潮，珠江屏鸥
湘江北去，橘子洲头
川蜀福地，长江支流
浅唱月下，一杯清酒
江山如此筹谋，更那番江南与水秀
胜景忽闻天籁，攘我思绪千愁

怎敢忘，月如钩
百年之前，列强战舰
五口通商，国土沦陷
圆明大火，凌辱君颜
春帆楼上，马关会签
大沽炮台，陈尸国前
京洼故地，荒无人烟
辛丑庚子，殖民封建
檀香聚义，兴中复天
义军抔土，长忆逸仙
上海轻舟，共产宣言
曲线救国，壮志少年
北洋军阀，战火连连
井冈会师，火星聚焰
倭国挑衅，东北沦陷
长征百转，瞬息万变
遵义程会，历史节点
西安事变，联合一片
七七事变，抗战亮剑

会战反攻，铁手重拳
南京屠杀，举国痛勉
日本投降，胜利初见
抗战胜利，抱得国怨
三大战役，平定国鉴
中国成立，云光终现

遥想历史，征战百年
信息纵横，如日中天
时代进步，国力强健
日新月异，不得贪恋
中国之梦，伟大复兴
国家富强，名族振兴
人民幸福，劳动创新
弘扬精神，聚力凝心
全面一体建设，脊梁自豪坚挺
只因得名中华，更得发奋向前
壮怀国家志向，亦靠我辈少年
唯愿祖国昌盛，蜀绣华诞年复年

春到钢城

酒钢集团

• 孙忠信

春风不刮
春芽不发
春风吹过讨赖河
一片桃林挂彩霞
春风是支大画笔
绘就钢城美如画
绿了南湖
漫野茵茵草
遍地格桑花
醉了东湖
柳浪泛烟波
飞瀑飘轻纱
方特的人山人海哟
述说着钢城的繁华
春燕绕梁飞
布谷声声叫
迎春曲婉约地唱
广场舞柔曼地跳
蓝天上飘着五彩云

钢城的春天来到了
大唐街的春饼迎远客
文殊乡为你献油桃
孩子们的风筝漫天飞
姑娘们的花裙满街飘
空气里弥漫着沙枣花香
街道上车水马龙人欢笑
一年之计在于春
钢城人民早知道
春天来到棚改区
塔吊如林新居造
春天步入新景点
施工跨上快车道
春天降临高炉旁
铁水奔流金光耀
春天踏进轧钢厂
钢花赛过红芍药
戈壁钢城春潮涌
大干快上声浪高